JUST LOVE

The Essence of Everything

Sri Swami Vishwananda

ただ愛のみ

万物の本質

シュリ・スワミ・ヴィシュワナンダ

山下豊子（スワミニ・ダヤマティ）訳

ナチュラルスピリット

JUST LOVE

by SRI SWAMI VISHWANANDA

目次

この本に書かれている言葉には宇宙全体が含まれています。ここに取り上げられている、愛に関するテーマは、初めて書かれた物ではありません。東西の聖なる文書の知恵に、新たに付け加える物は何もないからです。でもこの愛に呼び掛けるやり方は新しい物です。それはこの言葉を話している人が、宇宙全体を創造する、すべてを貫き、すべての生命を保持する、神の力を知っているだけでなく、完全にそれと一体になっているからです。


彼のメッセージは簡単です。

ジャスト・ラブ(ただ愛する)。そうです、ただ愛するのです。あるものは愛だけです。

私達がしなければいけないのは、愛することだけです。後は自然に片付いて行きます。内面に聞く耳のある人には聞こえるでしょう。その言葉は甘美な愛の歌のようで、一度それに接すると、あなたの人生はすっかり変わってしまうことでしょう。それはあなたの中に、あなたがすでにそうであり、かつてもそうであり、また、これからもそうありたいという願いを呼び起こすのです。それはただ愛です。

まえがき

本書『ただ愛のみ――万物の本質』（原題『ＪＵＳＴ ＬＯＶＥ』）は、完全に自己実現を果たした魂が、いかに簡単な方法で、私達が神の光に達せられるかを説いたスピーチの収録です。それに必要なのは愛だけです。他には何も要りません。

２００５年の6月13日に、シュリ・スワミ・ヴィシュワナンダが公に布教活動を始めてから5年以上が経ちました。それ以来、言葉であらわせない、また、人間の理解力を超えた数多くのことが起こりました。神様の創られた世界のゲームとそれを捉える私達の限界ある知覚力は、常に繰り返され、永遠に続くストーリーです。

でも私達が限界のある世界から、私達の生まれ故郷である聖母様のお膝元へ戻って行く物語は、常に新鮮で実に独自なものです。そこでは神様は決して同じことを繰り返したりなさいません。そして私達には生まれ故郷に戻るという、再び新しい、生き生きとした、楽しいチャンスが与えられます。

スワミが描写するのはすべて創造主とその創作物の間を結ぶ、永遠の愛の絆に関することです。彼は子供のように無邪気に「私の話はすべて愛に関してです。私はそれしか知らないのです」と言います。スワミは大抵訪問客の一人一人が祝福を受けるダルシャンの前かその途中でお話をします。そして多くの場合このお話の前後にバジャンを歌います。神に捧げる愛の歌は１０００語の言葉より多くのことを伝えるからです。

彼は話を始める前と終えた時に、聴衆に「ジャイ・グルデーヴ」と呼び掛けます。これは「あなたの中のグルにご挨拶を」という意味で、誰の中にも確かに神様がおられることを証明し、また、神様を思い出すように呼び掛けているのです。

彼の言葉を聴いたことのある多くの人達は、それが頭で考えて出て来た言葉ではなく、天界の一番高い所から直接聴こえて来るかのように感じられることを認めています。その場にいる人達の多くは自分が直接話しかけられている気持ちになります。その言葉は聴衆の一人一人に向けて個人的に語り掛けられているように思われるのです。そして時間が経つにつれて、その言葉が記憶から薄れていっても、私達の心には深い感動が残っています。この本を手にしたあなたも同じように心を動かされますように！

信者達がスワミジとの体験を描いた『心の開花』という名の大規模なストーリーの収録に続いて、本書『ただ愛のみ』はスワミの言葉による最初の長編で、これはその第一編です。２００５年のスピーチを集めた小冊子と違って、ここでは年代順でなく、それぞれのテーマによって分けられています。

スワミのメッセージは基本的には大体同じですが、その場所や年月、またその時々の状況によって伝え方が変化します。常に喜びと楽しさにあふれた独特な雰囲気に伴われて、真面目なテーマでも、そのきつい効果が和らぎます。彼の言葉を聴いていると、人々はよく笑ったり、微笑んだりして、緊張を解き、心を開いて、彼の人を変えるエネルギーの力が、私達の心の一番聖なる場所へと入り込んで来るのを感じます。スワミは大変素朴で、モーリシャス人独特のチャーミングな態度で話します。

なお録音、ビデオ等の録画に関しては、実際に話された言葉をそのまま書き写すよう、細心の注意を払いました。これは一見簡単な仕事のように思われますが、想像以上に難しい課題であることがわかりました。自分達のエゴがそれを馴染み深い型にはめて見ようとするからです。知性の錬金術師がどんなに素早く動員され、原作の引用句を違う物に変えてしまうかを驚いて観察しました。幸いにして私達にはオリジナルのスピーチと引用句を守る録音とビデオの録画が残っています。このことから昔はマスターの本来のメッセージが年月と共に歪められ、捻じ曲げられ、あるいは失われてしまったことがわずかながら想像できます。でも今日では現代のテクノロジーやインターネットの発展のお陰で大分変わってきました。スワミをユーチューブやＤＶＤ、ＣＤ等で直接聴けるのは素晴らしいことですが、この実際の印象とはまた違って、静かなメッセンジャーである本を手にすることによって、知性をなだめ、落ち着かせることができます。これは私達の諸感覚を内側へ向けるのを助け、マスターと内面の対話を交わすのを可能にします。

こうしてあなたは外部から影響を受けることなく、あなたの内部に直接、神の世界を見出すよう再び勇気づけられます。あなたはもうすでに知っていることを再認識するでしょう。神の世界はただ一つ、ジャスト・ラブから成っています。

私達はこの本の出版にあたってお世話になった皆様に心からお礼申し上げます。そしてこの本の内容ができる限り多くの読者の心に触れることを願っています。これを手にする人々が再び心の中の愛と結ばれて、彼等の愛する人達にそれを伝えることができますように。

２０１１年6月、ドイツ・シュプリンゲン

――Ｓ・Ｋ・編者一同の名において

【編者注】ここにまとめられたお話のいくつかは、何年かの間に、スワミ・ヴィシュワナンダがお気に入りのストーリーとして、何度か繰り返して話されました。多少違っている箇所もありますが、全体的には同じお話です。私達は一つずつの話の流れとまとまりの方が、全体の緊密性と要約の規則に注意するよりも大切であると判断し、テキストの繰り返しを省かず、元の構成の通り残して置くことに決めました。ある意味ではこういった繰り返しが、この内容豊かな物語をより長く記憶に止めるのに役立つことかと思われます。

第1章

愛

ただ愛すること！　愛は尊敬の最高の形

—— シュリ・クリシュナ ——

あなた達は神の子

インド、ボンベイにおけるダルシャン　２００６年２月10日

神の子である皆さん、私は神の子としてのあなた達に話しかけます。

それはあなた達本来の姿であり、あなた達の真の姿です。あらゆる宗教、カースト制度、人類の差を超えて、あなた達は皆、神の子なのです。神様はあなた達をすべて同様に愛しています。神様はスワミである私をあなた達より余計に愛するというようなことはしません。

問題は、私はすでに神の存在を認識しているけれども、あなた達はまだ認識していないというところにあります。でもあなた達は、皆、神から生まれて来ているので、心の奥底ではちゃんとわかっているのです。あなた達はそれを認識するように呼び掛けられています。

宗教は一つの道です。それは心の外から心の中へ入って行く訓練の必要な道です。でもそ

こで止まってしまうわけではありません。人々はよく祈ることから始めますが、大抵はそれで終わってしまいます。祈りの対象となる物の外形にこだわって、それ以上先に行こうとはせず、自分が本当は誰であるかを認識しようとしないのです。これを実現する意志がない限り、認識は難しくなります。あなた達は本当にそれを欲さなければなりません。神を欲さなければなりません。そこで初めて神様はその尊いお姿を(与えて)くださるのです。

人間は数多くの願い事を心に抱いています。そうでしょう？これが欲しい、あれが欲しいというように。欲しいものは永遠になくなりません。一つの願い事の後には次の願い事が来ます。

知性が外見に捕らわれているうちは、知性が物質を欲しているうちは、また、知性があなた達はただの人間に過ぎないと言っているうちは、あなた達はただの人間であり、また、これからもそうあることでしょう。あなた達は、神に対する愛を感じる境地に、また、他のすべての願い事は決して終わることがなく、物質の世界が最高なのではない、と言い切れる境地に達さなければなりません。

例えばあなた達は素敵な車が欲しいとします。ところがその車が手に入った瞬間、その願いは消えてなくなります。そしてあなた達にはまた、別の願い事ができるでしょう。そしてそのまた、別の願い事が叶った時には、そのまた、次の願い事がやって来るでしょう。それは永遠に続きます。

あなた達が心の奥底で、自分は不満足である、あるいは自分を満足させることができないと感じているうちは、願い事を抱き続けるでしょう。欲求は引き続きやって来るでしょう。願望は引き続き現れて来るでしょう。従って、苦痛も、苦悩も、また不幸も引き続き訪れて来るでしょう。この物質の世界に欲求が存在するうちは、また、限界のある物質への願望が存在するうちは、不幸が存在するでしょう。

ところで一体誰が不幸を願うのでしょう？　この世に不幸を願う人など、本当にいるでしょうか？　もちろんそんな人はいません。自殺を図ったりする人でさえ、不幸を望んでするのではありません。その人は不幸から逃れようとして自殺するのです。また、ある人は朝から晩まで神に祈り、瞑想します。あなた達はこの人が何故こんなことをするのだと思いますか？　それはこの世の不幸から逃れ出るためです。

その目的は幸福を得るためであり、永遠の至福を得るためであります。そして私達がここにいるのは、まさにそのためなのです。それ以外の物はそれほど大切ではありません。

ところが今日では神は二番目、あるいは三番目の位置におかれてしまっています。その一方、人間にとって何よりも素晴らしく思われる「期待」（与えたものが何らかの形で戻って来ることに対する期待）は、ナンバーワンの位置についています！

この不幸はあなた達を虜にしてしまうことができるくらい、綺麗に着飾っているのです。あなた達を虜にすると、マーヤ・デヴィは幸せです。そして皆がこの罠に落ちるので、彼女は大変有力です。そしてすべてが、皆が彼女の虜になります。聖者達でさえ彼女の虜になりますが、彼等には自分達の目的がわかっています。

ヨギ（ヨーガ行者）、サドゥ（聖者、賢者）、そしてすでに悟りを開いた人達には、皆その目的がわかっています。彼等は自分の望む物が何であるか知っています。彼等には何が本物で、心から待ち焦がれている物かわかっているのです。本物というのは、あなた達が真に求める物、あなた達が心から望む物、あなた達が耳を傾ける心の奥底の声、また、この世の不幸から離れて得る自由のことです。私はあなた達が死ななければならないと言っているのではありません。あなた達はジヴァン・ムクティ、この世にいながら解脱を得ることもできるのです。あなた達はこの世に生きていると同時に、この世に属さないでいることができます。そこであなた達は幸福を得ることができるのです。それを発見して、楽しみ、どんなものであるかを知るのです。

それにはいろいろな方法があります。祈祷は思考を鎮めるのを助けます。バジャンの詠唱は至福を与えます。あなた達は我を忘れ、内面のバクティ（献身の心）を育てます。でもこれだけではまだ成就することができません。あなた達が真に完全な成就を遂げることができるのは、瞑想です。あなた達が祈ったり、バジャンを歌ったりすると、周囲の世界を確認する意識を失ってしまいます。そして自分自身を忘れ、すべてのものを忘れると、身体が存在することさえ忘れてしまい、あなた達は一つのものに、神とそして永遠の存在と一つになったのがわかります。あなた達は自分が神と一体になったことを認識します。

偉大な聖者や預言者達は、人類にこのようなことを教えてきました。最も美しいバクティ(献身の心)の一例が聖女ミラバイです。彼女は我を忘れて、深くバクティにはまり込みます。彼女は自分の体を忘れ、考えることも忘れてしまいます。この状態だけが永遠の至福につながるのです。それが魂そのものなのです。

人間の真の自己はサッチダーナンダといいます。サットは実体、本体のことで、このサットだけでは単なる人間としての存在に過ぎず、チットとアーナンダを認識することなしに、神の存在を認識する境地に達することはできません。そしてこのサットという外観だけで神を認識する境地に達することができないのと同様に、サットとチットという二つの外観だけでも、その境地に達することはできません。チットは意識、アーナンダは至福の意味で、私達はこれをサッチダーナンダと呼んでいます。ですから人間の実体は肉体であり、思考であり、永遠なる魂であり、そしてまた、サッチダーナンダであります。神様は人間を真に高価な乗り物として造られました。ですからあなた達がそれを大切にするのは、大変重要なことです。また、それを楽しむことも、それによって幸せになることも、それを尊敬することも、また神の神殿として認識することも大変重要なことです。神様はこの神殿に住んでおられるのですから。この神殿の中で神様は人間を進歩させ、ご自身を認識させるのです。ですからもしこの神殿がなかったら、それは大変難しいことになるでしょう。

人類は人間として生まれて来るまでに、いくつの生涯をたどって来ると思いますか? あなた達は８万４千種の生命を通って、はじめて人間としての生を受けるのです。ところがあなた達は今の身体を授かると、今度は神を認識する道から逃れる、という過ちを繰り返します。あなた達がそれから逃げているうちは、再びここへ戻って来るでしょう。

神様はあなたを愛していて、あなたが神様のもとへ戻って来るのを待っておられます。神様は、あなたがいつも神様と一緒にいて、さらにはいつも神様と一緒にいることを実現するのを望んでおられるのです。するとあなたの心の奥底にある光が輝き出すでしょう。また、愛が輝き出すことでしょう。

もしあなたが神様に「神様、あなたの光を私を通して輝かせてください」と言ったら、神様はそれを拒否するでしょうか？　神様はあなたに拒否することなどできません。いつあなたが神様にお願いしようと、神様はあなたに拒否することなどできません。神様は与えるためにここにおられるのです。あなたはただそれをどのように受け取るか知っていればよいのです。あなたは物を授かる時、よく手を開いたまま差し出しますが、それでは折角のお恵みも、指の間を滑り落ちてしまいます。

あなたがいつ心の中で深い愛を体験しようと、また、祈るために、バジャンを歌うために、瞑想するために、いつ腰を下ろそうと、何の苦痛も幸福も暑さも寒さも感じません。でももしあなたが言葉にあらわせない喜びを感じたら、それを宝物のように大切にしてください。

私達が表現しようとする言葉は至福です。ところがこの言葉にさえ限界があります。私が

あなたは神の神殿です。神様はあなたの中におられます。あなたはこの愛を自分のために実現化するでしょう。あなたは神様があなたの中に、いつもそこに座っておられることを知るでしょう。神様はいつでもそこにおられるのです。

あなたに言える唯一のことは、ただ体験してごらんなさいということだけです。それは言葉で表現することができません。でもこれはあなたが常にあるべき姿なのです。あなたはすべての物、すべての人が一つであることを知っているのですから。

もし外界に対して、平然としていられるようになったなら、あなたはすべての人間を愛することができるでしょう。そして何よりもまず自分自身を愛することができるでしょう。私は先ほどあなたは神の神殿だと言いましたあなたはこの愛を自分のために実現化するでしょう。あなたは神様があなたの中に、いつもそこに座っておられることを知るでしょう。神様はいつでもそこにおられるのです。

この偉大な国（インド）には多くの聖者やアヴァター（地上に降り立った、神に等しき師）が通りすがり、今もなお多くの偉大なアヴァター、偉大な聖者やサドゥ達が、ここで平和のために、それぞれのやり方で、人々を助けています。この国は何と祝福されていることでしょう！

私もまた、ある方法であなた達を助けるために、至福の状態を得るための、大変簡単なことを教えるためにやって来ました。それは実際には瞑想を通して行われます。私達は毎日何回も呼吸をしています。私達はこの呼吸がどんなに大切なものであるか、どのくらい認識しているでしょうか？　あまり当たり前のことなので、大して意識もせずにしています。そうでしょう？　習慣になっているので、自然にしているのです。もしあなた達が本当に神を認識したかったら、瞑想を試してごらんなさい。それではここであなたが誰にでも教えてあげられるような、ごく簡単な瞑想をやってみましょう。いいですか？

瞑想の手引き

●背骨を伸ばして、真直ぐに座ってください。

●床に座れない人は、椅子に掛けてください。

●まず初めに、普通に呼吸してください。何度か、普段の通りに。

●そして何度か呼吸をしたら、今度は精神を集中させてください。目を閉じて、アジナ・チャクラ（第三の目）に焦点を合わせてください。先ほども言ったように、あなたは神の子なのですから、創造力を使ってください。神様があなたに与えてくださった創造力を使って、オームの印、神の印、十字架、三日月などあなたが神に近づけると思われる印を、第三の目に創造してください。

●今度はあなたの呼吸に深く耳を傾けてください。よく聴いてごらんなさい。そしてオームを呼吸してください。焦らずにリラックスして呼吸してください。

●ゆっくりとオームを吸い込み、また、ゆっくりとオームを吐き出してください。

●焦点をアジナ・チャクラ(第三の目)に合わせてください。

●しばらくすると第三の目の位置で、何か起きたかのように、少しくすぐったくなって来るでしょう。そこへ深く入ってみましょう。この振動を背骨を通して、頭からムラダーラ・チャクラ(第一のチャクラ)まで降ろし、それを流し出してください。

●オームを吸い込み、また、吐き出してください。オームの響きを全身に(何分間か)振動させてください。

●次にオームの印を縮小し、それを第三の目の位置へ戻してください。

●そして次に心臓へ持って行き、そこに止めてください。それをあなたの心臓の中で振動させてください。

●声を出して何分間かオームを唱えてください。

オームを唱えることによって、また、オームについて瞑想することによって、あなたは平和、喜び、幸福の振動を引き寄せます。

この振動が人々を真なる自己に達するのを助けるのです。言うなれば、自分の中の純なる神の認識を可能にするのです。あなたが唱えると、それが感じられます。あなたがオームを唱えて、それが振動し始めたら、今度はソーラー・プレクサス（太陽神経叢《たいようしんけいそう》）で振動させてください。すべての創造物の力、宇宙全体があなたの奥深くに存在しています。それをあなたの身体の細胞の一つ一つに振動させてください。少し時間のあるたびに、腰を下ろし、オームを吸い込み、オームを吐き出してください。

ヨギ達は長時間瞑想しますが、あなたが彼等のごくそばに近づいて行くと、その体が振動しているのを感じることができます。また、彼等から伝わって来るオームの振動を聴くこともできます。それではあなたが神様から授かった、そして持って生まれた創造力を使って、オームの響きを創り出し、それを唱えて、外部へ振動させてください。初めは機械的なもので、あなたの知性から出て来ることでしょう。第二の段階では、それが体から出て来ることでしょう。でも最後には、あなたの奥深くにある魂まで達することでしょう。そしてこれはオームの響きを唱えることによって、起こって来るでしょう。

ですからあなたはいつも心に耳を傾けるように努めてください。神様は心を通して人間に話すのです。あなたは心を通してあなたの道は何であるのか、あなたの人生の道は何なのかを知るでしょう。それに従ってください。疑ってはいけません。心には大変力があります。ベストを尽くしてそれに耳を傾け、それに従ってください。

神の愛の真髄

イタリア、バリにおけるダルシャン　2006年4月28日

私にとってここ（バリ）にいることは大変大きな喜びです。私が特に話したいと思っている神の愛は、あなた達の中にあります。

この何の限界もない愛、この何も条件のない愛、この自由で何の期待もない愛は、神様があなた達に与えてくださった贈り物です。それは私達が皆、神の子であるという証拠です。どの宗教でも、あなた達が地球の何処へ行こうと、そこにどんな伝統があろうと、人々は皆、神が愛であることを、また、愛が神であることを話しています。私達は皆、神のことを話しますが、私達は神を知らず、また、神に関するイメージを持っていません。もちろん神はいろいろな外観を備えています。でも私達にできるただ一つのことは神を感じることです。それ

によって神がいつも私達と一緒にいるのを知ることができるからです。

神を絶えず感じるためには、また、神の存在を常に満喫するためには、神の一部にならなければなりません。そして神との一体化を認識しなければなりません。この一体化は、まず私達の頭から始まります。そして次に私達の心と体が一緒になります。もし体と頭と心が一緒になったら、あなたは何の限界もなく神を体験するでしょう。神との同一性を認識することは、元来人間の主なる目的です。あなたがそれを認識すると、あなたは神に近くなります。

問題はそれをどのように認識するかです。自分の中の神性を認識する道はいろいろあります。それは同じ海に流れ込む河がいくつもあるようなものです。大切なことは一番簡単な方法を見つけることです。それが簡単であればあるほど、あなたはどの道を行っても、自由を感じることでしょう。それが一番よい方法です。私はあなたがこの道を行ったら神を認識するけれど、あの道を行ったら神を認識しない、などと言ったりはしません。神様は人間の心の奥底に座っておられるのですから、その思いを心に集中して、常に神が感じられるようベストを尽くすことです。また、一番よい方法はただ愛することです。何の質問もせず、愛することを考えもせず、自分自身に「どのようにして愛すればよいのか？」などと訊くこともしないで。あなたの思考が神に焦点を合わせる訓練をしてごらんなさい。あなたの思考が自分自身に焦点を合わせる訓練をしてごらんなさい。ある神の名を、また、ある神の姿を選んで、あなたがその名と一体になったことを認識するまで、それを唱え続けてごらんなさい。それはあ

> あなたが自分を人間として考えれば考えるほど——多くの人々がそうしているように——あなたは人間的になることでしょう。でもあなたが自分を魂として、神に等しい存在として考えれば考えるほど、あなたは魂になり、神に等しい存在になることでしょう。

なたから離れた存在ではなく、あなた自身の名前なのです。

あなたが自分を人間として考えれば考えるほど——多くの人々がそうしているように——あなたは人間的になることでしょう。でもあなたが自分を魂として、神に等しい存在として考えれば考えるほど、あなたは魂になり、神に等しい存在になることでしょう。

あなたは自分をただの身体に過ぎないと思っているので、年中身体だけに集中しているのです。すると何が起こるでしょう？　あなたが身体に集中すればするほど、真実は被われ隠されてしまうので、よけい苦しみを感じ、不幸になります。そしてこの真実が隠されてしまうと、当然苦しみが現れてきます。肉体は地上に戻り、前と同じ五大元素に帰ることでしょう。

でもこれが現実であるとすれば、肉体が唯一の現実であるとすれば、神様は一体何処におられるのでしょう？　神性は何処に在るのでしょう？

身体を動かし、働かせている、この素晴らしいエネルギーは魂であり、あなたの真の姿です。もしあなたがただの肉体であるとしたら、あなたは死後も生き続けるでしょうか？　でも事実魂であるあなたは、神と完全に一体になるまで生き続けるのです。ですからこの事実のために努力してください。そうして神を愛してください。何をするにしても、すべての行為、すべての考え、すべての思考が神のためであることを自覚してください。自分の周りのすべての人、すべての物に神を見出して愛してください。そして愛する時には、１００パーセント愛してください。そしてこの愛を疑わないように努力してください。何故ならあなたが疑うと、それがどんなに小さな疑いでも、あなたの成長を妨げるからです。

愛は私達の真の天性

イタリア、チステルニーノにおけるダルシャン　2006年4月

ここであなた達に会えるのは本当に素晴らしいことです。あなた達は皆ある真実のためにここに集まっています。そしてその真実とは、愛のことです。この人類全体に共通の愛、あなた達一人一人の心の奥底にあって、待ち焦がれ、それを表現するために出て来たがっている愛。ところが、そこにはよく無条件で愛することを妨げる壁があります。もしあなたが愛し、またその愛を維持する方法がただ一つしかないことを認識したなら、神がどんなに自分の創造物を愛しているかわかるでしょう。

神が愛していると同じように、あなたもまた、愛することができるのです。他の愛し方は

すべて第二級です。人類はこの愛になるために、ここにいるのですから。

でもあなたがこの愛になるためには、まず数多くの障害を征服しなければなりません。人間は、愛や神が私達からかけ離れた存在だと思っています。あなたはいつも外に向かって祈ります。あなたは神が外にいて、あなたから離れていると思っています。あなたは神を自分から離して考えるのをやめるべきです。どのように祈ってもかまいませんが、あなたが神に話しかける時は、自分の中の真なる自己と話しているのです。ですから内面で祈ってください。

人間にはそれに到達するのを妨げる本質的な要素があります。それが知性です。でもこの知性は、好みの神の名を詠唱することによって克服できます。わかりますか？　あなたが規則正しく実習すれば、精神を集中させることがもっと簡単になるでしょう。

あなたがバジャンを歌っている間は、知性はあなたの邪魔をしません。あなたが歌っている時は、知性は忙しいので、考えることができず、従ってネガティブな考えも起こってきません。ですからあなたが何処にいようと、何をしていようと、神の名を詠唱している間は、あなたの知性は神に向けられていて、心を開く助けになります。神の名を唱えることは、知性を見守るのに一番効果のあるやり方です。

どれでも好みの宗教を見てごらんなさい。キリスト教徒はロザリオ、またはコンボスキーニ（数珠）、ヒンドゥー教はジャパマラ（ヒンドゥーの数珠）、イスラム教徒はタスビー（イスラムの数珠）をそれぞれ使っています。ですから神の名は大変重要です。そして大変易しく、

**神の名を唱えることは、
知性を見守るのに
一番効果のあるやり方です。**

大変簡単です。それを何故難しく考える必要があるでしょう？　神様が私達に最も易しいものをくださったのに、何故難しくしようとするのでしょう？　神の名を詠唱することによって、あなたは神を身近に感じることができます。でもそれだけではありません。それはあなたが何処かに宝物が埋まっているのを知っているようなものです。あなたはその場所を知っています。でもその宝物は、あなたが単に「おお、私の宝よ、出ておいで、出ておいで、出ておいで」と呼ぶだけで、出て来るでしょうか？　宝物はあなたの所にはやって来ないで、あなたの方からそれを掘り出しに行くようになるでしょう。あなたは宝物を手にする前に、まずたくさんの石や土を取り除かなければならないでしょう。

あなたの霊的な道も同じことです。あなたが神と完全に一体になる前に、まず取り除かなければならない物がたくさんあります。でもそれは神があなたから遠く離れているという意味ではありません。

神様はずっとそばにいて待っています。そしてあなたに「目を覚まして、自分の中の神を認識せよ」と言っています。

あなたはこれを認識して生まれて来たのです！　そして知性の汚れのすべてが、あなたを限界づけているだけです。ですからこれを乗り越えて、神の名を唱え、神と共に愛の中にあってください。神だけがあなたを真に無条件に愛せるのです。神だけが何か戻って来るという期待なしに、心からあなたに与えることができるのです。

この愛を得ることを、この愛になることを努めてください。どれだけ多くの愛が自分の中にあるか認識することに努め、それを広めてください。愛は保つことのできないものです。

こうしてあなたは神の道具になり、神はあなたを通して自らを反映するのです。神はあなたを通して行動するでしょう。そしてあなたは自分の課題の実現を果たすのです。

愛する者になれ、愛される者はいつもそばにいる

ハンガリー、ブダペストにおけるダルシャン　2006年7月29日

あなた達と共にいることは、私に大きな喜びを与えてくれます。

私達は皆霊的な道のために生まれて来ています。私達の心への道、真の自己を見出す道、神を見出す道のためです。あなた達のほとんど全員が、この人生で一番大切なのは、自己を認識することだと知っています。自分が完璧な存在であることを認識すること、そして誰であるかを知ることです。あなた達はこれを求めてインド、アメリカなど世界のありとあらゆる地へ旅することができますが、外側を探すのには限りがあります。探すことによって私達は様々な地を訪れ、様々な人達に出逢いますが、それでも私達は完璧な存在にはなりません。

私達は「神様、私は天を離れて、あなたを見出すためにここにやって来ました。私のするこ

とはすべてあなたのためです。私は何処へ行こうと、あなただけを探しています」と言います。

あなたが外側を探すのは無意味です。何故なら最後には神がいつもあなたの中に、あなたの心の奥底にいることがわかるからです。神はいつもあなたと共にいます。それはたくさんの高価な宝石が隠れている海のようなものです。それを見つけるためには大洋に潜らなければ、その中へ深く入って行かなければなりません。このように神は人間の心の奥深くに住んでいるので、あなたの魂は奥深く潜らなければなりません。

それはあらゆる所に幻影の波があるからです。この神に等しい状態に達するためには、真に神を愛さなければ、それにはまず自分を愛する所から始めなければなりません。

あなたは他人を愛しているので、毎日誰かに「私はあなたを愛しています」と言っています。でもあなたは何度自分に「私は自分自身を愛しています」と言っていますか？

大抵の人は他人を愛するのは易しいけれど、自分を愛するのは難しいと言います。でも私は、それは少しも難しくないと言います。見てごらんなさい、あなたは他人を愛する時、その人達の中に善い物を見ています。ところがあなた自身を愛するということになると、あなたは自分のネガティブな面をすべて見るのです。

自分の中のネガティブな面を見るのはやめましょう。ポジティブな面だけを見ましょう。あなたが善い物を見るようになり、自分のことをポジティブに考えるようになると、あなたはこの大洋を深く潜って行くでしょう。するとあなたの心は開くでしょう。

> あなたが愛する者になると、愛される者はいつも、休むことなく、あなたのそばにいることを知ってください。あなたは愛する人にならなければなりません。あなたは気が狂ったように神を恋い慕わなければなりません。あなたのパートナーを気が狂ったように恋い慕うのと同じように。

あなたが愛する者になると、愛される者はいつも、休むことなく、あなたのそばにいることを知ってください。あなたは愛する人にならなければなりません。あなたは気が狂ったように神を恋い慕わなければなりません。あなたのパートナーを気が狂ったように恋い慕うのと同じように。私が「気が狂ったようにパートナーを恋い慕う」と言うのは一定の期間だけで、一般には長続きしません。ですからあなたは愛が何であるか、真に理解しなければなりません。普通の恋愛関係でも、恋をしていると、他のことはすべて忘れてしまいます。最初はすべてうまく行きます。しばらくするとそれは習慣になり、そのうちにうんざりしてきます。でもあなたが心に抱いている真の愛は、絶対に飽きたりしません。それがあなたの本来の姿だからです。それがあなたの身体の細胞の一つ一つを形作っているからです。あなたはただそれを認めて自分に言わなければなりません。

「私は神の一部で、神と同じように創られている。——私は神と共にあり、神は私と共にある」

あなたがこの一体であることを認識すると、あなたは正にこの一体になります。私はあえて言いますが、それは難しいことではありません。あなたが毎日の瞑想を誠実に実習すれば、そこに達することができるでしょう。あなたが心から愛すれば、それを得ることができるでしょう。あなたが正直に仕えれば、それを自分の物にすることができるでしょう。しかしそれを実行するのは、あなた次第です。自分自身に対する誠実さは、あなたが外部に与える誠実さとなります。あなたは神の道具になり、また、その愛の道具になるのです。あなたは正に今、一人のジヴァン・ムクタに、神を知り、悟りを開いた魂になるのです。もう時間を無駄にできません。霊性は簡単です。実習すれば、あなたはそれを得るでしょう。ただし一番大切なのは愛です。愛があなたを献身、バクティの道に導くことでしょう。献身を通じてあなたは目覚めることでしょう。そればかりか神を認識することさえ、献身を通してその道をあなたに開いてくれます。

ここであなた達と簡単な瞑想をしてみたいと思います。大変易しい瞑想です。

瞑想の手引き

- 何度か深く呼吸してください。息を吐く時に、肩を下げてください。あなたの肩からすべての緊張を解いてください。
- 目を閉じて、第三の目に集中してください。
- そしてそこに、あなたが神から授かった創造力を使ってオームの印、神のシンボルの一つ、または神を表現する十字架など、あなたに馴染み深いシンボルを創造してください。そしてあなたのエネルギーをすべてそこに、その形に集中してください。

●想念が働き出すでしょう。でも働かせておいてください。それを止めようとはしないでください。それを止めるのに余計な力を使わないでください。また、この想念にしがみつくのもやめましょう。それがやって来たら、また、行かせてください。

●この神の形に焦点を合わせ、自分の呼吸に耳を傾け、注意して聴いてください。あなたが注意して聴くと、息を吸う時にオームが聴こえるでしょう。同時に吐く息もまた、オームの響きを放っているでしょう。

●しばらくするとあなたが集中していた場所に、ある圧迫を感じるでしょう。

●それを広げてください。このエネルギーを頭全体に広げてください。

●それを上半身に広げてください。両腕、胸、そして背中に。

●それを下半身に広げてください。両脚(両足)に。

●もし何処か痛かったり、病んでいる場合は、その場所に集中して、そこを振動させてください。

●次に心臓に焦点を当て、そこにオームを振動させてください。

●それを広げてください。そしてさらに振動させてください。同時にあなたが創造したシンボル、あなたの好きなシンボルを選んで、それをあなたの心臓の中に想い描いてください。

●そしてまた、元の状態に戻ってください。

わかりますか？　このような視覚的想像は全く簡単で、何処でも行うことができます。つまらないことを考えたり、お喋りしたりする代わりに、じっと座っていることを身につけて、頭をポジティブな方向に働かせるようにしてください。

いつも飾り気なく、愛情深く

ポルトガル、マフラにおけるダルシャン　２００８年４月13日

　ここで皆さんとお話しできるのは素晴らしいことです。

特に素晴らしいのは、あなた達の善い行いです。分けても大切なのは愛で、私達は皆、神の愛の使者にならなければなりません。そしてこの愛の派遣者になるために、私達はまずそれがどんなに大切であるか認識しなければなりません。何故なら愛だけが世界を変えられるからです。愛を通してのみ、平和と調和を再建できるからです。

愛には様々の外観があります。この外観の一つが調和で、もう一つは一体性です。それでバクティ・マルガのロゴの下に「愛と忍耐と一体性」と書いてあります。まずこの三つの根本的な物は外ではなく、私達の中にあるのです。私達が愛を与えたかったら、私達は愛にならな

ければなりません。

シュリ・クリシュナは『バガヴァッド・ギーター』の中で「真のヨギ（ヨーガ行者）は自分の中に私を認識しなければならない。そこで初めて、自己の拡張としての私を至る所に認識するのである」と言っています。

そしてまた、キリストも「汝の敵を愛せ。自分を愛するごとく人を愛せ」と言っています。人がそれぞれの人生で、愛とその意味に関する教えの似通った点を見つめるのは、大変大切なことです。

あなたはそれがどんなに大切なことか知っているでしょう。愛なしに何もすることはできません。あなたが仕事場へ行けば、その仕事を愛さなければなりません。あなたは自分の子供を愛し、夫や妻を愛しています。あなたは常に愛しているのです。

あなたのすることはすべて愛です。それはわかっていますね。愛はスケールの大きなものばかりでなく、ささやかな範囲にも存在しています。そればかりか私達はこの愛を増やすことができます。それを強めることもできます。クリシュナのフルートの物語のように、私達は単に身を捧げるのです。同じようにやってごらんなさい。神に身を委ねるのです。神の愛を広めるために、進んで神の使者になり、神の道具になるのです。

かつてキリストは弟子に言っています。

「あなた達は皆私よりずっと多くのことを成し遂げるだろう。ただそれを信じればよいのだ。

私達が心からしていることは、
簡単なことでも喜びを
もたらすでしょう。
ですから常に飾り気なく、
愛情深くあってください。

あなた達が疑うことなく信じればば、その通りになるだろう」

あなたは子供のように信じればよいのです。子供を観察してごらんなさい。彼等は決して質問したりしません。本当です！

あなたが子供を呼んで「ちょっと、この子はあなたの弟なのよ」と言うとします。

すると子供は「そうなの？お母さん」とも「違うよ、お母さん」とも、「どうしてそうなの？」とも言わないでしょう。母親が「この子はあなたの弟なのよ」と言ったのをそのまま受け取るでしょう。子供は知っているからです。母親に対する信頼の念、わかるでしょう？それがあるからです！あなたも自分に対してこの信頼の念を持つべきです。

私は昨日のダルシャンで、小さな赤ちゃんを抱っこしました。その子の様子は見ていてとても可愛かったのです。そばに来たので、甘い物をあげようとしましたが、丁度お母さんの方を向いて、お母さんだとわかると、もう甘い物を欲しがろうともしませんでした。

子供はお母さんの所へ行きたがりました。私は大変喜んでこの献身振りを見ていました。そしてそこにいた人達に言いました。

「世界中がこうであると想像してごらんなさい。人々が真実を見られるのだったら！　人々が神を知って、幻影が何であるかわかったら、すぐにもその幻影を手放して、神の認識へと急ぐことでしょう」

それは本当に素晴らしいことです。子供は甘い物にも、チョコレートにも、すべて見向きもしなかったのです。玩具さえその子にとって何の意味もありませんでした。お母さんが何よりも大切だったのです。

これが私達が何をやっても、ある所まで来ると、満足感を失ってしまう理由です。私達が外部でしていること、また、物質に集中している間は限界があり、時が経つと消えてしまいます。私達が心からしていることは、簡単なことでも喜びをもたらすでしょう。ですから常に飾り気なく、愛情深くあってください。

愛は愛することだけ知っている

フィンランド、ユヴァスキュラにおけるダルシャン　2009年8月8日

歌う時は、外側だけでなく、深く内側から声を出してください。すると響きに力が入ります。そしてこの響きに力を加えるには、さらに深く内側から声を出さなければなりません。オームはただ喉で唱えても、振動がありません。オームはあなたの奥深くにあるミクロコスモスから引き出して、歌ってください。

ヴェーダにはこのように書かれています。

ヴェーダは、人間の奥深くで神が永遠の座を保っている、ミクロコスモスについて語っています。ですからあなたがさらに力を加えて歌いたい時は、もっと奥深い所から声を出すと、それだけ力強い響きが出て来ます。ライオンも吼える時は、奥深い所から吼えます。私達は

決してライオンが優しく、表面的な声で吼えるのを聞くことはないでしょう。それ故ライオンは動物の王者なのです。ライオンの吼える声は時々神様までびっくりなさるくらいの力強さです。ナラシンガ・デーヴが地上に降りて来て吼えた時は、天界の神々も恐れをなしたと言われています。それと同じように、あなたも心の中で眠っている神様を目覚ましたかったら、その名を呼んでください。

もちろん私達は「神を呼ぶために吼える必要などない」と思うかもしれません。でも神様はあなたの心の中で、あなたが呼ぶ声を聞いて、喜ぶことでしょう。

何故私達は歌うのでしょう？　何故人間は歌っていると、こんなに幸せなのでしょう？　私達は何もかも忘れて、深く心の中へ入って行きます。何故でしょう？　私達が歌うと、思考力が弱まります。すべての振動は宇宙のエネルギーなので、私達はさらに深く神のエネルギーに浸ります。ナーダ・ヨーガとかナーダ・クリヤと呼ばれるテクニックはこの響きの力を裏付けています。そしてこのテクニックによって、あなたはすべての響きがオームの振動から出て来ていること、そしてすべては振動であることに気がつきます。私達の生命それ自体が振動なのです。

生命とは何でしょう？　生命は神聖なものです。どれほどの人達が生命は何であるか知っているでしょう？　どれほどの人達がこの神聖さを知っているでしょう？　どれほどの人達が生命の価値を知っているでしょう？

生命が何であるかわかったら、あなたは今までとは全く違う目でそれを見るでしょう。生きることは皆が思っているように、ただ仕事をして、食べて寝るだけのものではありません。人間は仕事の奴隷になっています。また、食事の奴隷になっています。そして大抵誰も正しい食べ方をしていません。また、人間は睡眠の奴隷になっています。人生はどんどん先へ進み、いよいよこの人生に別れを告げる時が来ると「おお、何かやり過ごしてしまったようだ」と気がつくのです。彼等は人生を振り返って、その素晴らしさを知るのに、どれだけ多くの機会を逃したかわかって、残念がります。また、自分の歩んだ道に、何度、神としての自己を実現する可能性があったかを知り、また、この神様からの贈り物がどんなに素晴らしい物であったかに気がつきます。それにもかかわらず、彼等はそれを無駄にしたのです。

それではもう一度訊きますが、生命とは何でしょう?

生命とは愛のことです。神の存在は知性から遠く離れています。何故なら知性にとって、神の存在を理解するのはとても難しいからです。精神をすっかり精錬してしまうまでは、また精神をすっかり洗浄してしまうまでは、神の存在を理解するのは、かなり難しいことです。生命は愛で、愛はもちろん神聖なものです。愛は神です。人生の意義はこの愛を感じることにあり、この素晴らしい愛を実現することにあります。

私は、今日は「あなたを愛している」と言い、明日は「この人は一体誰なんだろう?」と言うような限界ある愛のことを言っているのではありません。生命とはこのような愛を言うのではなく、言葉では表現できない領域にある愛のことを言うのです。この愛、無条件で、あなたの周りの物すべてに存在する愛を言います。これが生命です！

あなたは一度でも静かに自然を眺めたことがありますか？

あなたは一度でもこの自然を感じたことがありますか？

あなたの中に燃えているこの愛、あなたの中にある生命、それはありとあらゆる所に存在します。あなたの周りにある真実を根源まで突き止めると、また、あなたの周りにある美しさにすっかり浸り込むと、あなたは私達が皆一つに結ばれているのに気がつくでしょう。それが愛です。それは宗教を超え、人種の差を超え、外面的な世界におけるあなたの地位を超えています。それはあなたの知性を支配している二元性を超えています。

愛は二元性を知りません。
愛は愛することしか
知りません。

愛は二元性を知りません。愛は愛することしか知りません。愛は何の期待も持っていません。私達は毎日愛を表現しています。ある人は意識して、他の人は無意識に。私が言っているのは、もちろん神のごとき愛のことです。私達は他人から愛が戻ってくることを期待しています。それは人間の愛だから、私達は期待しながら愛するのです。それは人間の愛だからで、人間の愛は限られています。これもまた、愛の表現ではありますが（神の愛が含まれているので）長続きしません。あなたが恋をすると、何故初めはとても素晴らしく、相手の欠点が見えないのでしょう？

あなたは「愛は盲目」という言葉を知っているでしょう。私達が「愛は盲目」と言うのは、それが人間であるにせよ、何か他の物であるにせよ、期待につながる愛は目をくらますからです。そうなると私達には何も見えません。私達は単に期待の対象となる物だけを見て、それにすべての注意を注ぎます。ところが私達が注意を払う対象のすべて、私達が要求する対象のすべて、私達が愛の本質を投射する対象のすべては限られています。そこには限界があります。あなたはこの素晴らしい愛を感じます。でも一年後には自分に問います。「この愛はどういうふうに始まったのだろう？私はこの人を愛したが、今はもう何も感じない」どうしてでしょう？これは誰の人生にも起こることです。違いますか？

それにもかかわらず、大いに期待しつつ私達は何度でもこの愛に戻って行くのです。愛は決して終わることがありません。誰か好きになると、あなたは愛し始めます。ところがしばらくすると、それも色あせてきます。さあどうなるでしょう？あなたは新たに恋をします。また、愛に落ち込むのです。この言葉に気を付けてください。あなたが落ちている間は、決して起き上がることはないでしょう。

でもあなたは愛に起き上がらなければいけないのです！そしてあなたが愛に起き上がるためには、自分（自己）を見出さなければなりません。本来は神である自己を実現しなければなりません。神様があなたにくださった一番大きな贈り物を具体化しなければなりません。

もちろんある人達は「そう言うのは簡単だけれど、実行するのは難しい」と言うでしょう。でも愛は存在しているのですから、それが難しいとか簡単とか言うのは無意味です。愛はもうそこにあります。ただそれに気づくのに時間がかかるのです。ですからあなたは霊的な実習に時間を費やすことによって、愛の美しさ、生命の美しさを知り、また、あなたが何故ここにいるのか知るのです。そしてあなたがこの愛の蛇口である井戸を一度開くと、そこには愛が流れ始め、もう引き止めることはできません。

あなたがどの道を行こうと、また、どの修業を積もうとかまいませんが、その実習を行うのは何故でしょう？　あなたの自己を実現するためです。あなたの中の神を認識するためです。解脱を得るためです。神の認識や自己の認識は、何もせずに得られるものではありません。それにはあなたの努力が必要です。この大きな愛を実現するために、あなたは苦労が欠かせません。あなたは「私はそれを得たい。再び完全な私になりたい」と思わなければなりません。あなたにこの欲求が起きない限り、あなたがその第一歩を踏み出さない限り、それは難しいでしょう。

人々はよく「私は皆を愛している」と言います。でもただ「私は皆を愛している」と言うだけでは、何も変わらないでしょう。キリストは言っています。

「あなた達が真珠を持って来て、それを豚にやっても、彼等にはその価値がわからない」

豚は自分と同じレベルのものならわかることでしょう。ここでもそれと同じことが言えます。あなたは一番大きな贈り物、一番大きな宝物を持っているのです。それを実現なさい！あなたは人生の最期に「おお、何と言うことだ。私は人生を無駄にしてしまった」などと言ってはなりません。今がその時です。目を覚ましてください！あなたの自己を目覚ませてください！

あなたは平和を望んでいますか？世の中の人は常に平和を求めて来ました。でもまずあなたが自分を変えなければ、平和は訪れないでしょう。あなたが自分を変えない限り、平和にならないでしょう。あなたが自分を変えるまでは、決して統一されないでしょう。すべてはあなたから始まります。これを利己主義と言うこともできます。でもこの利己主義から出発して、私達は無私にたどり着くのです。何故なら、あなたが自分の中に持っている（宝）物を認識すると、もうそれを自分の元に保っておくことができなくなるからです。

あなたはそれを他に渡していかなければならなくなります。あなたは人々を助けなければならなくなります。

ある所に大変真面目な医者がいました。

彼にとっては訪れて来る人々の病気を治すことが、何よりの喜びでした。ところがその喜びはいつも長続きしませんでした。そこで彼は何度も自分自身に訊いてみます。

「長続きのしない喜びしかない私が、どうして幸せでいられるだろう」

あなたはこの種の満足感を知っているでしょう？　そこで医者は19世紀に活躍したインドの聖者ラーマクリシュナの所へ行き「ラーマクリシュナ様、あなたがどのように愛しておられるのか教えてください。私はその愛を感じますが、長続きしないのです」と話します。

ラーマクリシュナは言います。

「愛すべきドクターよ、私はあなたが人々を助け、その愛を感じていることを知っている。でもあなたの愛は、あなたがどの程度の報酬を受け取るかに掛かっている。行って人々を助けなさい。あなたに報酬を受け取るなと言うのではない。報酬は受け取りなさい。でも一週間に一度は無報酬で診察しなさい。するとあなたの中で愛がだんだんに育っていくのがわかるだろう」

そして医者はもちろんラーマクリシュナが忠告したようにします。何ヶ月後かに彼はシュリ・ラーマクリシュナの所に戻って来て、その足元にひれ伏して言います。

「私の師よ、私はあなたがおっしゃるようにしました。そして私は一番の幸せ者です。私は1週間に1回だけではなく、2回、3回とこの無報酬の勤務を行っています」

愛は常に利己的に感じられます。それは私達がまず自分に与えるからです。でも次に他人に与えることによって、それは無私になり、無条件になります。何故なら期待が存在する限り、願い事がある限り、常に限界があるでしょうから。

ですからこの愛を自分の中に見つけてください。この神の愛をあなたの中に感じてください。それを植物の世界に、動物に感じてください。するとあなたはそこに完全な一体性があり、また、この一体性を招くことができるのもわかるでしょう。でもまず自分自身に善くあってください。

瞑想の手引き

それでは簡単な練習をしましょう。私はこの短い瞑想が好きです。

- まず手をハートのチャクラの前に置いてください。チャクラの上ではなく、チャクラの手前です。
- 心臓の鼓動を感じてください。
- 呼吸に注意を払ってください。
- 耳を澄ませてください。神様はあなたに耳を与えられました。あなたの吸う息と吐く息に耳を傾けてください。あなたが吸う息と吐く息に耳を傾ければ傾けるほど、思考は静かに、さらに静かになって行きます。

●それと同時に、どのようにして振動があなたの心臓からあなたの手に、そしてあなたの手からあなたの心臓に流れて行くか感じてください。

●緊張をほぐして、呼吸と感情に注意を向けてください。

●呼吸の合間で休まずに、ただ息を吸ってまた、吐いてください。

●次にあなたの手を心臓の上に、押さないで置いてください。

●そしてもしできたら、あなたの心臓を流れる百万という微妙な振動を感じてください。

これが愛です。あなたがそれを感じたら、私が何について話したかわかったでしょう。あなたが何も感じなかったら、練習を続けてください。あなたが一度でもそれを自分の中に感じたら、植物を見て、それに触れ、木にも触れてごらんなさい。するとどのように生命が流れているかわかります。動物を抱いて、そこに動いている物を感じてごらんなさい。するとあなたは何が生命であるかわかるでしょう。

そして本来は神である自己を実現するでしょう。限界のあるやり方ではなく、全く限界のないやり方で。あなたは宇宙のあなたを実現するでしょう。

クリシュナ、神の愛の化身

シュリー・ピータ・ニラヤにおけるクリシュナのジャンマシュタミ(誕生日)
ドイツ、シュプリンゲン
2009年8月13日

あなた達は皆、明日がクリシュナ・ジャンマシュタミであることを知っていますね。実際には明日ではなく、今日の真夜中です。クリシュナの誕生日はロヒニ・ナクシャトラの八日後に祝われます。ですから今夜は全く特別な夜です。

もともと昔はクリシュナ・ジャンマシュタミは9月11日に祝われました。でも今日の8月13日という日は、占星師がクリシュナの誕生日として算出したものです。あなた達はある所では14日に、また別の所では15日に祝われるのに気がつくでしょう。ところが本当は今夜がジャンマシュタミなのです。私は9月11日のことも話しましたが、古い暦によって、昔のヴェーダふうに計算すると、それが9月11日にあたるのです。そして今日がロヒニ・ナクシャトラの最後の日です。それで今日はクリシュナの出現を祝うので、特別な日なのです。ジャンマシュタミが「生まれる」を意味していても、私はあえて出生とは言いません。何故と言って、クリシュナは一度も生まれたことがないのです。彼の出生は単に彼自身の告示にすぎません。彼は常に存在していましたし、また、今も常に存在しています。私達が誰かが生まれたと言う時は、死の存在すること、終わりがあることを意味しています。

でも初めも終わりもない神については、どうして「生まれた」と言えるでしょう。もし彼が生まれたとしたら、また、死ななければなりません。そうすれば終わりがあります。ところが初めも終わりもない彼は生まれるということがありません。彼は自分自身の化身であり、神様がご自分を告示するために選ばれた姿です。

あなた達は皆クリシュナがどのようにして生まれてきたかという物語を知っていますね。ですから私はもう一度この物語を全部繰り返すのはやめましょう。

『ギーター』には彼が自分を告示する計画について記されています。

「ヤダ・ヤダ・ヒ・ダルマシャ・グラニール・バヴァティ・バラタ・アブュタナム・アダルマシャ・タトアトゥマナム・スルジャミ・アハム」

クリシュナは一度も生まれたことがないのです。
彼の出生は単に彼自身の告示にすぎません。
彼は常に存在していましたし、
また、今も常に存在しています。

これは、彼が事態が悪くなった時に、また、何か恐ろしいことがこの世に起きた時に、いつでも人間の姿になって現れるであろうという意味です。もちろん神は常に姿を現しているのですが、人間の頭脳は大きな啓示を、爆音を望んでいるのです。でも神は至る所に存在しています。

マハヴィシュヌ、ナーラーヤナは母である地球を助けようとこの形を取りました。何故なら母である地球はナーラーヤナに向かってこう言ったのです。

「助けてください。私はとても苦しんでいます。悪魔のカンサが私を威嚇し、傷つけています」

実際にはカンサは彼女でなく、人間を傷つけているのです。神は彼女に答えます。

「よし、それでは私が人間の姿となって現れよう」

そして的確な時を選んで、デヴァキの母胎に入ります。彼は牢屋の中で生まれます。アカシャヴァニという天の声がカンサに、デヴァキの八番目の子が彼を殺すだろうと言ったので、母親と父親はそこに閉じ込められていたのです。

もちろん誰でも死を恐れています。シヴァのすぐれた、学識ある弟子であったカンサさえ死を恐れていました。彼は死というものを知りませんでした。何故かというと、私達が死を見つめる時は、自分自身の限界を見つめているのです。カンサは大変恐れて、自分を守らなければいけないと思います。彼は殺されたくなかったのです。彼は自分の死と向き合うのが嫌だったのです。

さて私はこの物語の詳細部に入って行くので、やはり全体を話した方がいいでしょう。

デヴァキとヴァスデヴァは恋をして、結婚しました。彼等の結婚式の日に、デヴァキの兄であるカンサは、結婚したばかりの妹と彼の弟を自分の家に連れて帰ります。彼等が歩き出すと、天から声が聞こえてきます。

「カンサ、おまえは馬鹿だなあ、何をやっているんだ？ おまえは妹の八番目の息子に殺されることを知らないのか？」

ここに数字の８が出て来ます。数秘術に詳しい人には、この８の数字がどんなに大切かよくわかっています。これは初めと終わりのない数なのです。ところでアカシャヴァニが、彼の妹の八番目の子供が彼を殺すだろうと言ったことは、もちろん彼を怒らせます。その時彼は「妹がいなければ、死もない」と考えて、妹を殺そうとします。ところがヴァスデヴァがそれを制止して言います。

「おまえはどうして女を殺すことなどできるのだ？ 皆がおまえさんは弱虫者以外の何者でもないと言うだろう」

大変尊大で高慢なカンサはもちろんそれが嫌だったので、こう言います。

「わかったよ。私はあんた達を投獄する」

するとヴァスデヴァは答えて言います。

「いいだろう。では私達を投獄して、彼女が子供を生むたびに、私は自分でその子をおまえの所に連れて行こう。そうしたらおまえはその子に好きなことをしていい」

そういうわけでカンサは彼等を投獄します。彼は自分の父親も、彼に反対だった理由で投獄します。最後に悪魔の仲間を呼んで、彼が王者になったことを一緒に喜ぶよう招待します。二人の間には毎年子供が生まれ、ヴァスデヴァは毎回その子をカンサの所へ連れて行きます。そしてカンサは容赦もなく殺していったのです。ところがデヴァキの七番目の子供がいなくなってしまいます。デヴァキが七番目の子を身ごもった時、不思議なことにその子はデヴァキの母胎から消えて、ロヒニの母胎に現れます。その夜ロヒニが寝入ると、翌日彼女は身ごもっていました。

何とも気味の悪い話ではありませんか？（女性に向かって）皆さん、あなた達が明日起きて身ごもっていたら、どうしますか？ それがロヒニの身に起こったのです。彼女はショックを受けたけれど、それを受け入れます。彼女は年を取っていたのに身ごもったのです。ですからこれは不思議なことと言えるでしょう。彼女は神様のご意思を受けます。そこで彼等はカンサに、デヴァキとヴァスデヴァが彼等の子を失ったと告げます。カンサはとても喜んで言います。

「見てみろ、子供はまだ生まれていなかったのに、私をこんなに恐れていなくなってしまった」

彼はもちろんシャクティがロヒニに乗り移ったことは知りませんでした。実際にはそれはアディシェシャで、マハヴィシュヌが寝台に横になって具象化し、クリシュナの兄、バララムの姿で現れたのです。何ヶ月か過ぎて、デヴァキは再び身ごもりました。この辺で、デヴァキはあなた達が考えているようなやり方で身ごもるのではないということを理解しておかないといけません。それは人間が通常身ごもる状態で行われるのではないからです。考えてください、彼女が七番目の子供を失った後、カンサはデヴァキを部屋の片隅に、そしてヴァスデヴァを別の片隅に縛りつけました。こうしておけば八番目の子供が生まれて来ることはなく、彼も殺されることはないと考えたのです。彼はデヴァキが普通に受胎すると思っていましたし、まして神様ご自身が現れるとは思ってもいませんでした。それればかりかデヴァキとヴァスデヴァが牢屋のそれぞれ別の片隅に縛られていた時に、デヴァキは八番目の子を身ごもったのです。

そしてその夜、子供が生まれた時、神様が丁度この地上に降りて来られた瞬間、牢屋は明るい光に包まれます。縛られていた綱は解かれ、不思議なことに見張り人は皆寝入ってしまいます。そして子供が生まれた時、デヴァキとヴァスデヴァはシュリ・クリシュナの真の姿、シャンカ（巻貝）、チャクラ（車輪）、ガダ（棍棒）を持ったマハヴィシュヌが目の前に立っているのを見ます。

するとマハヴィシュヌがヴァスデヴァに言います。

「子供を連れて、ヤショーダのいる河の向こう側へ行け。そしてそこに着いたら、赤ん坊を取り替えろ。あそこにはもう一人別の赤ん坊がいる、女の子だ。それをここへ連れて来い。そしておまえ達の赤ん坊はあそこに置いて来るのだ」

マハヴィシュヌが目の前に立った時、彼等は前世のことをすべて思い出します。彼等は何から何まで思い出します。何故マハヴィシュヌと彼等自身がそこにいたのか、そして何故神様が今、彼等を通じて姿を現さなければならなかったのか、すべて思い出すことができたのです。理由は次の通りです。ラーマがいなくなった後、デヴァキとヴァスデヴァはある前世で女王と王であったことがあり、神様を子供として持ちたいという大きな望みを抱いていました。何千年という期間中、彼等は罪償いをして、マハヴィシュヌは大変満足しておられました。

そこで彼は「私がまた、この世に来る時は、あなた達を通して来るであろう」と言われました。もちろんマーヤ・シャクティのお蔭で、彼等はすべてを忘れてしまいます。でも彼等がマハヴィシュヌの前に出た時、再びすべてを思い出し、また、彼等が誰であったかも思い出します。

そこでヴァスデヴァはマハヴィシュヌに言われた通りに行動します。赤ん坊を抱いて籠に入れ、牢屋から運び出します。牢屋の番人は不思議なことに皆眠ってしまって、誰も彼の邪魔をする者はいません。ヴァスデヴァは赤ん坊を腕にヤムナ河の水に入ります。そして彼がヤムナ河に深く入って行けば行くほど、女神ヤムナは神様の足に触れたがります。さて赤ん坊のクリシュナの足がヤムナ河の水に触れた瞬間、彼女は落ち着きます。おまけに蛇の神シェシュナックが赤ん坊のクリシュナを覆い隠すために出て来たほど、激しい雨が降っていました。

ヴァスデヴァが河を横切った後、彼は向こう岸で眠っているヤシコーダと夫のナンダを見ます。ヤショーダには丁度女の赤ん坊が生まれたところですが、彼女にはそれさえわかっていません。神様はこのようにしてマーヤを具象化されるのです。そこでヴァスデヴァはすばやく赤ん坊を取り替えます。彼はマハヴィシュヌに命令された通り、小さな女の子を取って、赤ん坊のクリシュナをそこに置いて行きます。それから彼は河の反対側に戻って、すべてはまた、元通りになります。翌日皆が牢屋で目覚めると、番人達には赤ん坊の泣き声が聞こえます。

彼等は急いで王様の所へ行って言います。

「カンサ、おまえの妹はまた、赤ん坊を産んだよ」

カンサは急いで下の牢屋へ行き、戸を開けます。

「その赤ん坊をくれ」

その瞬間デヴァキが言います。

「いいえ、兄さん。私の八番目の息子があなたを殺すそうです。でも今回私は息子ではなく、娘を授かりました」

これを聞いてカンサは落ち着きます。そして思案します。

「どうしてあの声は八番目の子と言ったのだろう？ところでこの子は女の子なのに、どうやって私を殺すのだろう？」

そこで彼は少し考え、独り言を言います。

「もしこれがヴィシュヌ・マーヤだったら、どうするのだ？もしこれがヴィシュヌ自身だったら、どうするのだ？」

これを想像すると、彼は赤ん坊をつかんで言います。

「よし、私はこの赤ん坊を殺してしまおう」

彼は子供を手に取って、他の赤ん坊と同じように壁に投げつけようとします。この瞬間に赤ん坊は上にすっ飛んで、ドゥルガ、マハ・シャクティの姿に変わります。彼女はカンサに笑いかけて言います。

「おまえは何て馬鹿なの、私を殺そうとするなんて。おまえにできるわけがない。おまえを殺すことになっている相手はもう生まれていますよ。おまえに残っている日を数えておきなさい！」

この時カンサは正に真の恐怖を覚えます。彼は急いで妹の所に戻って言います。

「おまえは何をやった？言え！」

もちろんデヴァキとヴァスデヴァは何も思い出すことができません。マハヴィシュヌは、彼等が夜中に起こったことを思い出さないように、再びマーヤで覆ってしまったからです。ヴァスデヴァは赤ん坊のクリシュナをヤムナ河の向こう岸に連れて行き、ヤショーダとナンダの娘と取り替えたことさえ忘れてしまっています。そして彼等は今、カンサが赤ん坊を殺そうとした時、この子が高く上にすっ飛んで、マハ・シャクティの姿になり、カンサを戒めるのを聞いたのです。カンサはもちろんそんなに馬鹿ではありません。マハ・デヴィが、土が人間の姿となって現れ、カンサの日は数えられていると言った時、その赤ん坊を見つけて殺すために、全身を尽くさなければならないと考えます。

その日からカンサは大殺戮を始めたのです。彼はその時期に生まれた子供を全員殺します。彼はすべての悪魔を送り出して、祈っている人々をおどして、祈祷をやめさせます。

彼が悪魔を送った所は何処でも成功を収めます。ただ一つの場所、ゴークラだけは彼の送った悪魔が戻って来ず、殺されてしまいます。そこでカンサは考えます。

「何故悪魔は私が送ったすべての場所で成功を収めたのに、ただ一ヶ所だけは、殺されて戻って来なかったのだろう？」

そういうわけで、彼には主がゴークラにおられることがわかったのです。ナンダとヤショーダは目を覚まし、赤ん坊のクリシュナを見て、二人とも大変驚きます。両親は共に色白であったのに、子供はよく見ると、黒い皮膚をしていたからです。でも彼等は息子を持てたことで、それは幸せでした。その子は誰もが自動的に一目で惚れ込むほど特別な赤ん坊だったのです。彼は愛の化身でした。もちろんこの出来事は盛大に祝われ、彼等は大喜びでした。

誰もがヤショーダの所へ来て、彼女をほめて言います。

「ヤショーダ、あなたは何て祝福されているのでしょう。あなたの年で子供を産むなんて」（彼女はもうかなりの年でしたから）

「これは間違いなく神様のご意思です。子供を見てごらんなさい。誰も彼のそばを離れられないほど魅惑的で、愛に満ちあふれています」

前にも話したように、カンサは大勢の悪魔を送り出しますが、次々とクリシュナに殺されていきます。最初に送り出された悪魔はプタナです。さてこのプタナがどんなに祝福されていたか話しましょう。彼女は悪魔であったにもかかわらず、母親の姿をしていました。そして女の子のなりをして、その辺りを歩き回っていました。彼女は何処へ行っても、子供を見ると、自分の乳房から毒の入った乳を飲ませていました。それで子供はもちろん皆死んでしまいます。最後に彼女は赤ん坊のクリシュナがいる所にやって来ます。ヤショーダは誰にも自分の家の出入りを禁じなかったので、誰でも自由に出入りすることができたのです。それでプタナも同様に入って行き、子供に乳を飲ませるよい機会を狙います。それから子供を手に入れると、彼を片隅に連れて行き、乳を飲ませ始めます。でもこの子は違っていました。他の子供達は皆死んでしまったのに、この子は飲んで飲んで、彼女の毒をすっかり飲み干してしまいます。

わかりますか？ 彼女は祝福されていたのです。プタナは主に乳を飲ませる大なる幸福を手にしたのです。それはプタナがある前世でヨギーニであったことから来ています。彼女はたくさんタパス、罪償いをします。彼女はナーラーヤナ神の母になるための罪償いもしましたが、これは彼女のカルマのために成し遂げることができませんでした。でも主は大変慈悲深かったので、こう言われます。

「それはかまわない。あなたの望みは叶えられるであろう」

今回彼女は魔女として生まれ、クリシュナが現れて、彼女の乳を飲みます。でも彼はすべてを、献身のすべてを、命のすべてさえ飲み尽くしてしまいます。わかるでしょう？　これが主です。そしてこれがプタナなのです。彼女はすっかり身を捧げます。他の悪魔が次から次へと大勢来て、クリシュナを殺そうとしますが、皆不成功に終わります。

クリシュナは16歳の時マトゥラへ行き、そこでカンサは殺され、物語の残りはあなた達も知っている通りです。私達は主の素晴らしさを思うと、クリシュナ時代の人達が彼に会って、どう感じていたかを考えます。彼等は何を感じていたでしょう？　また、ゴーピー達は何を感じていたでしょう？　ヴリンダヴァンの人達にとって、クリシュナの近くにいることは、どんなだったのでしょう？　私達はそれについていろいろな話を読みました。私達はそれがどんなに素晴しかったか、どんなに崇高だったかを読んで「でも今は何故そうではないのだろう？　こんなに祈っているのに、何故何にも起こらないのだろう？」などと自分に尋ねます。

あなたもこの愛を経験し、感じてみたいのです。そしてまた、すっかり夢中になってみたいのに、それがまた、とても難しく感じられるのです。そうではありませんか？　何故でしょう？　私達が自分自身を見つめ、ヴリンダヴァンの人達を観察すると、彼等が一日中していることは、クリシュナが何よりも一番大切なものであることを示しています。彼等の考えはすっかりクリシュナに向けられています。彼等が何をしていようと、何処にいようと、すべてはクリシュナのためです。彼等が自分の家族のために料理しても、実際にはクリシュナのためにしています。また、彼等が衣類を洗濯しても、頭の中ではクリシュナのためにしています。すべてはクリシュナのためです。彼等の一息一息がクリシュナであったくらい、献身そのものであったと言えます。彼等の一息一息が主ご自身であるということは、もちろん主が絶えず彼等のうちに存在しているということです。

ところであなたは毎日仕事をする時、どれだけ神様のことを考えますか？ あなたが暇な時だけ。何故ならあなたが仕事をしている時は、完全に仕事そのものに集中しているからです。それではあなたに残されたわずかな時間には何をしますか？ あなたは自分の仕事をどのように改善するかについて考えます。

あなたが霊的な実習を行っている時（あなたがアートマ・クリヤを実習している時）、あなたは完全に呼吸に集中しています。または神の名を繰り返して唱えることに集中しています。何故でしょうか？ 何故私達は皆霊的なサーダナを実習するのでしょうか？ それは私達の魂が求めている、何か大きなものがそこにあるのを知っているからです。私達の知性ではあまりよく理解できない何かを求めているのです。私達は頭で理解しようとし、いつものやり方で何でも自分の思うようにしようとするのです。

では私達のやり方とは何でしょうか？　私達が、自分では常に自由意志があると思っていても、それは神様のご意思です。

ある時、聖者に「私達に自由意志がありますか？」と尋ねた者がありました。

聖者は「あなたには意志があります。でもそれは自由ではありません」と答えます。

それは一頭の牛のようなものです。牛は綱で結ばれ、与えられた範囲以内で動いています。牛は自由ですが、それはある範囲以内で自由なのです。人間の意志もこれと同じで、残りは神様のご意思です。でも大きく見えるこの小さな範囲内で、私達は他の誰よりも大きくなりたいのです、そうではありませんか？　私達はそれどころか神様よりも大きくなりたいのです。

私はマハ・ヴィシュヌに呪われた、神の使者であるナラドゥ・ムニのことを思い出します。

マハ・ヴィシュヌが彼に言います。

「ナラドゥ・ムニ、地獄へ行け。おまえは破滅だ。行ってしまえ」

するとナラドゥ・ムニは大変落ち着いて答えます。

「愛する主よ、あなたは地獄に行けと言われますが、それは何処にあるのでしょうか？」

マハ・ヴィシュヌは「よろしい」と答え、彼のシャクティを使ってチョークを創り出し、絵を描き始めます。彼は「ここが天だ」と言って、天を描きます。そして「ここが地獄だ」と言って、地獄を描きます。それを見ると、ナラドゥ・ムニはとても幸せになります。彼はその図に近づいて中へ飛び込み、その地獄の中であちこち身をくねらせ始めます。

マハ・ヴィシュヌは大変面白がって訊きます。「ナラドゥ、何をやっているんだ?」

彼は答えて、「あなたは私に地獄へ行くように言われました。そうでしょう? 私は今そこにいます。私は地獄で身をくねらせているのです」そしてナラドゥ・ムニは続けます。「あなたは万能の神でおられます。ですからあなたが『これは天だ』と言われれば、もちろんそれは天になります。あなたが『これは地獄だ』と言われれば、もちろんそれは地獄になります。あなたが私をそこへ送った時、私はそこへ行きました。それがただの絵であっても、私にとっては地獄です。私にはそれが感じられます」

マハ・ヴィシュヌは大変満足して、彼を祝福します。

これは私達の知性が創造する自らの限界、拘束を示しています。私達は自由になれるのに、知性がそうさせてくれません。私達は至る所に神を見ることができるのに、常に私達の誇りが邪魔をしています。私達は神を愛せるのに、そこには常に私達の期待があります。私達がこの三つを手放すと、私達は事実完全に神のうちにあることでしょう。何よりも神は愛の告示です。神は私達全員が何者であるかを表明しています。

神は、愛を外部に表現されます。神が表現するものすべてに、神の行為すべてに。ところが人間は、私達が外に出さないので、心の奥底で告示されます。私達はそれを怖がっています。私達は真の自己を恐れているのです。私達は自分の中にあるものを恐れ、なおかつそれに思い焦がれているのです。私達はそれを欲求しています。私達は年中そこいら中を探し求めています。私達のするすべてに、私達の出会うすべての人々に、私達はこの愛を求めているのです。でもそれは外側にはありません。それは私達の中にあります。寺院で綺麗に飾られた神像は私達が精神を集中させ、焦点を合わせるのに役立ちますが、神様はまず私達の心の中に生まれます。さて、あなたは訊くことでしょう。

「一体何故私達は外部で神に集中しなければいけないのでしょう？　何故私達は心の中で神に集中できないのでしょう？」

あなたを覆っているすべてのこうした事項、この期待のすべて、この憤激、この恐れをもって神の抽象的な姿に、また、あなたの心の中の神の愛に集中するのは大変難しいことです。それで神様は私達が集中しやすいように、具象的な姿を与えてくださったのです。それは射撃を習うようなものです。まず大きな物を射ることから始めます。そうでしょう？　そして私達が慣れて、集中できるようになったら、射るためのもう少し小さい的が与えられます。それと同じです。

あなたの思考の活躍が活発で、常にあちこち飛び回っている間は、あなたの集中できる外部の的が必要です。あなたの思考がサーダナを通して静かになったら、あなたは心の中の神にたやすく集中するようになるでしょう。神の名を歌ってください。そしてまず神の外形に集中してください。最終的に神様はあなたの中にいることを教えてくださるでしょう。

クリシュナは愛の化身です。今日の誕生日に、彼があなたの中で生まれるようお願いしてください。あなたの中で具象化するようお願いしてください。彼は決して誰にも何も拒んだりしません。あなたが心からお願いすれば、あなたが心から彼自身の具象化をお願いすれば、あなたは彼の出現を経験するでしょう。

聖女ミラバイが願い、授かったものがこれです。すべての聖者達は自分自身に誠実だったので、願ったものは授けられました。彼等は真面目に神に「私の所へ来てください」とお願いします。それがどのくらいかかるかはどうでもいいのです。あなたは神様が聞いてくださるのを知っています。そして時が来れば、神様は来てくださるでしょう。

ラダ・真の献身

シュリー・ピータ・ニラヤにおけるラダシュタミ
ドイツ、シュプリンゲン　２００９年８月27日

私達の祈祷がラダラーニに捧げられていることは、あなた達も気がついたでしょう。

今日はクリシュナもラダと同じような服装をしています。ラダシュタミというのは彼女が地上に現れた日のことで、私達はそれをお祝いします。彼女はラダラーニの姿をしたクリシュナです。

あなた達はまずラダの名を呼び、次にクリシュナの名を呼ぶことに気づいたと思います。私達は「**ラデ・クリシュナ、ラデ・シャーム**」と歌います。ラダはクリシュナのシャクティだからです。彼女こそクリシュナに力を与えている当人なのです。クリシュナは神ではないかとも言えますが、何故神が力を必要とするのでしょう？　それは愛というものが、クリシュナで

あれ、神であれ、献身なしでは何の意味もないからです。この形で、ラダの姿で、神様はバクティを、真の献身を示されます。

ではこの真の献身とは何でしょう？　私達は皆献身を備えています。私達は毎日祈り、仕事をします。これも献身には違いありませんが、真の献身は完全な帰依を意味しています。クリシュナに対するラダの献身は、クリシュナから離れていようと、神から離れていようと、身を捧げるということが、何であるかを教えています。事実ラダは私達皆に創造と告示をあらわしています。例えば彼女は愛を象徴しています。彼女はバフ、神の意思に対する完全な献身を表現しています。それは彼女の意思ではなく、神の意思であり、クリシュナの意思です。それで彼女はただ一人真の尊敬者と言われ、私達全員がお手本にすべき存在なのです。

神の化身としてのラダラーニは、私達がいかに無条件で愛するか、また、嵐が来ても倒れないほど根強い信仰を持てるか教えているのです。

今日私達が信仰について話しても、何か起こって、思い通りにならないと、もう根が引き抜かれて、倒れてしまいます。信仰に関しては、あなたは嵐が来て、その枝が風に揺さぶられても、しっかりと地面に根を下ろし、それが根こそぎ引き抜かれることなどない、巨大な樹木のようにならなければなりません。信仰はそうでなければいけないのです。それをラダラーニは教えているのです。彼女の人生は幸福な時代ばかりではありませんでしたが、喜びも悲しみも同じように超越しました。

私達は皆至福を望んでいます。そうではありませんか？　私達は皆、神の道を達成したいのにもかかわらず、物体にしがみついています。

私達は愛したい、神様のご意思通りに行動したいと言っていますが、知性は常に「私は神様のご意思に従いたいが、同時に幸せでいたい」と考えています。

それは人間の頭の中では、幸せであることが至福だからです。知性が考えているのは正にこれです！　ところが私達が真の至福と呼んでいる超越した幸福は、あなたも知っている通り、にっこり笑って「私は幸せだ」と言うような幸福とは違います。何故ならば至福の状態には、幸福も悲しみもないからです。知性は私達が幸せか悲しいか、あるいは同時にその両方の状態であることしか知らないので、これを知性で捉えるのは無理です。この両方の状態を超越することを、アーナンダと言います。そしてこれこそ私達の魂が思い焦がれているものです。

私がいつも歌うバジャンに「愛のためには何でもする」というのがあります。そうでしょう？　でも愛が犠牲であることはあなたにもわかっているでしょう？　あなたはそのために自分を完全に犠牲にする覚悟ができていますか？　実際にすべてを犠牲にする覚悟のある人がどのくらいいるでしょう？　本当に！　信仰とは完全な献身を意味しています。どんなに些細なことでもあなたは神様のご意思にお任せするのです。そして何をしていても神を思い出し、何処にいても神を思い出すのです。そしてそれによってあなたはすべてを超越するのです。

人間は常に何か願い事をしています。そして神様はもちろん何でも与えてくださいます。

もう何もお願いする必要の
ない時が来るでしょう。
あなたがお願いする前に、
それが与えられるように
なるでしょうから。

でもいつか、もう何もお願いする必要のない時が来るでしょう。あなたがお願いする前に、それが与えられるようになるでしょうから。あなたが神様のご意思に身を任せれば任せるほど、神様ご自身に身を委ねれば委ねるほど、それもただ理性で献身するのではなく、心で献身するようになると、なおさらあなたと神の間には何の違いもなくなってしまうでしょう。ラダラーニは自分とクリシュナの間に何の違いもないことを示すために、また私達人間と神の間に何の違いもないことを示すために、それを超越したのです。

ただ一つの違いは私達の知性に限界があることです。私達はその違いを知っています。私達は二元性が何であるか知っています。でもより高い次元では、物体は私達が見るようには見えません。神々の世界にはそれぞれの課題を為し、また、それぞれの義務を果たす階級制度があります。神々は自らのダルマ（法則）を満たさなければなりませんが、私達の世界のように人を裁いたりすることはありません。

私達はサーダナや霊的な実習を通して何を得るのでしょう？　私達はここで二元性を超越します。

私達は考えることをやめて、神のごとく行動するよう知性に働きかけます。私達が神様のご意思について話す時は、すべて正しいこと、そして創造的なもののことを言っています。ところで私達が献身的になればなるほど、この二元性は姿を消し、すべては同じであることがわかってきます。

かつてダクシネシュヴァールのカーリー寺院に一人の聖者が立ち寄りました。聖者は立ち止まって、しばらくその寺院の前に立っていました。聖者がその寺院を眺めていると、寺院全体が揺れ始めます。

そこにラーマクリシュナが居合わせて、この出来事を見ていました。ラーマクリシュナは自分の甥に訊きます。

「そこにいる乞食のような姿をしたサドゥ（聖者）を知っているかい？　今彼のしたことを見たかね？　彼が誰だか探り出してくれないか」

それを聞くと、甥はサドゥの所へ駆けつけます。サドゥは甥がやって来るのを見て、同様に走り出します。甥はサドゥの後ろから追いかけ、とうとうサドゥを追い抜いて言います。

「私はあなたの弟子になりたいのですが」

サドゥは答えます。

「何だと？　駄目だ。行け」

そしてさらに速く歩き始めます。するとラーマクリシュナの甥はかまわずに追いかけ、サドゥの足をしっかりつかんで言います。

「私はあなたが弟子にしてくださるまで放しません」

するとサドゥが言います。

「わかった。立ちなさい。ではそこに流れている二つの河を見てごらん。見えるかね？」

そこには二つの河が流れていましたが、そのうちの一つは大変汚れて、汚らしく、もう一つは非常に澄んで、綺麗でした。するとサドゥは彼に言います。

「もしおまえにこの二つの河が同じように見えたら、弟子にしよう」

あなたは神を
頭で把握できなくても、
心ではわかっています。
あなた達は皆
神の一部なので、
誰でも神を知っています。

わかりますか？　あなたの知性が完全に神に捧げられると、もう評価するものもなくなります。そこには純粋な愛だけが存在するでしょう。一方あなたの知性が評価するのをやめない限り、その違いは見えることでしょう。あなたにその違いが見えている間は、嵐が来ると、あなたの信仰の樹の根は引き抜かれてしまうことでしょう。ですからあなたの信仰を揺るぎないものにしてください。ラダラーニに、あなたに何が起こっても、びくともしない信仰を授けてくださるようお願いしてください。このような信仰については、『ギーター』やヒンドゥー教の伝統だけでなく、ありとあらゆる宗教で語られています。あらゆる宗教の偉大な教師達は皆それを教えています。キリストは「汝の信仰を、風に吹き飛ばされぬよう、石の上に建てよ」と言っています。そうでなければいけません。信仰の力が強いと、愛はもっと強くなるでしょう。あなたが完全な信仰を持てば、愛する者になるからです。そしてあなたが愛する者であれば、愛される者はいつもあなたのそばにいます。

努力してください！　愛があなたの心の中で大きく芽生えるように、あなたの精神がすっかり神の中に浸れるように、それによって神様があなたのもとへ来られるように励んでください。あなたは神を頭で把握できなくても、心ではわかっています。あなた達は皆、神の一部なので、誰でも神を知っています。

真の愛は永遠に与えること

チェコ、プラハにおけるダルシャン　２００９年８月23日

ここにあなた達と一緒にいるのは素晴らしいことです。それもこのガネーシャ・チャトゥルティという特別な日に。これはガネーシャの創造された日です。ヒンドゥー教の伝統では大変祝福に満ちた日です。あなた達は皆ガネーシャを知っているでしょう？　彼は象の頭をした神様です。ヒンドゥー教には神様がたくさんいますが、その全体がパラムアートマと言われる一体を成しています。その中のガネーシャは障害を除く役目を割り当てられた神様です。ガネーシャはすべての障害を取り除いてくれます。それでお祈りはまずガネーシャに向けて始めます。

私達は何故まずガネーシャにお祈りするのでしょう？　私達は障害を除くためにお祈りしま

す。それではこの障害は何処にあるのでしょう？　一番大きな障害は人間の知性です。私達は知性を清めてもらうためガネーシャにお祈りします。私達の祈りが実り多いように、私達の祈りが聞き届けてもらえるようにお祈りします。

今言った通り、ガネーシャは障害を取り除く神様で、知性を清めてくれます。それでこの神様にはガナパティ（知性の神）、知性の中に存在するガナスの神の名が付けられています。あなたの知性が明確だと、あなたはどんなに容易に愛せるかわかるでしょう。

私達は霊的な道の途上、一体何を実現したいのでしょう？　私達は神と一体になりたいのです。

私達がこの知性の範囲内で
身動きすればするほど、
神は私達から
遠ざかって行くことでしょう。

私達は神を見出したいのです。私達は真の自己を見出したいのです。でもそこには常に障害があります。私達が瞑想しても、知性（思考）の力は弱まりません。私達がこの思考を手放さない限り、また、それを自分の支配下に置かない限り、私達は奴隷と同じで、知性に支配権を握られてしまいます。私達がこの知性の範囲内で身動きすればするほど、神様は私達から遠ざかって行くことでしょう。

実際にはあなたのどの部分も神性なのです。でも知性はあなたをすべての物から離そうとします。あなたを愛することから引き離そうとします。私達は皆愛しています。そうではありませんか？　でもこの愛とは一体何でしょう？　私達は愛は犠牲だと言います。自分を犠牲にする時、あなたは自分のすべてをそっくり与えてしまうことができますか？　あなた達の中の何人が自分をすっかり犠牲にする準備ができているでしょう？　答える時は自分に対してあくまでも誠実でなければなりません。ここで一つの小さな物語を話しましょう。私はこれが実に素晴らしい物語だと思うので、よく話します。

ある所に一人のマスターがいて、弟子の一人に言います。

「我が子よ、おまえにも完全に神を見出す時が、完全に神としての自己を実現する時が来た」

根本的にはこれが、私達がこの地上にいる理由です。ヒンドゥー教の伝統によると、人間には自分に問うべき四つの質問があります。私達は何処から来たのか、私達は誰なのか、私達は何処へ行くのか、そして私達は何故ここにいるのか？　この四つの質問です。大変簡単な質問ですが、もしあなたがこの四つの質問に答えられたら、それは完全に自己を実現したことになります。

そこでグルは弟子に言います。

「今こそおまえが完全に自己を実現する時が来た、こちらへ来なさい」

弟子は答えて言います。

「尊敬する先生、私はあなたをこんなに愛しています。でもわかっていただけますか？　私の妻は心から私を愛しているので、彼女はとても不幸になると思います」

グルは少し考えた後で言います。

「わかった。本当に彼女がそれほど愛していると思うのなら、この薬を持って行きなさい」

彼は薬を渡して言います。

「次の月曜日に、寝る前にこの薬を飲みなさい。この薬を飲むと、一見死んだように見えるが、おまえには周囲のすべてが聞こえているのだ」

すると弟子は「わかりました。試してみましょう」と答えます。

月曜日の夜、彼は薬を飲んで寝に行きます。次の朝は早く起きる予定でしたが、目を覚まさないので、妻がどうしたのかと案じて「ちょっと、起きて」と彼を突きますが、何の反応もありません。すると彼女はおかしいと感じて、わめいたり嘆いたりします。そしてあまり大声で訴えたので、隣人が皆様子を見に来ます。

家族もやって来て、ついには皆で泣き始めます。

「ああ、何で私達を置き去りにして行ったの？」

妻は夫の体に身を投げて言います。

「ああ、何故私をここに一人で置いて行ったの？　あなたと一緒に行けばよかった。私達はお互いのために生きて来たのだから」

こうして皆の泣き声が絶えません。彼の息子が言います。

「お父さん、あなたはどうして行ってしまわれたのです?」

そして死んだ男の母親が言います。

「ああ息子よ、私はおまえより先に死ぬべきだった！ こんなに若く、おまえの人生はまだこれからだったのに！ 私こそ先に行ってしまえばよかった」

皆こんな具合で嘆き続けます。

とうとうグル自身が現れて訊きます。

「あなた達は何をそんなに嘆いているのだ?」

彼等は「ああ、彼は私達を置いて行ってしまったのです」と答えます。皆はそれぞれ、父親が、夫が、息子が行ってしまったことを訴えます。それに答えてグルが言います。

「あなた達は皆とても彼を愛しているようだ。彼の代わりに死ねばよかったと言っている。そこで私は提案する。ここに薬がある。この薬を飲んだ者は代わりに死んで、彼は再び生き返ることができる」

マスターは彼の妻を振り返って言います。

「愛する母親よ、あなたは今夫の代わりに死ぬべきだと言ったね? 善き妻ならそうするだろう。あなたは彼を大変愛していた。ではこの薬を飲みなさい」

その瞬間、女は泣くのをやめて言います。

「何でそんなことを言うのです？　私には小さな子供がいます。死んだのは彼の不幸です。私にはできません」

するとマスターは母親を振り返って言います。

「母親よ、あなたはもう年だと言われます。この薬をお飲みなさい」

母親は「これは彼の業（カルマ）です。おわかりですか？　私にはできません。私には面倒を見なければならない孫もいるし、気遣ってやらなければいけない子供もいるのです」と言います。

マスターは一人ずつ試しますが、皆同じようなことを答えます。すると彼は少し水を取って、男の顔に振り掛けます。男は目を覚まして皆の顔を見ます。彼には皆が大きな愛情を示してくれたのがわかりましたが、誰も自分を犠牲にしようとはしませんでした。

真実の愛は
あなたの奥深くにあり、
それはあなたの天性であり、
あなたの真の存在です。

キリストは「真の友はすべてを犠牲にする」と言っています。そして元来愛とはこの犠牲のことです。もしあなたが本当に愛しているのなら、何でも犠牲にできるでしょう。あなたがこの愛を本当に自分の中で感じる境地に至らない限り（もちろんあなたにその準備ができていなければなりませんが）、他の種類の愛は、例によって、報いのある愛を期待するでしょう。私達が愛と名付けているものが、ただの情熱や欲望に過ぎないのは大変よくあることです。今日はこの人を愛し、明日はあの人を愛して、一年も経てばそれが誰であったかさえ思い出しません。でも真実の愛はあなたの奥深くにあり、それはあなたの天性であり、あなたの真の存在です。

神は遠く離れていません。神はあなたの中にいます。それは少しずつあなたを食べ尽くしていきます。あなたはただ思考を鎮めて、自分自身を内側に向ければいいのです。あなたが自分に対してどれほど誠実であるか、そしてあなたがどれほど真実に、また真剣に神を求めているか観察してください。

真の愛は期待などせず、ただ永遠に与えるだけです。私達はただこの愛を得るために、また、それが無条件なものとなるように、サーダナを実習し、霊的な練習を行います。この無条件の愛のために、私達は神との一体化を実現するのです。そうすれば私達は真に完全な愛の中にあると言うことができます。でもそれが知性の中にあるうちは、大変困難です。

キリストは「汝の主を精神と知性のすべてをもって愛せ」と言っています。

知性は完全に神に向かっていなければなりません。知性は限界を超越して、自分を変化させなければなりません。この理由からも私達はガネーシャに祈ります。

「すべての柵を取り除くようにお助けください。私達が真の自己であるように、限界を超越するのをお助けください」

私達の真なる自己は何の評価も、何の相違も、何の苦痛も、何の憎しみも、何の嫉妬も、何の怒りも知りません。私達の真なる自己は常に神と一体です。私達は皆そうです。そしてこれが真の愛です。

古代ギリシャ人は「自分を知ればすべてを知る」と言っています。

これは確かにそうです。あなたがサーダナを通じて自分というものを知ったら、すべてを知るでしょう。すべてはお互いに結びついていて、その結びついている物が愛なのです。人生はとても価値ある物です。わかっていますか？　根本的には人生は私達の持っている最も価値あるものです。ですから無駄にしないことです。時間を無駄にしてはいけません。神様があなたを霊的な道に呼んだのには、ちゃんとわけがあります。この人生を大いに利用して、真の自分を見出してください。

心の言葉

ブラジルにおけるダルシャン　２００９年11月

すでにお話しした通り、私はここにいて大変幸せです。私はいろいろな所を旅行してまわり、たくさんの地を訪れ、様々な文明や言葉に巡り合いましたが、ただ一つの真実を見出しました。それは心の言葉、愛の言葉です。愛は私達の限界ある用語範囲では表現することさえできない言葉です。それは感じられるだけです。それは母親にわかる言葉です。生まれたての赤ん坊は話すことができません。それは心から心への伝達で、この心から心への伝達は真の言葉です。これは愛の言葉、あなたの魂の言葉です。この言葉のない人生、この愛のない人生に意味はありません。何の愛も感じない人にすら、ある程度の愛は存在しています。そうでなかったら、全く何も存在しないでしょう。愛のない人生は、いくらでも注文できるけれど、決して実ることない土地のようなものです。私達はいくらか愛のある人生を喜びと呼んでいます。

喜びには2種類あります。私達が物事に感じる喜びと、私達の奥深くに存在する喜びです。一方の喜びには限界があり、もう一方の喜びには限界がありません。そして知恵者のみがこの限界のない喜びを選びます。私達は皆それに呼び掛けられているのですが、私達の偏狭な知性、私達が知覚できるもの、理解できるものだけと親身に向き合っているのです。すると私達は自分の限界を見て言います。

「これが全部なのか？　これが人生なのか？」

いいえ、そうではありません。人生とは何でしょう、人生の目的とは何でしょう？　私はあなたに訊きます。私はブラジルの人間がとても生き生きしていると聞きました。人生とは何でしょう？　あなたの隣人を愛すること、そして精神の向上に努めること、これは両方とも大変いい返事です。ところで精神とは一体何でしょう？

何が人生の目的なのでしょう？　人生の目的とは、あなたが誰であるかを実現することです。あなたは自分が果てしなき愛の海の一滴だということに気がつくと、人生の意義は満たされたことになります。何故ならこの海

あなたは自分が果てしなき愛の海の一滴だということに気がつくと、人生の意義は満たされたことになります。

中の一滴は、あなたが考えているようなものではなく、それは海全体と一体になっているのです。魂の向上、あるいは前に述べられたように、私達の隣人を愛することは、私達自身がこの愛を自分の中に実現するまでは難しいことです。

あなたは「スワミジ、あなたは愛について話されますが、私にはまだ愛というものがわかりません」と言うかもしれません。

そう、あなたは頭ではわかっていません。これは頭で理解することはできないのです。ところが心の奥底では皆わかっています。あなたは毎日実習して、それを認識するために、ここにいるのです。毎日練習していますか？　そうであることを願います！

それでは実習とは何でしょう？　その意味は、あなたが何をしていようと、常に神を思い出していることです。これがヨーガです。もしただ瞑想をして、私達が祈っている神が、すべての生き物の心の中に座っていることがわからずに、ただ外側に向かって祈るだけでは何の意味もありません。ですからあなたがまず瞑想と祈祷によって、神は外ではなく、あなたの中にいることがわかったら、あなたはすべての人にそれが輝いているのを見ることでしょう。でもあなたが人々に相違のないことがわかるまでは、常に限界が見えることでしょう。

あなたはマハヴァタ一・ババジを知っていますか？　彼はインドのマスターです。彼は正にもう５０００年以上も生きています。彼は私のサットグル（永遠の師）です。私達は時々彼の絵を見ることができます。かなり厳しく見える何枚かの素描です。でもあえてあなた達に言えば、彼は本当に何とも言えない愛情をあらわしています。それどころかこの「愛」という言葉が制限ある表現しかできないくらいです。そしていつか彼は私に、自分にそれが得られたのだから、誰にでも得られると言っていました。

何日か前、私がイスラエルにいた時、私はかつてキリストが感じたように感じてみようと思いました。教会が常に真面目で不幸なキリストについてお説教することはよく知られています。でも実際には全くそうではなかったのです。

偉大なマスター達は皆、神として自己を実現することを、この永遠の幸福を得ることを、外部ではなく、あなたの内部に見出すことを教えました。何故かと言って、私達がこの幸福を外部に探し求める限り、私達はいつも頭をぶつけることでしょう。私達は何かが自分を幸福にすると言いますが、この何かを手に入れた瞬間、私達の幸せは違うものに変わってしまいます。それは私達がまだ自分の中にある真の幸福を見出していないからです。ところがこの真の幸福を自分の中に見出したとたん、それを表現するのが可能になります。

それは分けることができます。でもそのためには心から欲さなければなりません。何人の人がこれを本当に心から望んでいるでしょう？　そしてそのためにあなたは何をしますか？　何でもしますか？　一番簡単なのは他の人を助けることです。何故ならば心を開いて、たやすく愛するようにするのは、愛を分けること、他人を助けること、そして他人の中に幸福を見出すことです。

内部への旅路を幾重にも簡単にするのはこれです。何故なら私達が「それでは座って瞑想しましょう」と言うと、何が起こるかわかっていますか？　思考はとても忙しく働いています。ですから私達はこの思考を鎮めることを覚えなければなりません。それではどのようにしてこの思考を鎮めたらよいのでしょう？　思考を鎮めるためにはまず神の名を唱えましょう。それは思考に遊ぶための玩具を与えるようなものです。もし小さな子供がとてもいらいらして、泣き喚いたとしたら、両親はどうするでしょうか？　多分子供に玩具を与えることでしょう。子供は玩具を渡されて遊び始め、静かになることでしょう。思考もこれと同じように反応します。思考が活発で、猿のようにあちこち飛び跳ねていたら、思考にも遊ぶための玩具を与えましょう。それも制限のある遊びではなく、無制限の遊びを与えてください。思考に神の名を与えましょう。あなたが神の名を歌えば歌うほど、あなた自身がこの神の名になって、思考はあなたの邪魔をするのをやめるでしょう。思考があなたの邪魔をするのをやめれば、瞑想もそれだけしやすくなるでしょう。あなたが他の人を助ければ、あなたはこの幸福を見出し、神の名を通して自分が主に仕えていることを認識するでしょう。これはあなたの霊的な道への助けになります。

　私はあなたに精神を静めるための、ある簡単な方法を教えましょう。それは生命の贈り物である呼吸によって行われます。あなたは食べなくても、飲まなくても生きていけますが、呼吸をしないで生きていくことはできません。

キリストはこのことを次のように言っています。

「私達に日々の糧を与えてください」

プラナ・シャクティである生命のパンのことです。すべて霊的な道には、何処へ行っても、どの文化にも、この呼吸を正す方法があります。それではこれから一緒に思考を見つめる簡単な練習をしましょう。

思考を見つめるやり方はたくさんあります。それには非常に簡単なものと非常に難しいものがあります。どちらがいいですか？　難しいほうですか、易しいほうですか？　そう、では始めましょう。思考の流れは常に前へと進みます。例え私が瞑想のために座るように言っても
――あなたの思考はすでに何処かへ飛んで行きましたか？

思考はすでに「ああ、どうなるだろう？」と考えています。

時々あなたはここに座っていながら、もうアメリカへ行っています。思考はそれくらい速いのです。ですから私達は「思考が猿のように木から木へと飛ぶ」と言うのです。ですからこの猿を捕まえてしっかり縛っておくことが非常に大切です。そうでないとあなたは決して自由になることはなく、この猿のようになってしまうことでしょう。それではエネルギーがあなたの中でよく流れるように、真直ぐに座ってください。目は開いたままにしてください。

見てごらんなさい。私が瞑想のことを話すと、皆さんはまず目を閉じます。これは一つの罠です。あなたが目を閉じた瞬間、あなたの思考は飛び跳ね出します。最初に、私達が思考

を鎮めるためのテクニックを行う前に、思考がどうするか一分間見つめてみましょう。大丈夫ですか？目を閉じて、一分間あなたの思考を見つめてください。

（間）

それではやめて、恥ずかしがらず、また尻込みせず、あなたが今の一分間何処にいたか言ってください。あなたの思考は外へ走って行きましたか？あちこち旅をして来ましたか？あなたは遠くへ行っていましたか？

どうですか？私達はこんなにもはやく旅することができます。人間の思考は稲妻よりも速いのです。ではこの思考を鎮める簡単な方法を試してみましょう。

瞑想の手引き

●真直ぐに座ってください。途中で休むことなく、続けて深く息を吸い、深く息を吐いてください。

●次に、できれば両手をフリダヤ・ムードラ、ハートのムードラの形にしてください。中指と薬指を親指の先に当てましょう。人差し指を折り曲げて、指先を親指の付け根に当ててください。小指は真直ぐに伸ばしておきましょう。薬指と中指は並んでいて、ちょっと鹿のように見えます。そして人差し指は親指の付け根に触れています。これはハートのムードラと呼ばれています。このムードラは心を開き、あなたの中の愛を目覚まします。これは最も力強いムードラの一つです。

ハートのムードラは大変重要である上に、心臓の病気を持つ人達の助けにもなります。これは治療を促進するからです。心臓に圧迫を感じる人達を治す助けになります。そして無条件に愛することのできない人達の心を、無条件に愛するように仕向けます。簡単ではありませんか？　これはエネルギーの流れです。ですから両手でフリダヤ・ムードラを形作り、呼吸してください。

●目を閉じてください。第三の目に集中して、呼吸の響きに耳を傾けましょう。内部の響きは宇宙のオームの響きです。

（長い黙想）

●次にあなたの全集中力を心臓に持って行き、ゆっくり目を開いてください。

以上が思考を鎮める一つの方法です。もちろんあなたが１回だけ実習しても、その効果は現れません。あなたもわかっているように、規則正しく練習しなければなりません。あなたが自己の実現を欲するならば、もっと内部に持っているものに集中してください。あなたは大きな宝物を抱いています。あなた達の一人一人が特別な存在です。あなた達の一人一人が特別な義務、ダルマを持っています。あなたが今世の意義を認識するようにお祈りしてください。

そこで私達は祈ります。

「アサト・マ・ザト・ガマヤ
タマゾ・マ・ジョティル・ガマヤ
ムリティヨル・マ・アンムリタム・ガマヤ」

賢者達はいつもこのマントラを唱えていました。これは、偽りから真実へ、暗闇から光へ、死から永遠の命へ、という意味です。これは私達が誰なのかを語っています。私達が自分達に制限を加えると、真実が見えないので、常に偽りの中にいることになります。私達は常に影の中にいるのです。ですから私達は無知の影が取り払われて、光の中へ、そして神の知恵の中へ、私達のただ死に至る生命から、魂であるアートマ、永遠の生命へと変化することをお願いするのです。

尊敬の最高の形

ブラジルにおけるダルシャンの後で　２００９年11月

シュリ・スワミ・ヴィシュワナンダと何人かの弟子達のバジャン練習光景から。

あなた達は『チョティ・チョティ・ゲイヤ』の歌の意味を知っていますか？「小さな、小さな牛さん達、小さな、小さな男の子達」という意味です。あなた達は知っていますか？クリシュナの周りにはいつも小さな牛飼いがいました。牛に、男の子に、牛飼い……。彼が牛飼いだったのを知っていますか？「チョティ・チョティ・ゲイヤ」は小さな、小さな牛達の意味です。

（スワミジの歌）「小さな、小さな牛さん達、小さな、小さな男の子達。小さいのは私の可愛いクリシュナ。小さいのは私の可愛いクリシュナ。その前に、その前に牛さんが立っている。その後ろには男の子達が立っている。真ん中には私のクリシュナがいる。真ん中には私のクリシュナがいる。牛達は草を食べ、男の子達はミルクを飲み、クリシュナはマカンを飲む」

（スワミジの説明）マカンはバターミルクのことです。

（スワミジの歌）「黒い、黒い牛さん達、白い、白い男の子達」

（説明）皆の真ん中にいるクリシュナは濃い空色をしています。彼は暗色に染まった雲のようです。

（スワミジの歌）「小さな、小さな足輪、小さな、小さな花輪。そしてクリシュナはフルートを吹く。小さな、小さな女の子と、小さな、小さな男の子がマドゥヴァンで遊ぶ」

（説明）マドゥヴァンはヴリンダヴァンの森のことです。

（スワミジの歌）「クリシュナはラス（訳注：愛の戯れ）を踊る」

シュリ・スワミ・ヴィシュワナンダは彼の弟子達と、もう一つ別のバジャン『サブセ・ウンチェ・プレマ・サガイ』を歌い始めます。

私が**「サブセ・ウンチェ」**と言いますから、あなた達は**「プレマ・サガイ」**と続けてください。**「サブセ・ウンチェ」**は尊敬の最高の形は何ですか、という意味です。あなた達は愛が尊敬の最高の形です、と答えます。プレムは愛、サガイは尊敬の意味です。

あなた達はこれが私の最も好きなバジャンの一つなのを知っていますか？　すべては愛を巡る内容の歌で、クリシュナの愛、人間に対する神の愛を描写しています。それで彼は尊敬の最高の形は何ですかと訊き、あなた達はプレマ・サガイ、愛が尊敬の最高の形です、と答えるのです。愛は私達が築いたすべての限界を征服します。愛はすべてを克服するので、知性ですらそれを捉えることができません。

そして次にあなた達は、「ドゥリョーダナ・コ・メヴァ・ティヤゴ」と言います。クリシュナの時代には善玉のアルジュナとパンダヴァスが、悪玉のカウラヴァスと年中戦っていたのは知っていますね。ドゥリョーダナは悪玉の大将です。ところでドゥリョーダナはクリシュナを食事に招待します。彼は王様だったので、当然のことながら、最も豪華な食事を勧めます。ところがクリシュナはそれを断ってヴィドゥラの所へ行きます。ヴィドゥラはクリシュナの伯父さんで、とても貧乏でした。そこでクリシュナはご飯と簡単な食べ物だけの最も簡素な食事をしました。でも彼はとても幸せでした。何故でしょう？　それはヴィドゥラの愛のためです。ドゥリョーダナは何でも、高価な物すべてを所有していましたが、愛には欠けていたのです。彼はプライドが高く、自慢して見せま

愛は私達が築いた
すべての限界を征服します。
愛はすべてを克服するので、
知性ですらそれを
捉えることができません。

す。それと反対にヴィドゥラは質素で、謙虚で、愛に満ちあふれていました。

クリシュナは食事ではなく、この愛に惹かれて彼の所へ行ったのです。

スワミジは歌います。

「ジュテ・パラ・シャバリ・ケ・カイェ」

シャバリはラーマの大なる信者です。ラーマは神様の一つのお姿です。


ラーマの時代にシャバリは毎日ジャングルで果物を集めて、ラーマのことを待っていました。彼女はラーマが果物を食べに来るのを待っていたのです。そして毎日新鮮な花と新鮮な果物を供えてラーマを待ちながら、一日中「ラーム、ラーム、ラーム、ラーム、ラーム」と歌っていました。そのうちに彼女は年を取って、大変老い込んだ女性になります。歯もすっかり抜けてしまい、ついにはラーマの方から彼女の所へやって来ます。ラーマとラクシュマンがランカへ行く途中、シャバリの小屋へ立ち寄ったのです。そして二人はラーマのことを待っている、口内にはもう2本の歯しか残っていない、この年老いた女性を見ます。ラーマが来ると、彼女は大喜びで彼を歓迎します。そして毎日新鮮な花でラーマの名を書いていた椅子を勧めます。ラーマが来ると、彼女の心は大きく広がります。彼女の心は愛で一杯です。ラーマは弟のラクシュマンと一緒に来ます。ジュテ・パラ・シャバリ、ジュテとは果物のジュジュべのことです。私はこの果物がここにあるかどうか知りません。彼女はまず果物が甘いか、酸っぱいか試してみます。彼女はラーマに甘い果物だけを勧めます。

するとラクシュマンが言います。

「ああ、何ていうこった、どうしてこんな物が食べられるんだ？」

ラーマはラクシュマンに言います。

「これは君にはわからないよ。これはバクタ（崇拝者）と愛される者の間のことだから。愛する者と愛される者だ」

これは愛であり、魂の結びつきです。これはシャバリがラーマに抱いた愛です。この愛のためにラーマは果物を食べたのです。それで私達は「**ジュテ・パラ・シャバリ・ケ・カイェ、バフ・ヴィディ・プレマ・ラガイ**」と言います。ラーマはこの果物を大変喜んで食べます。


スワミジは「**ラジャスヤ・ヤジナ・ユディスティラ・キノ、タマイ・ジュタ・ウタイ**」と歌います。そこでは王様を初め、全民衆が参加して盛大な火祭りが行われます。そして賢者達も皆一緒に座っていましたが、誰もお給仕をする人がいません。食事が終わると、クリシュナは残り物を集めて片付け始めます。何故でしょう？　それはパンダヴァスの首領ユディスティラに対する愛のためです。かつてマハバラータの戦争中、アルジュナはクリシュナに捧げる愛の他には何も持っていませんでした。そして彼がクリシュナに抱いていた愛のために、クリシュナはアルジュナの戦車の御者になり、彼のために車を走らせることを承諾したのです。これが魂を神に結ぶ最も大きな愛です。

ヴリンダヴァンでクリシュナは例のラスを踊ります。ヴリンダヴァン中の女の子と踊ったのは彼がただ一人でした。これは私達の神に対する愛が消極的なことを示しています。積極的なのは彼だけです。男性であろうと、女性であろうと私達は皆この愛を追い求めています。それは想像に絶するものです。あなたは宇宙の（大きな）愛を求めていますが、あなたの心に停泊しているのは正にこの愛です。

スワミジが歌います。

「スラ・クルラ・イス・ラヤカ・ナヒ」

スルダスはこう言っています。

「神様、私はこの愛に値しません。私にはその値打ちがありません。それにもかかわらずあなたは私に恩恵をお授けになりました。『**スラ・クルラ・イス・ラヤカ・ナヒ**』『**カハ・ラク・カラウ・バダ**』ですからあなたは恩恵に満ちたお方です」

スルダスは偉大な詩人でした。彼は盲目で、そこいら中を踊り回りながらクリシュナの名を歌い、神の名を歌いました。子供の時は、目が見えなかったので、誰も一緒に遊ぼうとしませんでした。

ある日、人々がクリシュナの名を歌うのを聴いて、それに習って歌うようになりました。でもそうして歌いながらも、その人達は彼を仲間に入れるのを嫌がりました。そして彼を放って行ってしまったので、彼は一人で歌い始めました。

そこへクリシュナが――神様が現れました。神様は外に現れたのではなく、彼の中に、彼の心の中に現れたのです。それからは年中クリシュナを自分の心の中に見ました。毎日お寺へ行き、目が見えなかったにもかかわらず、神様がどんな物をお召しになっているかを言うことができました。

ヒンドゥー教の習慣では、毎日神様の彫像を洗って、綺麗な、新しい服を着せます。それで皆は、僧侶さえも「おお、何ということだ、これは多分自分は盲目だと言っているだけだろう」と考えます。そして彼等はある日、彫像に服を着せず、裸のままにしておきます。

するとスルダスは「おお、私の神様、あなたは何も召さないでも、いつもよりずっとお綺麗でいらっしゃる」と歌います。

彼のクリシュナに対する愛はこんなふうに、いつも主と一つに結ばれていました。

ある日彼のもとへクリシュナが現れて、彼に再び視力を戻してくれます。彼はクリシュナを見ることができたのです。そこでクリシュナが言います。

「あなたはまた歩くことができ、見ることもできる」

するとスルダスが言います。

「いいえ、私の主よ、私は何も要りません。私の望むことは、あなたがまた私の視力を取ってしまわれることです。私はあなたを拝んだので、もうそれで充分です。この世は見たくありません」

この歌は私達が神に対して感じる愛について歌っています。私達が崇拝する時に必要なものは、祈りではなく、表現する言葉でもなく、心に感じているもの、すなわち愛です。

そして愛はその質であり、量ではありません。

愛の最高の形

シュリー・ピータ・ニラヤにおけるダルシャン
ドイツ、シュプリンゲン　２０１０年２月14日

二日前、私達はシヴァの夜、シヴァラトゥリをお祝いしました。そして今日は（西洋では）聖ヴァレンタインをお祝いする日です。今日は愛しているすべての人達、恋人達だけでなく、愛している人達全員にそれをあらわす日です。ということは「あなたを愛しています」とか、それに似たようなことを言う日です。

私達はたった今「ラデ、ラデ」を歌いましたが、ラダは愛そのものです。それは『ギーター』にも書いてある通り、ラダが彼女の愛する人に感じたような愛を育てれば、愛する人を得られることでしょう。これは私達が神に対する完全な愛を育てあげることによってのみ、神を得ることができるという意味です。それではどのようにしてこの愛を育てるのでしょう？

愛は私達がよく知っているように心の中で生まれます。それはあなたにもわかっていますね？あなたは自分の心が愛で一杯なのを知っています。それにもかかわらずあなたはそれを表現するのは難しいと思っています。あなたはそれを引き出すのが難しいと思っています。それはあなたの知性が築き上げた障害物によって、大きく制限されているからです。あなたは自分自身に制限を加えているのです。でも私達は愛が心の中に住んでいるのを知っているのに、何故休みなく呼び掛けてあげないのでしょう？外に出してあげてください。それはこういうことです。もしあなたが私の家に来て、私が家にいることがわかっていて、どうしても私と話したかったら、どうしますか？あなたは戸を叩くでしょう。あなたは戸を叩くのをやめないでしょう。もし呼び鈴があったら、あなたは呼び鈴を鳴らし続けるでしょう。あなたは家の周りを回って、どうにかして私の注意を引こうとするでしょう。違いますか？もちろんあなたはそうするでしょう。もし本当に緊急の用事であれば、あなたはそのために何でもするでしょう。それはあなたの中にある愛と同じです。でも人々はよくこう言います。

「わかりました。それを感じるように試してみます。でも一ヶ月経って何も感じなかったら、あきらめます！」

でもそういうものではありません。真の愛であろうが、普通の愛であろうが、愛は愛です。それが神のためであろうと、人のためであろうと。私達の身近にあるものから愛することを始めましょう。私達が見ることのできるもの、私達が保つことのできるもの、それは私達をより高度の愛へと導いて行きます。ですから二人の人間がお互いに恋に落ちる最初の時期には、それはもちろん素晴らしい愛です。ところがこの愛を育てれば、それはだんだんと大きな物に成長して行くのです。

これと同じことは、神に対する愛についても言えます。あなたが外へ出してあげると、感じられる愛です。私がもう何回も言ったように、それには忍耐強くなければいけません。それはあなたの中に、神はあなたの心の中にいます。真の寺院はあなたの外にあるのではありません。それはあなたの中に、真の神の座がある所にあります。真の教会、真の回教徒の寺院はあなたの中にあります。それは誰にもわかっています。あなたがそれを感じたことがあろうとなかろうと、それは誰にでもわかっていることです。

愛の力はすべてに打ち勝つ
唯一の物です。
あなたが
神を征服したかったら、
愛を持って征服してください。

頭ではあなたは神があなたの心の中にいることを知っています。そして知性、この知性の力がとても強いことはあなたも知っているでしょう？　あなたは小さなことを心配して、その心配を大きくすることができます。愛に関しても同じです。神があなたの心の中で小さな場所しか占めていないのがわかったら、あなたは神がもっと大きな場所を占めるようにすることができます。

あなたもよく知っているように、愛の力はすべてに打ち勝つ唯一の物です。あなたが神を征服したかったら、愛を持って征服してください。あなたが神を自分の物にしたかったら、愛を抱いて自分の物にしてください。ただしこの愛は清らかな、さらに清らかな物でなければなりません。簡単に「私はセンターに行って来た。アシュラムに行って来た。そこでシヴァラトゥリにも参加して来た。この通り私の愛は清らかである」などと言うだけでは駄目です。あなたはこの愛を心の中で澄んだものにしなければなりません。あなたの精神をポジティブになるよう訓練しなければなりません。あなたの精神がポジティブで、神があなたの中に住んでいることがわかって、絶えずその名を呼べば、神があなたの中に現れることを妨げるものは何もありません。

いろいろな物語があります。なかには犯罪者すら変わってしまった話もあります。私はシヴァラトゥリの期間中に、ススワラがどんなに危険な犯罪者であったか話しました。ところが彼はシヴァの神に対する愛と献身のために変わってしまったのです。これと同じように誰でも変わることができます。これがアートマとパラムアートマの結びつきです。この結びつきは今だけのものではありません。私達は現在肉体に制限されています。

私達は皆それぞれ自分の肉体を持っていて、誰もが他人とは離れていると感じています。ところであなたはアートマですが、このアートマとは一体何でしょう？ アートマはパラムアートマの一部です。そしてこのアートマはある時、今世、あるいは百回先の未来世で、かつてそこから来た源へと戻って行くのです。そこへ戻れないことなどは絶対に不可能です。でもこれを早めるか早めないかは、その人によります。これは神に授かった自由意志です。あなたは神への道を早めて、神としての自己を実現することもできるし、多くの人達が好んでそうするように、ただ何もしないで、これを長引かせることもできます。でもあなた達の真髄は神に他ならないので、最後には誰でも神に達するのです。そしてもしこの愛が目覚めて、ラダラーニの愛のようになったら、もう神に到達できないということは不可能になります。今日は誰もがこの愛をあらわしますが、今日だけでなく、また、聖ヴァレンタインのためだけでなく、これからも引き続き表現してください。

聖ヴァレンタインは西暦２６９年に生まれました。でも愛はもうそのずっと前から存在しています。今日では皆が「ヴァレンタインおめでとう、ヴァレンタインおめでとう」と言います。でも何故「ヴァレンタインおめでとう」と言うのでしょう？　聖ヴァレンタインとは誰なのでしょう？　彼はどのようにして聖者になったのでしょう？　皆が聖ヴァレンタインの日をお祝いします。今ではそれがお金儲けの手段になってしまいましたが、人々が愛を表現することに変わりありません。そうでしょう？　今日ではそのやり方が変わって、何人かの賢い人達が、他のすべての物と同じように、これを商業化してしまったのです。

でも、聖書にも、「真の友は進んで自分の命を友のために捧げる」とあります。

聖ヴァレンタインはイタリアのテルニ出身の僧正でした。そして一組の男女を救うために自分の命を捧げました。彼はこの男女を守るために、殉教者として殺されることを承諾したのです。そして死ぬ時に彼は言います。

「この日に私のことを思い出してくれる人のために、私は神にその人の愛が育って、真の友となるよう祈りを捧げよう」

そう、これが愛を守るために自分の命を捧げた聖ヴァレンタインの物語のあらすじです。これは愛の最高の形と見られています。

それではあなたの中の愛を讃えましょう。今日だけでなく、常に。そしてあなたがラダラーニの恩恵によって、彼女のようになれることをお祈りしましょう。ラダラーニだけではなく、他の大勢の聖者達のように。神を愛するすべての神に等しき人々に、あなたはこの神の愛が表現されているのを見ることでしょう。彼等にできたことは、私達にもできます。

聖者達が神と一体になったように、力を落とさず、「はい、私にもできます」と言って、あなたの心の中の神を一時も放っておくことなく、神が戸を開けて「私はここにいる。何の用だ?」と訊かれるまで続けてください。

そして何の用だ、と訊かれたら、ちゃんと答えられるように心得ておきましょう。神に何をお願いするのか、はっきり知っておいてください。

霊的な道を歩むには勇気が要る

チェコ、プラハにおけるダルシャン　２０１０年８月25日

私は皆さんと共にここにいられるのがとても幸せです。また、ヴリンダヴァンのスワミ・サティヤ・ナラヤン・ダスとここで一緒になったことをとても嬉しく思います。彼はジヴァ研究所の創立者です。後でスワミジも少しお話しになります。私は今回皆さんが手拍子を打って歌うのを見て、嬉しく思いました。それはあなた達の自分に対する信頼の問題です。さて今日はこの自信と自尊心というものについてお話ししましょう。

私は旅行していて、人々が皆元気でいるか、世界の様々な地域でどのように生活しているか、また、霊的な世界に対してどの程度目覚めているか等を見ると、実際に少し悲しい気持ちです。人々は平和に憧れ、幸福に憧れ、自由であることに憧れていますが、彼等がどのように生活

しているかを見ると、自分に尋ねざるを得ません。「彼等は自由になることがあるだろうか、幸せになることがあるだろうか?」もし、彼等の生活態度を見て、「いつか幸せになることがあるだろうか?」と質問するとしたら、その答えはノーです。

あなたはここにいて神の名を歌うことが、どんなに幸せなことか、また、神様があなたを霊的な道に選んでくださったことが、どんなに幸せなことかよく考えてください。

> あなたは
> 神を愛していると言うのを
> 決して恐れてはいけません。
> 神はあなたが本当に
> 愛することのできる
> 唯一の存在です。

でもこれはそこで終わってしまうのではありません。私はよく霊的な道にいる人達がとても臆病なのに気がつきました。この道にいるということに関してとても臆病なのです。彼等は神を愛してると言うことを恐れています。さてあなたが霊的な道にいて、神を愛していると言うのを恐れているとしたら、一体何処に自覚というものがあるのでしょう?　そして一体何処に信頼の念が、特に自分に対する信頼の念があるのでしょう?

あなたは神を愛していると言うのを決して恐れてはいけません。神はあなたが本当に愛することのできる唯一の存在です。

あなたが自分自身に対して真実であればこそ、あなたが自分自身に対して誠実であればこそ、あなたは真に何かを変えることができます。このようにしてあなたは自分だけでなく、他人をも変えることができます。人々は外部にある拘束を見て、霊的な道を恐れるのです。もし霊的な人間が外部を恐れて自分自身を拘束しても、それは助けになりません。それは他人を変える助けにならないのです。私がもう前にも言ったように、神の愛の道具になってください。そしてあなたが神の愛の道具になったら、今度はそれを広めて行かなければなりません。あなたはこの世の中に違いを創らなければいけません。あなたの人生だけでなく、あなたの周囲の人達にも。このようにしてキリストの弟子はキリスト教の福音、イエス様の教えを広めて行きました。彼等は迫害を受けても、恐れませんでした。

キリストは彼等に「あなた達は私のために迫害されるであろう。でも実際に最後まで行く者は祝福される」と言っています。

これと同じことが霊的な道を行く、あるいは探求の途上にある、あなた達の一人一人についても言えます。あなたがこの世の中に違いを創りたければ、恐れていてはいけません。本当に真の自分であることを恐れていては駄目です。あなたが自分自身になりきってこそ、神があなたを通して光り輝き、あなたを通して働きかけることでしょう。でもあなたが自分を閉ざし、身を引いて「いや、私は臆病者だから、人に自分が霊的だなどと言うのが怖いのだ」と言ったら、どうなるでしょう？　あなたは自分を強くする代わりに、弱くしてしまいます。私達がするべきことはたくさんあるのです。

あなたの心は愛にあふれています。それを閉ざしても、狭めてもいけません。あなたの精神を開け広げて、それを神で満たしてください。あなたの心が開けば、あなたは自動的にこの愛を反射します。神に達するのは難しいことではありません。何人かの人達は肯定し、他の人達は否定するでしょう。何人かは「それは簡単だ」と言うでしょう。彼等にはそれが簡単だという自信があるのです。彼等はすべての障害物を取り除いて、簡単にするのです。この障害物はあなたが自分で作ったのです。自分で作ったのですから、また、取り除くこともできます。神は皆に呼び掛けています。ですから恐れず、自分を閉ざさず、狭めず、自分で障害物を作るのはやめましょう。あなたは神の道具なのです。あなたは神に達することを欲しているのです。知性の限界はあなた自身の限界です。これは私に2匹の蛙の話を思い出させます。

ある所に池の中で育った1匹の蛙がいました。

蛙は生きている間中この池にいたので、それが彼の全世界であり、また、彼にとって大変大きな世界でした。ある日1羽の鳥が、もう1匹別の蛙をくちばしにくわえて飛んで来ます。この蛙は海から飛んで来て、池に落ちます。さて2匹の蛙が一緒になりました。

池の蛙が海の蛙に言います。

「君がいた所はどんな所？ そこの池はどのくらい大きいの？」

わかりますか？　彼は自分の池が一番大きいと思っているので、質問し始めます。

「君の池は僕の池の四分の一くらいの大きさ？」

海の蛙は答えます。

「いや、もっと大きい」

するともう1匹の蛙がまた、訊きます。

「じゃあ僕の池の半分くらいの大きさ？」

海の蛙が答えます。

「いや、それよりもっと大きい」

最後に初めの蛙が訊きます。

「それじゃあ僕の池のこの終わりから向こうの終わりくらいまで大きいの？」

海の蛙は言います。

「いや、それよりももっと大きい」

それを聞くと池の蛙は争って言います。

「君は何だって自分の池の方が大きいなんて言い切れるんだ。そんなことは不可能だ。僕の池は一番大きいんだから」

これはあなたが自分に制限を加えるのと同じです。あなたは自分の中にもっと大きなものがあるのを忘れています。それを実現させるためには信じることが必要です。あなたは信頼しなければなりません。信仰と信頼とが一緒になって、このとてつもない広大さが、この素晴しさがあなたの中に啓示されることでしょう。そしてあなたはこの大きなものがまぎれもなく神であり、唯一の、すべてに透徹する存在であること、この自分ではなく、この自我ではなく、この誇りではない存在を自分の中に見出すことでしょう。あなたはただ神の恩恵によってのみ、自分がすべてであることを知るでしょう。でもあなた自身がその第一歩を踏み出さなければなりません。あなた自身に成長する自覚がなければなりません。あなたはサーダナを行うことによって、霊的な実習をすることによって、また、神の名を唱えることによって、自意識を成長させることができます。そしてあなたが神の名を唱えれば唱えるほど、自信がつき、あなたの喜びと幸福が増すでしょう。

ではこの喜びを広めなければいけないことを必ず思い出してください。あなたが自分自身を変えて、この世の中の変化に貢献したかったら、自分を閉ざしてしまってはいけません。自分を開いてください。あなたの愛の心、無条件の愛の心を開いてください。そしてこれがあなたは誰なのかということです。あなたに魂があることを忘れず、自分に制限を加えるのをやめましょう。あなたには魂があり、あなたは真の自己を実現しなければ（見出さなければ）なりません。そしてなお一層神に近づいて行かなければなりません。あなたは常に神のそばへそばへと近寄って行かなければなりません。そしてあなたが神に近づいて行けば行くほど、神様の方でもあなたに近づいて来られるのがわかります。

ある時一人のスーフィー聖者が言いました。

「私は生涯3回の過ちを犯しました。1回目の過ちは、私が霊的な道に入った時、私が追求し始めた時です。私は神に近づいて行くのは自分だと思ったのです。でも実際には反対でした。神様ご自身が私よりずっと前から、私を探しておられたのです。

そして私の2回目の過ちは、私が神を大変愛していると言ったこと、また、この愛が想像に絶するものであると言ったことです。でも実際のところ私の愛は神の計り知れない愛の海の、ただの一滴に過ぎなかったのです。

そして3回目の過ちは、私が神に達したと言った時のこと、それは神に達したのは私ではなく、神様ご自身が私に達成することを可能にしてくださったのです」

同じことがここにいる人達の一人一人について言えます。あなたではなく、神の恩恵によって、あなたはここにいるのです。神の恩恵によって、あなたは行動でき、この世の中で愛することができるのです。そして神の恩恵を通してのみ、神をあなたの中に実現し、また、それに達することができるのです。それでは常にその準備をして、いつ呼ばれてもいいように心構えをしてください。神のために準備をしてください。それはあなたの受け入れる力次第です。

あなたが最終的にただ神様だけがおられることを理解する瞬間まで。

永遠の愛

ドイツ、シュテフェンスホーフにおけるダルシャン　２００７年５月２日

今私達が歌ったバジャンは、サットグルに対する、また、神に対する信者の愛を表現しています。この愛は目標に適った愛で、信者が神意外に何も期待しない愛です。この愛があれば、崇拝者は何が起ころうと、傷つくこともありません。聖女ミラバイがクリシュナのために歌った時、人々は「あれは頭がおかしい」と言いましたが、それが彼女の信仰を変えることはなく、また、彼女の愛を変えることもありませんでした。彼女はそれほど集中し、知性の焦点をただ一方的に神に向けていたので、何事も彼女をそこから引き離すことはできませんでした。献身には他の名が付いていると言われます。それはひたすら目標を目指すことです。あなたの精神が完全に神に向かっていれば、神を得ることができるでしょう。

これは漁師に似ています。彼は小さなボートから釣り糸を垂らし、魚を捕まえようとしています。彼は浮きに集中して、いつ魚が餌に食いつくのかと不思議に思っています。浮きが沈むと、引き寄せて魚を捕まえます。漁師はもし誰かがそばに来て「トーマスさん、パウルさんが何処にいるか教えていただけますか?」と訊いても、それには耳を貸さず、何も聞こえない素振りをするでしょう。1回、2回、3回と質問は繰り返されます。そして最終的にパウルを探している人は行ってしまうでしょう。漁師は集中しているので、何も聞こえないし、周囲に起こっていることにも注意を払いません。彼は完全に集中して、浮きにのみ焦点を当てています。人が呼んだとしても、彼には何も聞こえないでしょう。彼は魚を捕まえて、それを置き、額の汗を拭ってから、はじめてその男に答えるでしょう。

「へい、何だってそんなにわめくんだ?」

もちろん相手の方もこれを聞かぬ振りをするでしょう。何故かというと彼は何度も呼んで、同じ質問を繰り返したのですから。そして漁師は知らん顔をしていたのです。でも彼がもう一度来て「何処にいるのか教えてください」と言ったら、漁師は彼に道を教えることでしょう。

これでわかるように、誰でも集中していると、あるいは神に向かっていると、または深く瞑想していると、周りの物は、物音も、感触も、すべて何の邪魔にもならないでしょう。1匹の蛇があなたの上を這ったとしても、あなたは穏やかで、精神は神に向かっているので、何にも感じないことでしょう。それと反対に、あなたが恐れたり、恐怖感に陥ったりしたら、どうなるでしょう？　こういったことはすべてあなたの邪魔になるでしょう。

人々が座って瞑想しています。彼等はとても深く瞑想しているようです。私が言うのは、外からは彼等が深く瞑想しているように見えます。でも実際には他の人達がしていることを不思議がり、彼等の話していることを聞いて「この静けさの中で、私には隣の人の言っていることがわかる」と思っています。これでは集中していると言えますか？　いいえ、言えません！　もしあなたの知性が神に向かっているのだったら、ただ神だけに向かっているべきです。あなたの周りで何が起ころうとかまいません。それは放っておきましょう。

それは漁師が浮きに集中しているのと同じです。それはサッカーの好きな人達がお気に入りのチームの一戦を見ているのと同じです。何事も彼等をテレビの前から動かすことはできません。あるいは女の人達がお気に入りのドラマを見ている時、彼女達はそれに集中していて、何事もその場所から引き離すことはできません。私がこのサッカーを見ている男達を観察していると、人がテレビの前を歩いても、彼等にとっては全く目に見えない存在らしく、相変わらずテレビを見続けています。本当にこれだけ神に集中できるのだったら、素晴らしいことなのですが！　でも悲しいことに、人間の集中力は長続きしません。彼等は限界のある喜びしかもたらさない、つまらないことに集中しています。永遠の喜びがあなたを待っているのに、あなたの精神は他を向いています。

あなたの中にある真の喜びに集中してください。あなたの焦点を心の中にある神の愛に合わせてください。あなたの中にいる神に集中し、外にある何物もあなたを動かせないように焦点を当ててください。何が起ころうと、あなたを遮るものはありません。

キリストは「あなたの信仰を石の上に築きなさい。風もあなたを動かせず、風もそれを壊せないようにしっかりと建てなさい。そしてこの信仰の柱になりなさい」と言っています。

あなたはこのような集中力を持たなければいけません。あなたが集中して瞑想すれば、もう何も聞かず、何も考えず、在るのはただ神だけ、それ以外には何もありません。初めは多分少し難しいでしょう。あなたの思考があちこち彷徨うことでしょう。それはあなたが映画を見たり、サッカーを見たりして興奮し、自分のチームが勝つだろうかと考えたり、そうでしょう？　それで最初は多分、少なからず落ち着かないことでしょうが、そのうちあなたが集中して、真にベストを尽くせば、それは易しくなるでしょう。あなたは大変簡単に集中できるようになるでしょう。そして外からやって来るすべての感情を手放して、あなたの心の中にいる神にしっかりとつかまっていることが大変容易になるでしょう。神の名を歌う時は、目を閉じて深く入って行きましょう。クリシュナの名を歌う時は、目前にクリシュナだけを見てください。デヴィの名を歌う時は、目前にシャクティを見てください。イエス様の名を歌う時は、目前に彼を見てください。あなたが心を神に向けると、あなたが心の中に聖者の絵を掲げると、あなたの知性は征服されます。こうしてあなたは落ち着かない知性を自分の物にするのです。そして思考が集中すると、サットグルがあなたの心の奥深くで、あなたを導くことでしょう。

ですからあなたが歌う時は、目を閉じて、そのことを心に想い描いてください。それでは次に愛の素晴しさについて歌いましょう。

私が「**サブセ・ウンチェ**」(最高の祈りは愛です。最高の祈りは)と歌ったら、あなた達は「**プレマ・サガイ**」と続けてください。これは「愛は最高の祈り」という意味です。このバジャンはクリシュナの弟子のスルダスによって書かれました。クリシュナの一番優れた弟子の一人です。彼は盲目でした。主が彼の前に現れて訊きます。

「スルダス、あなたの望みは何か?」

スルダスはクリシュナを見ながら言います。

「主よ、私の目はあなたを拝みました。ここで私をまた、盲目に戻してください。私はこの世を見る必要はありません。私はあなたを見たので、これですべてを見ました」彼の愛はこの通りで、彼はそれについて書き、それを歌って、弟子の主に対する、また、サットグルに対する愛の素晴しさを表現しました。これは「**ドゥリョーダン・コ・メヴァ・ティヤゴ・サガ・ヴィドゥラ・ガラ・パイ**」と歌っています。

アルジュナの従兄ドゥリョーダナがクリシュナにたくさんの贈り物をします。それはたくさ

> スルダスはクリシュナを見ながら言います。
> 「主よ、私の目はあなたを拝みました。ここで私をまた、盲目に戻してください。私はこの世を見る必要はありません。私はあなたを見たので、これですべてを見ました」

んの美味な食物ですが、彼が差し出した贈り物には愛がこもっていませんでした。クリシュナはきっぱりと断ります。何故なら主はあなたの心にある愛を渇望しているからです。彼はすべてを持っているので、愛以外の物は何も欲しくないのです。

聖書の詩篇50の中で神はダビデに言っています。

「あなたが私に何を勧めようと、それはすでに私のものだ。あなたは私が何か欲しい時、わざわざあなたの所へ行って、それが欲しいと言うと思うかね？　私はただそれを取るだろう。私は自分の意志で山を創った。鳥も私の意志で飛んでいる。魚は私の意志で海にいる。あなたは私の意志であなたたなのだ。私が何かあなたから必要とすると思うかね？　ただこの愛、この愛の供え物だけを私は受け取る」

そして歌は先に続きます。

「ジュテ・パラ・シャバリ・ケ・カイェ・バフ・ヴィディ・プレマ・ラガイ」

シュリ・ラームはシャバリが持って来た果物を受け取って、幸せそうに食べます。シャバリはシュリ・ラームに食べ物を捧げることができるまで、一生涯、彼が来るのを待っていました。そして毎日ラーマの名を歌い続けていました。でも心の奥底では、いつかラーマに会えるのがわかっていました。心の奥底では、いつかラーマがやって来るのがわかっていたのです。彼女は毎日すべてを用意して待っていました。花を飾り、ラーマの座る場所を作ります。森へ行って、見つけられるだけ野生の果物をとって、家へ持って帰ります。そしてラーマを待っている間中、絶えずラーマの名を歌っていました。そしてラーマがスィタを迎えにランカへ行く途中、彼女の所へ寄った時、シャバリはとても幸せでした！ 彼女はラーマにその果物をとてもたくさん愛を込めて渡します。最初に彼女は一番甘い物を選びます。主には甘い物だけを上げたかったのです。彼女は一口食べてから主に渡します。ラーマの弟のラクシュマンが言います。

「どうしてこんなものが食べられるんだ？ この女は歯もないのに、君はその果物を取って食べるのか？」

するとラーマが言います。

「君にはわからんよ。これは教師と生徒の間の愛だ。これは愛する者と主の間の愛なのだ」

それは彼がシャバリから受け取った愛です。

「ラジャスヤ・ヤジナ・ユディスティラ・キノ・タマイ・ジュタ・ウタイ」

自分の信者に対する愛のために、主は自ら主であることを忘れます。ユディスティラは大規模なヤグナ（火の儀式）が終わると、彼自身が人々に仕えます。クリシュナはそこへ行って一人ずつお給仕し、その後皆がそれに盛って食べた葉っぱのお皿を片付けます。そうして皆に主とあなたの中の「主」との間に何の違いもないことを示したのです。彼はこのようにして人間の知性にあるすべての相違を打ち壊し、人間の中のこの「愛」と結ばれていることを示しました。彼は自分自身が主であることを忘れることにしたのです。神様ご自身が、自分が神であることを忘れて、自分の信者の召使になることにしたのです。このような愛は養わなければばなりません。このような愛、このような献身、このような呼び声は心に持っていなければなりません。そしてあなたが神を得たならば、あなたはすべてを得ることでしょう。

「アイスィ・プリティ・バディヒ・ヴリンダヴァーナ・ゴピナ・ナチャ・ナチャイ」

クリシュナはヴリンダヴァンでゴーピー達と踊り、あれだけの愛と謙遜を示されました。彼は羊飼い達と踊り、牛達と踊りました。彼は自分の方から信者として皆に接するほどの愛を持っておられました。そして皆が彼を楽しめるように、一人一人に対して自分の方から境線を取り除かれたのです。

「スラ・クルラ・イス・ラヤカ・ナヒ・カハ・ラク・カラウ・バダイ」

スルダスが主に言います。

「主よ、このような恩恵を受けるために、私は何をしたというのでしょう？　そして私はどのようにしてこの恩恵を増やしていけばいいのでしょう？　どのようにしてこの恩恵を広げていけばいいのでしょう？」

主は彼を見て微笑み、そして言います。

「愛するスルダスよ、愛しなさい！　人は愛を通してのみ私に達することができるのだから。無条件の愛を持った者だけが、私を実現することができるだろう。無条件の愛を持った者だけが、私と一体になれるだろう。このような愛を育てなさい。そうすれば私はいつもあなたのそばにいる」

神への道

ポーランドにおけるダルシャン　２００７年５月

あなた達と一緒にここにいるのは素晴らしいことです。あなた達にとって多分バジャンを歌うのが難しいということはよくわかっています。でも私は演奏家達がポーランドの歌を何曲か弾いたら、あなた達が皆大きな声を出して、表現力たっぷりに歌うのを期待しています。私にはあなた達が皆素晴らしい人達で、心に一杯愛を抱いているのがわかっています。あなた達が人を愛する時は、いつもそれを表現します。そうでしょう？

あなた達は皆とても愛すべき人達で、心にたくさん愛を抱いているのですから、その愛を外に出してください。

神の愛はそっと自分のうちに仕舞っておくべきでも、心の中に隠しておくべきものでもありません。それはあなたから反射されるべきものです。それはあなたの顔に反映し、あなたを通して輝くべきものです。これを表現する一番簡単な方法は歌ったり踊ったりすることです。

最近は皆喜んでディスコへ行きます。それがよくないとは言いません。それはいいことです。それは自分を表現することのできる場所です。でもそこは大抵あまり良くないエネルギーで満たされています。おまけに誰もあまり好ましい踊り方をしません。そしてディスコから帰って来ると、必ずとても疲れています。ですからあなたはまず寝に行きます。ところがあなたが神のために踊ると、そして休みなく神の名（ハリ）を歌い続けると、また、神の栄光の中で踊ると、もちろん疲れるけれども（あなたは肉体を持っているのですから）何が起きると思いますか？　それがあまりにうっとりとさせるので、あなたはいつまでも神の名のもとで踊っていたくなるのです。そして踊れば踊るほど、それだけたくさんのエネルギーを蓄積することでしょう。

知性はいつも音楽に反応します。ですから例えばあなたが仕事から帰って来て、とても疲れていたら、非常に静かな音楽をかけて、座ってゆっくり寛ぐといいでしょう。響きに対して知性は鋭い反応を示します。

アートマ・クリヤを習った人は、その中に響きに関する部分があるのを知っていますね。アートマ・クリヤはマハヴァタール・ババジが私達に授けたクリヤ・ヨーガの一形式です。それはとても簡単な方法で私達が目覚め、真の自己に接触するのを助けます。このアートマ・クリヤの一部に、響きに関するナーダ・クリヤというテクニックがあります。それは知性がどのように響きに動かされるか、また、どのように美しい響きに動かされるか、そしてこの響きがどのように肉体と精神に影響を与えるかを理解するためのテクニックです。

もし神の名を休みなく歌ったとしたら、どうなるでしょう？　あなたは自分のアイデンティティを、自我を、誇りを失くし、完全に神と同じようになるでしょう。

私達はよく人生の主なる目的を忘れています。私達はこの世にいて、髪の毛を綺麗にとかし、美しくなるために少しメーキャップをして、あるいは単に仕事をして、大きな家や大きな車を持ち、ボーイフレンドあるいはガールフレンドを作ることを考えています。でも人生はそのためにあるのではありません。人生は私達が何故ここにいるのか、また、私達は誰なのかを知るためにあるのです。私達は皆外の世界に一つのアイデンティティを持っていますが、自分が実際に誰なのかわかっていません。

ある所に一人のグルがいました。彼は弟子の一人に言います。

「いいかね、あなたはこの世で生きてきた。とても幸せに生きてきた。ところが今あなたには自分を実現する時が来ている」

すると生徒が言います。

「でも先生、私には私をとても愛している美しい妻がいます。そして私も彼女をとても愛しています」

マスターは弟子とは論議せず、ただこう言います。

「聞きなさい。私はあなたに内密なヨーガのテクニックを授けよう。これを練習しなさい。結果は見ればわかる」

何週間か後、男は家でこの新しいテクニックを実習します。彼が定められたアーサナ(体位)を行うと、心臓の鼓動が止まります。そこへ彼の妻が現れて、居間の真ん中にいる夫を見ます。

「あなた、一体どうなされたのですか？」

彼女は夫を起こそうとしますが、彼が死んだように冷たいのに気がつきます。彼女は大声で叫び、泣き始めます。

「おお、あなたは私を捨ててしまった！」

隣人達はこれを聞いて、皆何事が起こったのかと思い、家に駆け込んで来ます。そして皆は男が死んでいるのを見ます。彼等は男の妻を慰めようとして言います。

「あなたにはわかっているでしょう、これは神様のご意思です」

でも男の妻は大変ドラマチックに泣きます。

「どうして私を置いて行かれたの？どうしてなの？私達にはまだこんなにたくさんの夢があって、あなたは私にそれを約束なさったのに！」

そこへ一人の隣人が斧を持って現れ、ドアの枠を打ち壊し始めます。何故かと言うと、男はドアから運び出されるのが到底難しく思われるヨーガの体位をしていたからです。これを見ると、男の妻は泣くのをやめ、すぐ隣人に向かって訊きます。

「ちょっと何をなさるのですか？ どうして家のドアを壊すのですか？」

隣人は答えます。

「見ればわかるでしょう、あなたのご主人がどんな格好をしているか。これでは家から運び出すのも大変でしょうが」

すると男の妻が言います。

「何ていうことなの！ どうして私のドアを切り細裂くの？ 見てちょうだい、こんなひどい運命に見舞われて、この人は私を置いて行ってしまいました。私はやもめになり、誰も私の面倒を見たり、助けたりしてくれる人はいません。彼はもうどっちみち死んでいるのだから、ドアを壊す代わりに、彼の手足を切り落としたらいいのです！」

夫はこれを聞くと、我に返って言います。

「おい、おまえが私を愛していると言った時に、心で思っていたのはそれなのか？ 私が死んだら、私を切り細裂くんだな？」

男はマスターが正しかったことを認め、すべての物を置いて行きます。彼の去る時がやって来たのです。

私達は常に「これは私達の、これは私の」と言います。私達は物を所有していると思っているのです。それではあなたに訊きます。あなたは何を持ってここに来たのですか？

クリシュナは『ギーター』で言っています。

「あなたは何も持たないで来た。あなたは手ぶらで来た。あなたが持っている物は、すべてここで手に入れた物だ。あなたが行く時は、また、全部ここに置いて行くのだ」

それではこの私というのは一体何でしょう？

「これは私の物です」とか「それは私自身です」というのはどういう意味でしょう？

確かに私というものがあります。でもこの私というのは一体何でしょう？　私達はそれが私の手であると言います。また、それが私の目であると言い、あるいはパウルの目であると言います。このパウルというのは誰でしょう？　私達はパウルの外側を知っていますが、心の奥底にはまた、別のパウルがいます。もしかしたら彼はまだ知らないかもしれませんが、私達一人一人の中に私達の真の自己がいるのです。そして私達はこの自己を実現するためにここにいるのです。それによって私達の肉体、私達の精神、そして私達の魂は一つになるのです。そしてあなたがそれを認めず、神と一体になることを試みず、あなたと神の間に違いがあると思っているうちは、常に障害物にぶつかることでしょう。そしてこのようなやり方を続けていると、ただ人間と神が一体になるよう努めるためにだけ、あなたはまだ何度も何度も、そしてまた、何度も戻って来なければならないでしょう。

人間はよく神と妥協しようとします。神を買収しようとするのです。これはできないこと人間はよく神と妥協しようとします。
神を買収しようとするのです。
これはできないことです。
でもある意味では、神を買収するのはとても簡単です。
どうするのかわかりますか?

です。でもある意味では、神を買収するのはとても簡単です。どうするのかわかりますか? あなたが神を愛することによって、神にあなたの心を盗ませることによって(買収するの)です。私達はよく誇り高らかに、利己主義なやり方で神に対応しているのがわかっていますか? 私達はすべてを神に上げられると思っていますが、それがすでにすべて神のものであることを忘れてしまっているのです。ただ一つ私達が上げることのできるものは私達の心です。そしてそれが神の欲しがるただ一つのものです。――愛と謙遜で一杯な私達の心です。ところが宗教ではよくそうであるように、私達は罪、誇り、自我で一杯な心を捧げるのです。もちろんこれも私達の一部なので、当然捧げられるべきものなのですが。

これは私にあるとても裕福な商人の話を思い出させます。

インドにプリという名の場所があります。そこにはジャガナート神の姿をした主クリシュナのお寺があります。彼はクリシュナのかなり朗らかな一面をあらわしています。そこでは毎年盛大なお祭りが行われます。神像を外に持ち出し、それを通りへ運んで練り歩きます。何百万という人がそこに集まります。すべての人々、王様さえも、主の車が通る道のお掃除を手伝います。

ある日一人の大変裕福な商人がこのジャガナート神のおられる寺院を訪れました。彼は兄のバララム、そして姉のスバドゥラと並んだ主(クリシュナ)を見て思います。

「これは大きな目と微笑を浮かべた単なる木像に過ぎない。これはただの黒い像だ」

それから彼はとても誇らしげに言います。

「私がどんなに金満家か見せてやろう。そして10万ルピー寄付しよう」

彼は僧侶の所へ行って言います。

「私は主にご馳走を差し上げるために、お寺に10万ルピー寄付したい。ただし私は条件を付ける。このお金はただ食費として使ってもらいたい」

僧侶は考えます。

「しかしどうやって10万ルピーものお金を食事だけに使うのか？私が主のプラサート(神の恩恵と呼ばれる食べ物）を一番上等のギー（バター）と一番上等な材料で作っても、お金は使い果たせないだろうよ」

僧侶達が皆集まって来て論議が始まります。

「私達はどうしたら10万ルピーのお金を主の食事のために使用することができるだろう？」

最後に大司祭が最終決定のために現れて言います。

「よろしい。私達はどうも決断できないでいるようだ。それではジャガナート神、主クリシュナご自身に決めていただくことにしよう」

彼等は商人の所へ行って言います。

「私達には決断できませんでした。それで私達はどのようなプラサートになさりたいか、主ご自身に決めていただくことに致しました。主がご報告くださるまで、どうぞお待ちください」

そうして三日が過ぎ、大司祭は夢を見ます。この夢にはジャガナート神が現れて、商人への報告を伝えます。もちろん主は商人の内心の誇りをよくご承知で、どういうふうに彼がプラサートを提供したかもご存知でした。最終的に僧侶は商人の所へ行って、彼に言います。

「主は私の夢に現れ、どのようなプラサートが欲しいかおっしゃいました」

商人はとても誇らしく言います。

「オーケー、では話してくれ」

僧侶は答えて言います。

「主はペーストを包んだ何枚かのキンマの葉がいいとおっしゃる」

商人は「何だって！ そんな葉っぱだけでいいんだって？ そんなのは話にもならんね」と叫びます。すると僧侶が答えます。

「お待ちなさい、私はまだ終わりまで話していません。主はこの葉の中に真珠の粉を入れるように仰せられました。それも極上の真珠の粉で塗るようにとの仰せです。商人は「それだって、私にとってはまだ何でもない」と言います。

ところが僧侶は先を続けます。

「はい、でも主は他にもまだ何か言われました。あなたが挽かなければならない真珠は普通の真珠であってはならない。それは象の額の皮膚から取れる真珠でなければならない」

すると尊大な商人は考え始めます。

「オーケー、でも一粒の真珠を手に入れるのに一体何頭の象を買えばいいのだ？　私は10万ルピー提供した。でもそれはもっとずっとお金が掛かるに違いない」

彼はジャガナート神の要求するものを上げることができないのを認めます。この瞬間彼は自分の大変高価なターバンをジャガナート神の足元に投げ、跪いて主に言います。

「どうぞお許しください。誇りのために私はあなたを買収しようとしました。今でこそあなたにはうわべだけのものを上げれないことがわかりました。私はあなたに自分の心を提供します」

そして彼はすっかり変わってしまいます。何日か後、主が彼の夢に現れて言います。

「私にはあなたの心がとても嬉しいぞ。それが私の欲しいただ一つのもの、愛と献身にあふれた心だ」

そして神に心を捧げるのはとても簡単で易しいことです。ですからいつでもあなたが神様に何か差し上げたいと思う時は、まず心の中でそれを捧げて「主よ、私はあなたに私の心を捧げます。これはもう私のものではなく、あなたのものです。あなたが愛しているように、私にも愛させてください。この神の愛を実現させてください」と言ってください。

霊性は神との関係だけの問題です。そしてこの神との恋愛関係があなたを真なる自己実現へと導いて行くのです。

「主よ、私はあなたに私の心を捧げます。これはもう私のものではなく、あなたのものです。あなたが愛しているように、私にも愛させてください。この神の愛を実現させてください」

あなたが誰かを愛している時、あなたは恐れてなどいません。あなたが誰かを愛している時は、あなたはこの人を喜ばせるために何でもするでしょう。それと同じように——あなたが神を愛するなら、何も恐れるべきではありません。同様にあなたが神を愛するなら——神様を喜ばせるために常にベストを尽くしてください。そして神様は、あなたが神様を喜ばすためにベストを尽くしているのを見て、あなたのもとへ急ぎ、あなたを解放することでしょう。そしてあなたに真の自己実現をプレゼントすることでしょう。常にあなたの自己実現、そして神実現に努め、これを人生の目的にしてください。神様はすべてをあなたに与えるでしょう。あなたが必要とするすべてのものをあなたに与えることでしょう。

聖書の中でキリストが言っています。

「主は空の鳥に餌を与え、野原を草で覆って下さる。でもあなた達はそれよりもはるかに大切ではないのだろうか？」（山上の説教より）

天の神はあなたの必要とするものを知っています。神様は常に全員のことを気遣ってくださいます。あなたはただ神があなたの面倒を見てくれていることを信じ、神がいつもあなたのそばにいることを信じなければいけません。あなたが何をしていようと、善いことであろうと、悪いことであろうと、神はいつもそこにいます！　神の愛はすべてを貫いています。もしただの1パーセントでもあなたの心がこの神の愛に対して開いたとしたら、それで充分です。

何よりも心を開くように努力しましょう。あなたの真なる自己を実現するように努力しましょう。人間が創造するすべての限界を離れ、神と一体であることを認識するように努力してください。私達は拘束を創造します。私達は「神様はこれだけ、あるいは、神様はあれだけ」と言います。でも私達が自分達の限界を神に渡してしまったら、それは本当に神でしょうか？それは神ではありません。それは私達が神に対して抱いている限界ある草案に過ぎません。限界は人間の無知から来ていて、知識はこの無知を取り除きます。

私が言うのは神に関する知識、内面の知識、あなたが自分の中に持っている知識です。でもあなたが何らかの知識を持っていても、いつかはそれを手放さなければならないでしょう。何故かというと神を実現するのに無知も知識も必要ないからです。知識は神を実現するにおいて、ある決まった所までしかついて来れません。神を実現するには、神を本当に知るためには、あなたはすべてを背後に残して、あらゆる限界を越えて行かなければなりません。それはあなたが歩いていて足に刺さる棘のようなものです。あなたにはその棘を取り除くのにもう一つ別の棘が要ります。そうしたらあなたはどうしますか？　二つの棘をポケットにしまいますか、それとも捨ててしまいますか？　捨ててしまいます！　神を実現するのもこれと同じです。神を知るためには、あなたが自分の頭に植え付けた限界から抜け出さなければなりません。

あなたは多分インドの聖者、ラーマクリシュナのことを聞いたことがあるでしょう。まだ彼の生存中、ある日一人の乞食がカーリー寺院へやって来ました。そして彼が寺院の前に立って、ただ一つのマントラ（真言）を唱えると、寺院全体が揺れ始めます。もう一人別の男がこれを見て、この乞食がどんな力を持っているか気がつくと、彼の後を追い始めます。乞食は男がついて来るのを見て、さらにはやく走り始めます。しばらくして男がまだ後ろからついて来るので、立ち止まって訊きます。

「何の用だ？」

男は「私はあなたが寺院を震動させたのを見ました。あなたはただそこに立って祈っていました。確かにあなたは偉大なお方です。私はあなたから学びたい、あなたの弟子にしてくださ い」と答えます。

乞食は「駄目だ。弟子にはせん。行きなさい」と言います。ところが男は続けてせがみ、大声を出します。

「えーい、教えてくれ、教えてくれ、教えてくれ！」

するとと乞食が彼に言います。

「何と、私の弟子になりたいって？　よし、おまえにはこの河が見えるかね？　そして向こうにある、あの河が見えるかね？」

一つの河は汚く、もう一つの河は綺麗でした。聖者は男に言います。

「この二つの河が同じに見えたら、私の所へ来なさい！」

神を実現するためには、知性の創り出すすべての限界を取り除かなければなりません。そして前にも言ったように、これを行う一番簡単な方法は、精神が完全に神の名と一つになり、また、神と同じようになるために、神の名を歌うことです。

ラデ　ラデ！

ドイツ、シュテフェンスホーフにおけるダルシャン　2008年5月23日

ラデ　ラデ！

ヴリンダヴァンでは人に挨拶するのに、ハレ・クリシュナと言わないのを知っていますか？それどころかクリシュナの名すらあげません。いつもラダの名だけ使われます。

どうしてか知っていますか？クリシュナがヴリンダヴァンを去って行ったので、人々はまだ怒っているのです。とにかく腹を立てる理由が実際に一つあります。ゴーピー達（羊飼いの少女達、クリシュナの崇拝者）は他の何とも比べることのできない特別な愛情をクリシュナに抱いていました。それでクリシュナが去って行った時、大変怒ったのです。それどころか彼等の子孫さえいまだに腹を立てています。そこに住む人達が今日でも、クリシュナに対して深い

愛情を持ち続けているのに驚きます。それは正に彼に面と向かっているかのようです。そして誰よりも一番愛する人であるかのようです。何でも彼に話し、時には叱ることもあります。うまく行かないと、彼に文句を言います。彼等はクリシュナが神であることを知っていますが、彼等が心に抱いている愛はそれより強いのです。

誰かに何か話す時、人はいつすっかり打ち解けて物が言えるでしょうか？　その人を身近に感じる時ではありませんか？　身近に感じない人には、わざわざ話したりしないでしょう。でも誰かを身近に感じれば、例えそれが腹の立つ話でも、すべてを楽に表現することができます。ところでこの親近感、この関係、この愛が何よりも大切なのです。私達の魂はこのような愛をパラムアートマに感じています。そして私達がこの関係に生命を目覚めさせると、神様がやって来られるのです。

ゴーピー達の女王であるラダラーニは、クリシュナのために何でもしたと言われています。彼女は何を要求されても、必ずそれを実行しました。自分の命でさえ捧げたことでしょう。

かつてゴーピー達が皆でこう歌ったことがあります。

「クリシュナ、私達はあなたをこんなにも愛しています」

そして誰もが、「おおクリシュナ、私達はあなたのためなら何でもします」

あなた達は、恋をしていると、大きな約束事をするのをよく知っているでしょう。でもいざその約束を果たさなければならなくなると、いけません、何もしたがりません。

ところでゴーピー達も同じで「クリシュナ、私達はあなたをこんなにも愛しています」と言います。そこでクリシュナは彼等を試そうとします。主である彼はそれぞれ皆の心の中に住んでいます。ですから彼にはもちろんすべてわかっています。彼は知性が人に見ることを許す以上に何でも見てしまうのですから。

そこである日のこと、彼は恐ろしい頭痛がすると言って、叫びます。

「あー、恐ろしく痛い！」

すると全員が動揺して言います。

「おお神様、どうしたらよいのでしょう？」

主のためには何でもすると言った人達が言います。

「主よ、私達は何でもします。言ってください」

いつも「ナラヤン、ナラヤン」を歌っているナラドゥ・ムニ(偉大な聖者)も来て言います。

「私は何でもします。主よ、あなたの頭痛を鎮めるためなら」

クリシュナは全員を見て言います。

「よろしい、結構なことだ。私の頭痛を治すためにはあなた達の足の埃が要る。あなた達が私の頭を足でマッサージする必要がある」

これを聞いて、全員がショックを受けます。宇宙の主である彼が、皆の足で頭をマッサージすることを頼むなんて！　誰も自分にそれだけの価値があると思う者はいませんでした。全員が恐れ入ってしまいます。

第一に、神の頭を足で触るとは、何という不埒なこと、第二に、それで地獄へ落ちることはもう間違いありません。

全員がかなり度を失い、興奮して、さてどうしたものかと、お互いに議論し始めます。この時ラダが来て、クリシュナの状態を見ると、彼の所へ行って、訊きます。

「主よ、私にできることを言ってください」

クリシュナは他のゴーピー達に言ったと同じことを言います。彼女はすべきことを聞くと、何も考えず、自分のことも思わずに「はい」と答えて、頭痛で横になっているクリシュナの頭を足で揉み始めます。誰もそれを見て驚きました。この瞬間クリシュナの頭痛は鎮まります。

全員は我を忘れてラダに腹を立て、彼女を呪い始めます。

「あなたは卑劣で悪い人間だ！　一体どうやって私達の主の頭に足を乗せたりすることができたのだろう？　あなたは間違いなく地獄行きだ！」

ラダラーニは答えます。

「一番深い地獄の底でさえ、私にとっては祝福になるでしょう。主の痛みが治ったのですから！」

わかると思いますが、神との関係では、自分というものをすっかり忘れてしまいます。自分の神実現も忘れてしまうし、何が自分を幸せにしてくれるかも忘れてしまいます。聖書に書いてあるように、一番大きな幸せは、友達に自分の命が与えられることです。真の人間関係は相手に自分をすっかり与えられることです。

そして人を愛していると、常に自分自身を忘れてしまいます。

考えてごらんなさい。あなた達の誰もが、すでに愛したことがあります。あなたが恋をしている時、あなたは自分のことを考えますか、それとも愛する人のことを考えますか?

魂はいつも神に対する恋愛関係にあります。そうでしょう? そしてあなたはいつも神のことを考えることができます。私達がこのようにして神を愛すれば、私達をこの世に結び付けている絆から解放されることができます。そして私達の成長を妨げるすべての物から解放されます。

私達は自己の実現を、そして神の実現を望んでいるのに、すべてを手放すことができません。それはあなたがすべてを捨てて、サニヤシンになれということではありません。この世にいて結構、でもすべては神から来ていることを意識してください。神はすべてです。与えるのは神だけで、すべてはまた、神のもとへ戻って行くのです。

私達が生と死の繰り返しの中にいる間は、この遊戯を楽しむことでしょう。私が言うのは、幸せであることの楽しみだけではなく、私達が年中不平を並べている苦痛も同じように存在しているということです。

いつまでもこの輪廻転生の掟に従いたければ、そうなるでしょう。でも本当にそこから抜け出したかったら、神に対するこの無条件の愛を育てなければなりません。すべての人に対する無条件の愛、そして神の創造物すべてに対する無条件の愛を育てなければなりません。何故かというに神の無条件の愛に限界はありません。「この人は好き、あの人は嫌い」というようなことはありません。評価するということがないのです。

それは母親の愛のようなものです。子供を抱いている母親に条件などありません。彼女は「私はおまえの面倒を見るから、おまえも大人になったら、私の面倒を見てね」とは思いません。そんな考えは存在しません。後になってそういうふうになることはあるでしょう。でも母親が子供を抱いている時に、条件などありません。このような愛は神の愛と同じです。

あなたが何をしようと、
善いことをしようと、
悪いことをしようと、
神の方へ向き直ると、
何百万という母親の愛を
心に持つ神様は、
喜んであなたを許してくださ
ることでしょう。

あなたが何をしようと、善いことをしようと、悪いことをしようと、神の方へ向き直ると、何百万という母親の愛を心に持つ神様は、喜んであなたを許してくださることでしょう。

もし子供が過ったことをして、母親の所へ行くと、母親は子供を許し、その子が大人しくいい子になるのを願うでしょう。でもこれに反して父親の方は、少し経ってから子供を許すでしょう。規律のある側と愛する側、これは両方とも大切です。

私達が自分達のよい性質とあまりよくない性質を以って神に近付くと、神様は私達を愛しているので、受け入れてくださるでしょう。そして神様は私達が神のように愛することを呼び掛けています。ところが私達の知性はまだ大きな障害を作っています。

神のことを記した書物は皆、神の愛について語っています。大勢の人達がそれはどうあるべきかと議論しています。でも一番簡単なやり方としては、自分の心の中へ入って行くと、愛が何であるかわかります。私が愛は何であるか説明するまでもありません。愛は言葉では表現できないのですから。愛はただ感じるだけのものです。

神がどんなに人間を愛しているかについて意見を述べたため、この世でどれだけ戦争が起こったかは、誰でも知っている通りです。

一人が「私の神様はもっと愛しておられる」と言うと、別の一人が「いや、いや、いや、いや、それは間違っている。私の神様が一番だ」と言います。ところが皆同じ（一人の）神様のことを話しているのです！　ですからこの愛を見つけるように努めてください。

ギリシャ人が言うように、「まず自分を見つけなさい。そうするとあなたの道も見つかります」。まずあなたの探しているものを、あなたの人生の目的を、あなたの心が真に求めているものを見つけてください。あなたの知性はいろいろなものを要求することでしょう。

そして求めていたものが手に入ると、次のものを要求するでしょう。でもあなたが深く心の中へ入って行き、毎日自分のために時間を取って、心の奥底を見つめていると、あなたは神を、その愛を見出すことでしょう。そしてあなたはその愛が決して自分から遠く離れた所にあったのではないことに気がつくでしょう。それはもうずっとそこにあったのです。それはただ私達が外へ出したくないだけのことなのです。私達はそれを手放したくないのです。

ですから私達の知性が邪魔をしている間は、ハリボール、ハリ・ナム、ケヴァラムを歌ってください。ただ一つの名がシュリ・ハリです。ハリの二つの綴りは救済をもたらすことができます。人生のすべての業（カルマ）を振り落とすことさえできます。ただハリを歌うだけでいいのです。

私達は自分達の何より大切なサーダナを愛しています。それでも私達には何も理解できません。私達は喜んで大なるマントラを歌っています。それでも私達には何もわかりません。とにかく神様を喜ばそうと思ったら、簡単なものを愛を以って歌うことです。

「サブセ・ウンチェ・プレマ・サガイ」の意味は「愛は最大の尊敬」です。神様が受け入れるただ一つのものがこの愛で、神様はこの愛を以ってすべてをなさいます。誰かが頼み事をすれば、それが物質的なものであろうと、霊的なものであろうと、それがその人に喜びをもたらそうと、悲しみをもたらそうと、神様は愛を以ってそれをくださることでしょう。

ですからこの愛を呼び起こしてください。この愛を人間の心に目覚めさせ、皆が平和と愛の使者になるようにしてください！　誰もが言葉なしでこの愛を広めることでしょう。何故ならこの愛に関しては「あなたを愛しています」と言う必要はありません。ただそれを放射するだけでよいのです。あなたはただ神様の愛を心に抱いていることを知っていればいいのです。後はあなたではなく、神様が心配してくださいます。それほど簡単なことなのです。

第 2 章

神の名

「ラーマ」の名はラーマ自身より強い

―― ハヌマーン ――

神の名を歌え

ドイツ、キールにおけるダルシャン　２００８年７月11日

あなた達が皆で手を叩いている様子を見るのは嬉しいです。神様があなた達にこの楽器、手をくださったのですから。

神様は他にも耳と舌という楽器をくださいました。もちろん脚や身体も神様のくださった楽器に違いありませんが、もっと高い目的のために私達人間に与えられた楽器もあります。例えば私達の耳のように。あなたには聞くことができないと想像してごらんなさい。随分不愉快なことではありませんか？　確かに！　これは大変不愉快なことです。また、あなたには話すことができないと想像してごらんなさい。これは大変困難なことです。それなのに私達はこの楽器を悪用しています。

私達がさらに深く聖書を読み進めて行くと、そこには私達がどのように、この楽器を扱うべきであるか記されています。私達はどのようにしてこの楽器を自分達の霊的な成長のために使用することができるでしょう？　それは神の名を唱えることによってです。私達の舌はおしゃべりするために与えられたのではありません。それは人間がよく大変好んでするように、他の人達の問題を背後で密かにしゃべるために与えられたのでもありません。人に「誰かさんのことを話そう」と言うと、誰でもすぐに承知します。でも彼等に神の名を歌いなさいと言うと、「ああ、私はとっても疲れているんだ」と答えるでしょう。

この楽器をもっとよく扱えば、あなたはより神様に近づくことでしょう。私達は時々あることを聞いて嬉しくなります。また、あることを聞いて悲しくなります。私達が耳にすることは、私達の気分に影響を与えます。ところが私達を永遠の喜びにあふれさせ、私達の中にも、私達の周囲の何処にでもある、素晴らしい響きがあります。でも私達の聴力範囲が狭いため、私達には聞くことができません。音が波の上を動き、人間が１０００から２万ヘルツの音波を聞くことができるのはよく知られています。犬や猫のような動物は２万から６万ヘルツまで聞くことができます。海豚、鼠、象のような動物は６万から10万ヘルツまで聞くことができます。ですから人間の聴力がどんなに限界があり、弱いものであるか想像してごらんなさい。でもそれは育てることができます。私達は霊的な実習によって、それを発展させることができるのです。この能力は霊的な訓練によって広がっていきます。

それはあなたがどの訓練をしようと同じです。あなたが練習を続けている限り、それを楽しんで行っている限り、あなたが自分自身に対して誠実である限り、そしてあなたが真面目に実習を行っている限り、神様はあなたのもとに来られることでしょう。そう、私がもう話したように、一番簡単な、そして霊的な実習は、神の名を歌うことです。神の名を唱えることです。私達が誰かを呼びます。例えば、私がマタジ（女の人）を呼びます。すると何が起こるでしょう？彼女は私を見て思うでしょう。「この人は何を言いたいのかしら？」

あなたが心の中で神様を呼んでも、これと全く同じことです。神様もやはり訊くことでしょう。「どうしたのかね？」そうしたらあなたは神様にお願いできます。「神様、私は自分を実現したいのです。私は神を実現したいのです」ところがこのあなたと神の間に育っている関係は今だけのものではありません。それはあなたが数多くの人生を越えて抱いて来た永遠の関係です。あなたが今ここに座っているのは偶然ではありません。あなたが霊的なのも、偶然ではありません。あなたがすでに前世で努力してきたことを、神を手にするまで、神の愛を完全に実現するまで、今も続けて努力しているのです。

あなたが神を信じようと、信じまいと、あなたは心の奥底で、大いなる自己（真我）が存在することを知っています。あなたはすべてを貫く、より高い意識の存在を知っています。例えばあなたの人生で何か悪いことが起こった時、あなたは誰を最初に呼びますか？あなたは何と言いますか？

「おお神様！」

あなたは「あなた」とか「おまえ」とか「お父さん」とか「お母さん」とは言いません。何故ですか？　彼等もあなたにとってはとても大切な存在です。ところが違います。そこには何よりもあなたに近い存在である、より高い意識があり、神様がおられます。それであなたが信じようと、信じまいと「おお神様！」という言葉がまずあなたの口からもれるのです。神聖な名、神の名の秘密は、その名が神そのものであることに気を付けてください。それに反して人間の名はその人自身ではありません。私が誰かを呼ぶとします。その人がいないとすると、私がその名を繰り返し呼んでも、その人は私の所へ来ないでしょう。でも私がマハヴァター・ババジの名を歌えば、クリシュナとイエス様の名を歌えば、またアラーの名を歌えば、彼等は必ず来るでしょう。神聖なる名は神の豊かさそのものなのですから。このようにしてあなたは繊細な響きに浸るでしょう。

あなたが歌えば歌うほど、あなたの中の繊細な響きに深く浸ることでしょう。そしてより一層その秘密を知ることでしょう。そしてあなたが自分の中に持っている美しさを自ら楽しむことでしょう。それはあなたがしばらく実際に歌った後、まずあなたの心の中で静けさを見出し、しまいにはあなたが寝ていても、あなたの心の中で常に歌い続けることでしょう。

17世紀にチャイタニヤ・ダス・マハラジという聖者がいました。彼は常にチャイタニヤ・マハプラブの名を歌っていました。ところが彼はチャイタニヤ・マハプラブとは歌わず、年中ガ

あなたが神を知れば
知るほど、
神に対する愛は、
どんどん大きくなって
いくでしょう。

ウランガ、ガウランガと歌っていました。それどころか彼が寝ている時でも、人々は彼が「**ガウランガ、ガウランガ、ガウランガ**」という名を発しているのを聞きました。彼の呼吸はガウランガという響きになり、彼が死んで、サマディに入った時も彼の身体がガウランガ、ガウランガと振動するくらい、霊的に大変高度な次元に達しました。ガウランガというのは、１５００年に現れた主クリシュナの顕現体です。

ですからただ神の名を歌うだけで、あるいは唱えるだけで、あなたはこの二つの楽器、舌と耳を有意義に使います。あなたの聴覚は洗練され、自分の中の振動を聴くようになるでしょう（アートマ・クリヤの中にはこのように聴く耳を育てる練習法があります）。

これはあなたを自分の実現に、あるいは神の実現に導き、あなたは完全に神の愛に達することができるでしょう。愛とはただ「あなたを愛しています」と言うだけのものではありません。二人の人間が出会って、好きになると、彼等が何を言い合うか知っているでしょう？

「あなたを愛しています」

例えば二人の人間が知り合って、男の子が女の子に「君を愛している」と言うとします。すると女の子は男の子を見つめてこう言います。「私を愛しているんですって？　でも私達は何時間か前に知り合ったばかりじゃないの。どうやって私を愛せるの？　あなたは私を知らないし、私もあなたを知らない。どうやって私を愛せるのよ」

私達はかつての相手に再会したことがわかると、「この人は知っている人だ。ここには何かある」と思い当たり、心に何か感じます。でも真の愛は、その人を知るに従って育っていきます。人は知れば知るほど、さらに愛するようになるのです。

それは神に関しても同じです。あなたが神を知れば知るほど、神に対する愛は、どんどん大きくなっていくでしょう。聖者の生涯を見てごらんなさい。彼等にとっては自らのうちに神を完全に実現し、それを愛することが最高なのです。彼等は、自分の中にこの真の愛を見つけるまで、真の自分を見つけるまで、真の自己実現を達成するまで、ただ単に愛し続けることでしょう。ですから神を見つけるのはとても大切なことです。そして一番簡単な方法はその名を歌うことです。神様は私達にたくさんの名をくださいました。それは自分の子供達を同じように愛し、その一人ずつが何を欲しがっているか知っている母親のようなものです。そこで彼女は各々が必要としているものを与えます。

神の名を歌うのに、特別な時間や場所はありません。あなたが何をしていようと、いつでも歌うことが、その名を唱えることができます。そして神様はあなたのそばにいることを知っていてください。あなたがその名を歌う瞬間、神様はそこにおられます。ババジが言うように、その名を3回唱えるだけで、彼はそこにいるでしょう。あなたが彼を見ようと、彼を感じようと、あるいは感じまいと、彼はそこにいます。

それは神のどの名を呼んでも同じです。あなたの歌う神のすべての名において、その各々の姿で神様はあなたのそばにおいでです。それでは歌い続けてください。このようにして霊的な道に入ってください。あなたは瞑想さえ完璧になるのに気づくでしょう。何故かというと、あなたが歌うと同時に瞑想すると、その後で静けさを体験するだけでなく、自分の中にこの振動を聴くことでしょう。

思考の活動はこの振動の影響を受け、あなたの知性は振動を追いかけます。あなたの知性が振動の後を追うと、それはあなたをあなたの中にある宇宙の振動へと導くでしょう。ですから歌ってください。そしてあなたは幸せになるでしょう。いつまでも。

神の名について聖書には何と書いてありますか？　詩篇113を開いてみましょう。

ダビデ王が言っています。

「私は日の出から日の入りまで、神の名を讃えるように言われている」

聖書を見てください。そこではパウロが言っています。

「あなたの名に慰めを見出す者は救われるであろう」

また、仏陀は言っています。

「人生の最後に私の名を歌う者は私を見出し、私はその者を天国へ導くであろう」

ヴェーダでは次のように言われています。

「今この時代に歌え、歌え、歌え。シュリ・ハリの名だけが人類を救うであろう」

マハヴァァター自身も言っています。

「オーム・ナモー・ナーラーヤナーヤを歌いなさい。あなた達が世界の平和を望むなら、ナーラーヤナの名を唱えなさい。それは喜びと平和をもたらすであろう」

このようにほとんどすべての聖者が神の名を歌うように言っています。シルディのサイババはいつも弟子達にオーム・ナモー・ナーラーヤナーヤを歌うように言っていました。

ラヒリ・マハサヤもいつも弟子達に言っていました。

「シュリマート・バガヴァタムを読んで、神の名を歌いなさい。――休みなく――あなた達の唇にいつも神の名が浮かんで来るように」

神の名がいつもあなたの唇に浮かんでいれば、ネガティブなことを考える時間もないでしょう。特にネガティブなことを考えるのが好きというのではない限り――あなたがネガティブなことを考えれば考えるほど、何が起こるでしょう？　あなたがネガティブになればなるほど、あなたは憂鬱になり、攻撃的になって、これはあなたにとっても、世の中にとっても良いことではありません。霊的な人々は世の中を変えるためにここにいるのです。そうではありませんか？　それでは世の中が変わるように、まず自分を変えてください。

ラーマの名の甘さ

シュリー・ピータ・ニラヤにおけるラーム・ナヴァミ
ドイツ、シュプリンゲン　２０１０年３月24日

今日はラーム・ナヴァミの最後の日です。主ラーマが崇拝された九日間の最後の日です。主が自らを具象化するために来られた日です。シュリ・ラーマは悪魔のラヴァナを殺すために自らを具象化したのです。ラヴァナは誇り高さ、強い自我の象徴的存在です。シュリ・ラーマは多分あなた達も、もう読んで知っているように、マハ・ヴィシュヌの再来です。スィタ・デヴィはマハ・ラクシュミーの化身です。私は「ラーマヤナ」に関してはあまり細部に入らないつもりです。もしあなた達がこの物語を知らなかったら、読んで自分で体験してみるといいでしょう。

簡単に言うと、ラーマはこの大悪魔を退治するために、人間の肉体を得たのです。ラーマ

は誰に対しても常に同情的であったので、同情の化身とも言われています。彼が幼年時代の初めから、どのように人間と接していたか知られています。クリシュナとは全く違って、正反対であったと言えるでしょう。彼はクリシュナと同じ魂ですが、主の2種類の姿を現し、それを完璧に実現しています。あなたがラーマの名を探求すると、それがとても力強い名であることに気がつくでしょう。神の名は皆とても力強いけれど、ラーマの名は全く特別です。人生の最後に、この神の名を歌うと、生と死の環から外されて、自由になると言われているくらいです。その故この名はタラカ・マントラと呼ばれています。人を解放するマントラです。その様なわけで、ヒンドゥー教の伝統では、誰かが死ぬと、いつも「シュリ・ラーム、シュリ・ラーム、シュリ・ラーム」とラーマの名が歌われます。

ラーマという語そのものは、神の名が二つ合わさったものです。「ラ」は「オーム・ナモー・ナーラーヤナーヤ」、そして「マ」は「オーム・ナマ・シヴァヤ」からそれぞれ来ています。ですから「オーム・ナモー・ナーラーヤナーヤ」と「オーム・ナマ・シヴァヤ」が合わさって、ラーマの名が生まれたわけです。

このマントラを唱えるのは決して易しくありません。「では私はこう歌います。ラーマ、ラーマ、ラーマ、ラーマ、ラーマ、ラーマ」と言ったところで、もし歌うことを習っていなかったら、人生の終わりで、そう簡単に神の名が出て来ないでしょう。何故なら人が死ぬ時は、大抵まだこの世に捕らわれているので（まだとても人や物に捕らわれているため）、もう一度生まれて来る必要はないとわかっていても、自分自身を解放するのが難しいのです。この時に発生する力が原因になって、あなたが神の名を呼ばなければ、あなたの頭にある最後の画像に左右されて、また、生まれて来ることになります。そのために人が死んで、自分の子供とか、あるいはとても好きだった人を目に浮かべ、知性の執着がとても強いと、次の人生に再び生まれて来る時、かつての家族とある種の業(カルマ)を終わらせるために、また、この世に戻って来るということが、とてもよくあります。

人々はよく動物として再生することがあるかと訊きます。さて、そういう場合もあります。あなたはマスターなのですから。あなたの魂は神と同じで、神はどんな姿でも創造できるからです。例えば、ある人が犬に執着しているとします。犬は忠実で、信頼心が強いので、人間に縛りつくよりもいいかもしれません。でも問題が一つあります。何故なら、あなたが動物に執着していると、人生の最後にあなたが死ぬ時、あなたの頭には何の画像があるでしょう？あなたは動物のことを考え、どんなにその動物、あるいはあなたの犬を惜しむことでしょう。想像してごらんなさい、この瞬間にあなたの魂はすでに次の人生を創造しているのです。それでどういうことになると思いますか？それは人間にはならず、自分を動物の地位まで下げることになります。あなたはより低い次元に降りることになります。でもこれはあなたが人間として学び得たことを失ってしまうということではありません。それは存在しているけれども、活動を休止するということです。これは動物が人間を見つめる場合も同じです。

彼等は「ああ、この人間は何て幸せなんだろう」と考えます。ところが人間も動物を見て、「動物は何て幸せなんだろう！」と考えます。そしてこれが、神の名が人間の自己を解放することに関係して来る理由です。神の名の力がなければ、また聖なる名があなたに注がれることがなければ、あなたはいつも空っぽであることでしょう。ただ神の名だけがあなたを満たし、あなたにエネルギーを与えているのです。あなたが神の名を信じようと、信じまいと、あなたにこの力を与えるのは神の名だけです。ですからラーマの名は、私が前にも言ったように、皆の助けになるタラカ・マントラなのです。例え外部の世界に執着していても、この執着を解く助けになります。でもこれは規則正しく歌わなければいけません。それで私は「ラーマの名はラーマ自身よりも強い」と言ったのです。

まだラーマの生存中、ランカ（今日のスリランカまたはセイロン）へ渡る橋を造っていた時に起こったことです。向こう岸へ渡るために橋を架けなければならなかったのですが、どういうふうにして始めたらよいのか、わかりませんでした。人々が投げた石は全部下に沈みます。そこでハヌマーンが素晴らしいアイデアを出します。ハヌマーンは本当に偉大な信者、最も偉大な信者の一人です。世の中に偉大な信者はそれほどたくさんいません。プラフラートがいて、ミラバイがいます。まだ他にも何人かいますが、何と言ってもハヌマーンは一番重要な信者の一人です。彼はすべての石にラーマの名を書いて、海に投げ入れるという素晴らしいアイデアを提供します。そこで彼等が石を一つ投げ入れると、それが水面に浮いて来ます。ラームは少し離れた所から見ていて、不思議がります。彼はハヌマーンに訊きます。「ハヌマーン、私は君のすることを見ていた。君が私の名を石に書いて、海に投げると、それが浮いて来る。ところが私が石を投げると、それは沈んでしまう」するとハヌマーンは「主よ、それはこういうことです。もし石にあなたの名が書いてあれば、それは浮いて来ます。でも石にあなたの名が書いてなければ、それは沈んでしまいます。それと同じことで、あなたが誰かを手放せば、もちろんその人は沈んでしまいます」と答えます。

これは私にとてもペテロのことを思い出させます。イエス様が水上を歩いて行った時、口達者だった彼は、急いで主の後を追って言います。

「主よ、私は水上を行きます」

ところがどうなりましたか？彼は自分を信じていなかったので、沈み始めます。するとイエス様は彼を捕まえます。これは神の名と同じことです。もちろん今の世の中では、人間に神は見えません。彼等は神をそんな簡単に把握することができないのです。ところが名前を通してなら、それは可能です。

ラーマの名にはすべての神の名と同じように、とても甘味があります。そこはクリシュナと違います。クリシュナももちろん甘いけれど、その甘さにはぴりっとしたものがあります。薬味を効かせた甘味という所でしょう。クリシュナにはとてもぴりっとした所がありました。ラーマはあなたにチャンスを与えてくれるでしょう。でもクリシュナは反対で、チャンスは与えてくれないでしょう！　でも両者共あなたを救ってくれることに変わりはありません。ラーマは素晴らしい名です。いつでもラーマを思い出すように、是非とも彼の名を歌うことを学んでください。すると彼はあなたの親しい伴侶となることでしょう。これがインドで誰かが死ぬと、「ラーム・ナーム・サティヤ・ヘ、ラーム・ナーム・サティヤ・ヘ」と歌われる理由です。これは「ただ一つの、真実な名はラーマ」という意味です。ラーマは唯一の者であり、ラーマは最初で、ラーマは最後です。

私達は今日はラーマのお誕生日をお祝いします。ラームは正午に生まれ、クリシュナは真夜中の12時に生まれました。これも対照的です。このラーマとクリシュナの両者の姿で現れることによって、神はその本質のすべてが完全であることを示しています。クリシュナとしての姿も、また穏やかなラーマとしての姿も。

神様のどのお姿も、また、どの一面も、知性では決して見抜けないことを示しています。ラーマの生存当時、人々は彼をラジャ・ラーマとして、あるいは王者ラーマ、または王子ラーマとして見ていました。もちろんある人達にとって、彼は普通の人であり、普通の人間でありました。でもある種の人達、例えば偉大なリシ達は、彼が神の化身、あるいは神様ご自身の姿であることを知っていました。ガヤトゥリ・マントラを創った、かの偉大なヴィシュワミトゥラは、自ら主ラーマに多くの秘法を伝授しました。彼にはラーマが非凡な存在であり、彼の神としての名が、ある人を救ったのを知っていました。

> 彼の身体のすべての部分、すべての細胞がラーマでした。引き抜かれると、1本1本の髪の毛が、ラーマ・ナームとラーマの名を振動させました。神の名は彼の中でそれほどの深さを示していたのです。

まだ子供の時、ハヌマーンは父親のヴァーユからラーマの名を聞きました。ヴァーユはラーマが彼のグルであり、彼を待ちわびていることを話して聞かせました。彼はラーマを知りませんでしたが、いつもラームの名を歌っていました。

「シュリ・ラーム、シュリ・ラーム、シュリ・ラーム」

彼はこう歌って、ラーマの名について深く瞑想しました。彼はマントラを10種類と知りませんでした。今日のように、その名を歌うため、皆が100種類のマントラと、100以上の神の名を欲しがったりするようなことはなかったのです。いいえ、彼はただ一つの名しか持っていませんでした。それがラーマの名です。そしてラーマは完全に彼の中にいました。彼の身体のすべての部分、すべての細胞がラーマでした。引き抜かれると、一本一本の髪の毛が、ラーマ・ナームとラーマの名を振動させました。神の名は彼の中でそれほどの深さを示していたのです。

ラーマがラヴァナを殺した後、彼等は宮殿に戻り、ラーマはアヨージャの王様となり、戴冠式が行われました。ラーマは自分の真珠の首飾りの一つを取って、それをハヌマーンに渡します。王国の民衆は、ハヌマーンが主ラーマから贈り物を頂戴したのを見て、大変喜びました。

それは大きな祝福の意味です。ところがハヌマーンは何をしたと思いますか？　彼は真珠を一粒ずつ歯で割って、中を覗き、それを投げ捨てます。もちろんこれは侮辱的な行為です。宮廷に居合わせた賢者達は皆びっくり仰天して言います。

「何をする、ハヌマーン？　あなたはラーマからいただいた贈り物を壊してしまった。ラーマに対する侮辱だ！」

ラーマはもちろん微笑みを浮かべていたけれど、私は何故ハヌマーンがこんなことをしたか、スィタにはわからなかったと思います。それで皆はハヌマーンに言います。

「あなたは主をあまり信頼していないようだ。主があなたの中にいることはわかっているだろうに」

するとハヌマーンが言います。

「いや、私はこの真珠の中にラーマとスィタを探している。ところが私には彼等が見えない。それで何の意味がある？　だから私は捨てるのだ」

誰でもこうします！　あなたは神をこの世に探し求めています。あなたは神を外の世界ではなく、自分の中で見つけることを知っているのに、それでもなおかつ外の世界を探し回っています。

あなたは「私は今すぐでなくても、しばらく経ってから見つけるだろう」と考えています。でもまず自分の中に見出すのではない限り、決して見つけることはないでしょう。もしあなたが自分の中に神を見出したならば、あなたは至る所にそれを発見するでしょう。同じことを彼等はハヌマーンに言ったのです。

「あなたは主があなたの心の中におられることを知らないのか？　あなたは主があなたの心の中に住んでおられることを知らないから、確かにあなたの信仰は浅い」

するとハヌマーンは言います。

「いやいや、私は主が私の心の中におられるのは知っている」

そして皆の前で自分の心臓を爪で引き裂くと、中にラームとスィタが座っていました。これがハヌマーンのヴィラート・スワルパ、主がすっかり食べ尽くしてしまう、ハヌマーンの献身の深さを示す素晴らしい姿です。

アヴィラの聖女テレサの場合も全く同じです。

彼女は「主が私の心臓を貫いてしまわれた。私の心臓は主の矢に突き抜かれてしまった」と言っています。それはこのように深い愛のことで、その愛は幸福を超越し、苦痛を超越します。

これは「私はとても幸せだ」というような、皆が一般に理解している愛とは違います。

そうではありません。アヴィラのテレサが死んだ時、彼女の心臓が取り除かれました。それは16世紀のしきたりだったのです。そしてその取り除かれた心臓には穴が開いていました。そ同じようにイエス様が示された彼自身の心臓も突き抜かれていました。私が前にもう何回も説明したように、この深さは主に対する燃えるような感情です。でも悲しいことに、今日の人間には、神に対するこの深い渇望が、どんなものであるかわかっていません。そしてどのようにして神を渇望するかについても、わずかに知っているだけです。次の瞬間「ああ、まだあれが要るんだった」という感じで神を忘れ、日常の雑事を追い掛け回します。人間の世界は後からついて来るので、それを追い掛けるのは簡単です。でもあなたは神を追いかけ回さなければ駄目です。

私が言ってもあまり意味がないのはわかっていますが、それでもそれを思い出すのはいいことです。私達が皆に世間を追いかけるために、ここにいるのではないと思い出させるのはいいことです。世の中があなたの後ろから追いかけて来てもいいけれど、あなたは神の後を追わなければいけません。人間の世界は常に存在していることでしょうが、あなたはそのために生まれて来たのですから、まず真の自分を実現しなければなりません。あなたがそれを実現したならば、その後は好きなだけ世間を追いかけてかまいません。

ある偉大な哲学者は「まず自分を見出しなさい。それから世の中のことを心配しなさい」と言っています。あなたが自分を見つけたら、あなたはジヴァン・ムクティになります。あなたは業の拘束から解放されます。そうしたらあなたは何でもしたいことをしたいだけできます。あなたを拘束するものは何もありません。でも自分が見出せないうちは、続けて努力してください。探してください。神としてのラーマの名があなたを助けてくれるでしょう。神としてのクリシュナの名が、神としてのイエスの名が、また、すべての神の名が、あなたを助けてくれるでしょう。それでバクティの道は中でも一番簡単な道の一つと言われていますが、あなたはそれに身を捧げなければなりません。あなたが神から知性を引き離せると気がついても、それは簡単に知性をその道からそらせるということではなく、また、ちょっとの風で、あなたが左右に揺すぶられるということでもありません。

ですから神の名を、あなたが身近に感じる神の名を、しっかり身につけておきましょう。神の名は一つで充分です。10も必要ありません。グルマントラ（グルとあなたの間にだけあるマントラ）を知っていたら、そのマントラを繰り返すといいでしょう。あなたに身近な神の名があったら、あるいは身近に感じる神の姿があったら、ただそれに集中しましょう。これは10の名に集中するより、効き目があります。

人々は10も持っていると、それだけはやく進歩すると思っていますが、そのようなことはありません。実際には進歩を遅くするでしょう。何故なら一つの神の名は、一つの穴を掘って、水を手にいれようとするのと同じで、10の名は10の穴を掘って、水を手に入れようとするのと同じです。そんなことをしても水は手に入らないでしょう。ですから歌うのだったら、一つの名だけ歌ってください。

神の愛の聖杯から飲め

シュリー・ピータ・ニラヤにおけるダルシャン
ドイツ、シュプリンゲン　２０１０年７月３日

主の名は誰にでも、どの言葉でも通じます。そうでしょう？　赤ちゃんまで、私達の歌に合わせて一緒に踊っていました。聖者達はよく母胎にいる子供が、水と血の暗がりにいるために、死の苦しみを経験すると言います。子供の魂が主に呼びかけて言います。

「神様、私をこの世に呼んでくださる時、あなたは私にあなたの素晴しさを見せてくださいます。私はあなたの名に身を捧げます。私が授かるこの生命があなたへの奉仕と献身になりますように」

ところが何が起きるでしょう？　子供が生まれる瞬間、神との結びつき、子供がそのために神に祈った結びつきは、忘れられてしまいます。今あなた達に伝えているのは私ではなく、

「神様、私をこの世に呼んでくださる時、あなたは私にあなたの素晴しさを見せてくださいます。私はあなたの名に身を捧げます。私が授かるこの生命があなたへの奉仕と献身になりますように」

ヴェーダに記されていることなのです。確かに人がこの世に生まれて来た瞬間、この物質の世界に巻き込まれた瞬間、知性が活躍を始めます。そしてこの知性が活動し始めると、人は何のために祈ったのかさえ忘れてしまいます。

愛は人生において一番大切なものです。ところが私達は一旦生まれて来ると、すっかりこの世界に巻き込まれて、自分の義務を忘れてしまいます。私達は自分の課題を、何故人間として生まれて来たのか、また、何のためにこの世界にやって来たのかを忘れてしまうのです。でもそこには私達が年中この神の愛を思い出す何かがあります。これがいわゆる霊性と言われるものです。霊性とは何でしょう？それは献身のことです。私は多くの人達がこの献身という言葉を好まないのを知っています。彼等はこの言葉を聞きたがりません。それは彼等が献身するということは、すべてを放棄することだと思っているからです。その通りです！あなたは何も持って来なかったのですから、また、すべてを捨てなければなりません。もうすでにここにないものを、あなたはどうして取ったり、与えたりすることができるのでしょう？あなたはただ一つの場所から何かを取って、他の場所へ移すだけです。

霊性では献身という言葉は、知性を主の「蓮のおみ足」に捧げるという意味です。捧げなければならないのはこれです。主は他の物はすでにすべて所有していますが、あなたの知性が主の「蓮のおみ足」に捧げられると、それは幸福を手に入れ、喜びを手に入れ、自由を手に入れます。でも知性を手放さない限り、人は知性の奴隷に止まってしまいます。

私達の知性は貪欲、欲望、憤怒、自我、嫉妬など五つの執着に結び付けられています。これが私達の知性を創りあげている五つの大ざっぱな本質で、その中でも一番強いのが自我です。知性を主に捧げる代わりに、高慢と自我は私達が主以外の、他のすべての物に身を捧げるようにしてくれます。このようなわけで、人間は知性が正しい場所にいないため、落ち着かないのです。

私達の魂はあちこち飛び回りながら言います。「ちょいと知性の奴、身を捧げたまえ！」ところが知性は言います。「嫌だね！　この方が自分の心配事にも都合がいいし、君のこともすっかりやっつけれるのさ」

魂は「そんなのはただの妄想だ」と言います。

でも心の奥底では、あなたが神の足元に身を捧げれば、また、今世の秘密を認識すれば、あなたのダルマ（人間としての義務）を実現すれば、また、今世の義務を果すことができれば、その時初めて真実が見出されることを知っています。これはあなた達の誰もが心の奥底でちゃんとわかっていることです。大切なのは私がそれを言うことではなく、あなたが自覚していることです。ところが知性はそうはさせません。私達が「やめなさい。手放して自由になりなさい」と言うと、知性はどうすると思いますか？

知性はさらに活動的になって「いやいや、やりなさい！」と反対します。

ところがあなたはそうすると同時に、捕まってしまいます。そして常に同じことが繰り返されます。それは決して終わることがありません。そしてあなたは過去を振り返って「おっと、最初から違うようにすることもできたんだ。ああ、そうすればよかったなあ！」と思いますが、あなたは何度このような決断をして、後から「違うようにすればよかった！」と言うことでしょう。そうでしょう、違いますか？　するとあなたは過去に戻って、もう一度やり直すことを願います。そうでしょう。でもそれでは遅すぎます。過ぎたことは過ぎたことですから！　結果は背負わなければなりません。でもあなたが最初から自分の直感に頼って、あなたの心が何々をしないようにと言ったら、あなたはこの直感に従って――つまり神の声に従って――そうしなければ、あなたは自由になるでしょう。

ですから自分の直感に頼るのは、とても大切なことです。そして自分の直感に従っている限り、疑うこともないので、それはとても簡単です。直感の声は強く、直接に伝わって来ます。でも知性はよくこれに反抗します。でもあなたが内心の直感的な声を聴く決心をすることによって、知性から離れ、また知性は知性で、反抗を放棄するでしょう。何故ならあなたが知性に従えば従うほど、知性はよけいあなたを振り回すことでしょうから。ところであなたは知性の言うことを聴かなければ、聴かないだけ、自由になるでしょう。そして自分を実現することもそれだけたやすくなるでしょう。

献身に関しては、知性を「蓮のおみ足」に捧げること、知性を神の名に捧げることが大切です。それは知性をなだめ、正しく導いて行く力を持っているからです。ですからどの宗教でも神の名を歌うように教えています。私が前にも言ったように、神の名を歌うことは、神に恋をしているようなものです。あなたが神の名を歌えば歌うほど、あなたの中に神の愛が余計に現れて来ます。外側ではなく、あなたの中に。あなたが神の名を振動し始めると、それだけ神の本質を自分の物にするでしょう。すべては神の名の中にあります。それほど簡単なことなのです！

ラーマの名を歌ってください。私達はさっき「ジェイ・ラグナンダナ・ジェイ・スィヤ・ラーム、ジャナキ・ヴァラバ・スィタ・ラーム」と歌いました。私達は丁度ラームの名を歌ったのです、そうでしたね？　ただラーム・ナームと歌うだけで、モクシャ（救済）を得ることができます。人はすべての業（カルマ）から解放されるのです。それほどラーム・ナームの力は強いのです！それほど主の名の力は強いのです。あなたをその場で解放できるのですから。

ただし次のことを忘れてはいけません。神の名を歌うことによって完全な祝福を得るためには、真に誠実に歌わなければなりません。心を込めて歌わなければなりません。最初は機械的でも、深く中へ入って行くと、神の名に我を忘れて、神の愛の聖杯から飲み始めます。

あなたが一度この愛の聖杯から飲むと、世の中は全く違った物に見えて来ることでしょう。この愛は純粋なネクタール（神酒）で、それを知るには、飲んでみないとわかりません。

そしてあなたが一度この愛の聖杯から飲むと、世の中は全く違った物に見えて来ることでしょう。この愛は私達が知性で理解している愛とは違うからです。この愛は純粋なネクタール（神酒）で、それを知るには、飲んでみないとわかりません。

では神の名を歌ってください！ 主の何千という名はすべて、あなたが多くの生涯を通じて創りあげた、この業（カルマ）の鎖から解放する力を持っています。でもそれはあなたが神様のもとに行けるように、人間の身体を授けてくださった、この神様の恩恵によってのみ可能です。これが人生のダルマ（義務）なのです。あなたの魂のダルマは、あなたが実際には誰なのか実現することにあります。あなたが愛の聖杯から飲むようになるまでは、あきらめないでください！ 外の世界がどんなに素晴しく、誘惑的に見えても、かまわず愛の聖杯から飲み続けてください。

そしてこの世と違う現実があることを、この人間の目では決して見ることの許されない現実があることを知ってください。クリシュナは『ギーター』で言っています。

「真のヨギは私を至る所に見る。動物に、樹木に、ありとあらゆる所に」

ところがそれはそんなに簡単に見えるものではありません。あなたが頭ではそれを知っていて「そうだ、主は至る所においでになる」と言っても、あなたにはそれが見えますか？

いいえ、それの見える人はたくさんいません。それが見えるようになるための基礎は、神の名を歌うことです。どの名でも、あなたが身近に感じている名を歌ってください。あなた自身がこの神の名になるまで、歌ってください。それは可能です。確かなことです！可能でないことなどありません。ただ試してみればいいのです。これを試すと、あなたは一日中している呼吸と共に、神の名を歌うことに成功するでしょう。あなたは24時間で２万１６００回呼吸しています。そこで神の名を常に呼吸と共に意識して歌う練習を続けると、そのうちに寝ていても歌うようになるでしょう。それは独りでに歌うアジャパ・マントラになることでしょう。そうすると歌っているのはもうあなたではなく、あなたの中でそれが自動的に繰り返されるようになるのです。

あなたは吸ったり吐いたりする呼吸と同時に神の名を唱え、それによって自分を変えて行くのです。

あなたはまず内心の変化に気づくでしょう。あなたは喜びを感じ、自由を感じるでしょう。そして心の中の幸せ、これはあなたの中だけに止まらず、外部へも反射するでしょう。あなたはこの神の愛の楽器になるのです。そしてあなた自身、この楽器を通して神のようになることができるのです。

あなたはアートマ（魂）としての自分と、パラムアートマ（最高の自己、最高の魂、神）としての神が一体になることを実現するでしょう。でもパンチャ・タットゥヴァ、五大元素からなる、物質としての「あなた」は溶解することでしょう。

あなたが生まれた時に与えられたこのアイデンティティは本当にあなた自身ですか？　神様がお創りになった物はすべて神様ご自身の姿なので、これはある程度までは確かに真実と言えます。でも最後の真実とは言い切れません。ただあなた達が現実と呼び、世間の目が見て「これは本物だ」と言っている、この縮小された現実が溶けてなくなってしまったら、最後の真実があなたの中に現れることでしょう。

ですから実習してください。簡単な言葉で言えば、いつも神の名を歌って、神を思い出してください。あなたが何をしていても、あなたが何処にいても、神様はあなたのそばにいます。

神の喜びに浸る

フィンランド、ヘルシンキにおけるダルシャン　2010年8月23日

あなた達皆とここにいられるのはとても幸せです。私達がバジャンを歌っても、あなた達全員に歌の内容がわかっているわけではありませんね。言葉の違いもあって、あなた達全員が歌えるわけではありません。でも誰でもできることが一つあります。それは手を叩くことです。さて、手で叩くために歌う必要はありません。簡単ですね。

それでは手を叩くと何が起こるのでしょう？　あなたも知っているでしょうが、手にはたくさんのつぼがあります。このつぼは皆決まった内臓――心臓、肝臓、腎臓等とつながっています。そしてあなたが手を叩くと、そこへある種のエネルギーが送られます。弱っている内臓を楽にするので、その働きがよくなります。

そして人は幸せだと、よく手を打ち合わせます。でも幸せだと何故手を打ち合わせるのでしょう？　それが幸せと喜びをもたらすからです。人は誰でも幸せと喜びを願っています。ところが幸せは2種類あり、喜びも2種類あります。つかぬ間の喜びと、つかぬ間の幸せです。あなたはこれを求めているのですか、それとも長続きのする幸せ、やむことのない喜びを求めているのですか？　あなたは神の名を唱える時や歌う時、あなたは内心の喜びをもたらす、ある種の動きによって自分を表現します。そしてこの内心の喜びは愛に結びついているのです。

そういうわけで単なる喜びは何処にでもあります。路上の片隅でも見つけられます。単なる喜びは、この世に見出せる限界のあるもので、すぐになくなってしまいます。手に入れるのも簡単なら、なくすのも簡単です。でも永遠の喜びはあなたの心の中にあり、あなたはそれを深く掘って行かなければなりません。この永遠の喜びを見つけるためには、そしてこの永遠の喜びの恩恵を授かるためには、知性を心に結び付けなければなりません。そしてこれを見出す一番簡単な方法は歌うこと、神の名を歌うことです。人は神の名を歌って幸せになります。そしてこの幸せが愛を目覚めさせるのです。

愛について語ることはできますが、あなたがそれを経験しない限り、また、それを感じない限り、理解するのは難しいことです。でもあなたがそれを本当に感じたいと思えば、それは簡単に感じることができます。あなたは知性を静めて、心を目覚めさせればよいのです。あなたの心が目覚めると、愛が生まれて来るでしょう。愛に相違はありません。わかりますか？ 愛は相違に関するすべての障害を乗り越えます。神様はこのように愛しておられるのです。人間もこのように愛すべきなのですが、これは大抵とても難しいのです。私達は愛するためにベストを尽くしています。ところがそれがかなり難しいのは、外部に知性を惑わす大変多くのものがあり、人が愛するのを妨げる様々なものがあるからです。でも希望を失わず、何度でも試さなければいけません。そして神の名を歌えば、これが愛を目覚めさせて、あなたを強くすることでしょう。


ここにラームの生涯に関する物語があります。

ラーマはヴィシュヌの七番目の顕現体です。また、そこにはラーマの妻スィタを誘拐したラヴァナという名の悪魔がいます。ラーマはスィタを救うためにランカ、今日のスリランカへ行くことになります。そしてそれにはまず橋を造らなければなりません。ラーマの同行者は皆で石を集め、橋を築こうとします。彼等が石を海に投げると、石は皆沈んでしまいます。するとラーマの側近の信者であるハヌマーンが言います。

「何故石を海に投げる前に、ラーマの名を書かないんだ？」

そこで彼等がラーマの名を石に書いて投げると、それは沈まずに、水面に浮いて来ます。

このようにして彼等は橋を造ります。

あなたが神の名を心臓に書いたら、一体どうなるか想像してごらんなさい。あなたも浮いて来るでしょう。そしてあなたは神の愛に浸ることでしょう。神の法悦に、そして神の歓喜に浸ることでしょう。

ラームの名、神の名を石に書くだけで、それが浮いて来るなら、あなたが神の名を心臓に書いたら、一体どうなるか想像してごらんなさい。あなたも浮いて来るでしょう。そしてあなたは神の愛に浸ることでしょう。神の法悦に、そして神の歓喜に浸ることでしょう。これは誰もが求める永遠の喜びです。つかの間の喜びや幸せではありません。知性は常に外側を見ています。私達は知性を逆さにして、内側を見るようにしなければなりません。内側に、私達の一人一人が主をそこに見るように、そして主が自分の中に現れるようにしなければなりません。あなたは神の名を歌って、神の名を唱えて、神を呼ぶのです。あなたは神様に、どうぞお姿をお見せくださいと呼び掛けます。

『ギーター』にはクリシュナが次のように言ったと書いてあります。

「私は外には住んでいない。人間の心の中にも住んでいない。でも私の、すなわち主の素晴らしさが歌われる所に住んでいる」

同じことは聖書にも書いてあります。

「私の名のもとに二人、三人が集まれば、私もそこに彼等と共にいるであろう」

これはあなたが神の名を歌うと、神様を呼んで、あなたの心に目覚めるようお願いするという意味です。あなたは神様がおいでになるように、あなたのもとに現れるようにお願いします。あなたが頻繁にそうすればするほど、神様はあなたの感じている愛として現れて来ることでしょう。あなたが神様を渇望すればするほど、あなたはサーダナを愛するようになり、あなたの知性をさらに厳しくコントロールするようになるでしょう。そしてあなたの知性があなたの支配下にあれば、また、あなたの思考が平和になれば、あなたは穏やかになり、あなたの身体も安らかになり、あなた自身が平和になり、あなたの周囲にもこの平和がもたらされることでしょう。あなたは神の愛の楽器になるでしょう。でもあなたはその第一歩を踏み出さなければなりません。それを外部にだけ想像するのではなく、あなたの内部に静座して、神様を見つけてください。

このことは私に人々がよく世間を恐れているのを思い出させます。彼等は常に世間が自分達のことをどう考えているか確かめます。これは事実人間の弱味です。いつも他人を見ていて、自分の方から何か変えることができるのを忘れているのです。このことは私にある物語を思い出させます。

ある所に一人のサニヤシン（世捨て人）、サドゥ（聖者、賢者）がいました。彼は一人の娼婦が住んでいる家の向かい側に暮らしていました。サニヤシンは毎日何人の男が娼婦を訪ねて来るかを見て、その人数を数えていました。ある日のこと、彼は彼女の所へ行く決心をして言います。

「あなたはどれほどの罪を犯しているかわかっていません。この罪のためにあなたは間違いなく地獄へ行くでしょう。あなたは後悔して、人生を変えるべきです」

気の毒な女はこれを聞くと、大変恐れ、ショックを受けます。彼女は痛ましく泣いて、後悔の念を感じます。そしてたくさん罪を犯したと聞いて、内心とても気分が悪くなります。

彼女はマハ・ヴィシュヌに祈って言います。

「主よ、どうぞお許しください。どんなにたくさん罪を犯したか、私にはわかっていませんでした」

彼女はそれで泣いて泣いて、泣き通しました。でも彼女にとって売春が唯一の生活費となっていたので、実際にその生活を変えることはできませんでした。

サニヤシンは彼女と話した後も、何も変わる様子がないのを見て、考え始めます。そして男が訪ねて来るたびに、彼女の家の前に石を置こう。そうすれば彼女にもどんなに罪が重いかわかるだろう」と思います。しばらくするとそこに大きな石の山ができます。彼は女の所へ行って言います。

「この巨大な石の山が見えますか？これはすべてあなたの罪です」

すると彼女はまた、泣きます。毎日泣いて、神様に心からお許しを請います。この出来事があった後、娼婦は死んでしまい、バラモン教徒だったサニヤシンも偶然この世を去ってしまいます。そして彼は一体誰が迎えに来るだろうかと待っています。彼はバラモン教徒だったので、さぞかし神の天使がお迎えに来るだろうと思っていたのです。彼が待っていると、主マハ・ヴィシュヌの天使達が現れて、娼婦の魂をヴァイクンタの天国（ヴィシュヌに割り当てられた天の領域）へ連れて行くのが見えます。

ところがサニヤシンの所へは死神が迎えに来て、彼を地獄へ連れて行こうとします。彼は抗議を申し立て、喚きだします。そしてそれがどんなに不公平だかを言い立てます。

「私はサニヤシンだ。私はバラモン教徒だ。私は神に祈って一生を過ごした。ところが娼婦は天国へ行き、私は地獄へ行こうとしている」

これに答えてマハ・ヴィシュヌの使いが言います。

「あなたが訴えるたびに、彼女は真面目に後悔の念を示し、神様のお許しを請うた。そして心の中で神の名を歌い続けた。ところがあなたの方は、神のことを考えず、座ってうわべだけの祈りを捧げ、心の中ではこの女の犯した罪についてあれこれ考えていた。だからあなたは地獄へ行くのだ」

その通りで、あなたが心を置く所に、心はあるのです。聖書に書いてあるのは、正にこれです。あなたの心が神様に向かっていると、神様はいつでもあなたの中に、あなたの中のあらゆる部分に存在することでしょう。そしてあなたはこの神様の愛を輝かせ、それを皆に伝えて行くようになるでしょう。そしてあなたは、私が先ほども話したように、神様の楽器になるでしょう。でもあなたがいつも見ているネガティブな物に集中すると、あなたの目は善くないものを見るように習慣づけられているので、この妄想の罠にかかってしまうでしょう。

あなたが自分を解放する唯一の方法は、神様の足元に身を捧げて、心から「主よ、私を迎えてください」と言うことです。神様は憐れみのある方だということを忘れてはいけません。神様はあなたを支え、あなたを抱き、常に助けを送ってくださいます。神様の愛はこうしたものです。ですからネガティブな物事に集中するのはやめて、神様に集中し、あなたの心に招き入れてください。これは他人のためではなく、あなたと神様のためなのですから、恐れず、はにかまずに神様の名を歌いましょう。

神との和合

シュリー・ピータ・ニラヤにおけるクリシュナのジャンマシュタミ（誕生日）
ドイツ、シュプリンゲン
２０１０年９月２日

私達は主のお誕生日をお祝いします。あなた達はクリシュナの生涯を知っていますね？そう、彼は一体何を私達に教えているのでしょう？５０００年前に起こったことは、今日でもまだその効力を失っていませんが、私達はその時代を考慮に入れなければなりません。クリシュナはあなた達も知っている通り、子供の時から悪魔を大勢殺しています。でもかつての時代には、悪魔が実際その辺りにいたのですが、今日では人間の世界に入り込んで、私達の中にいます。主が心の奥深くに住んでいると同じように、この悪魔達も知性の奥底に住んでいます。彼等はその様々な性格を人間の知性にあらわしているのです。

それが今、ただ献身によって、単に純粋な献身、スッダ・バクティによって、主に達することができると言われているように、その献身が完全なものでない限り、神様は出ておいでになりません。でもあなたも知っているように、あなたがただの半分しか身を捧げていないこと、そしてあなたが再び外の世界に捕らえられてしまうのを知って、隠れておいでなのです。これはこの前のダルシャンでも話した通りです。人々は感激して霊的な道に入ります。そしてその後、その感激はだんだんに薄れて行きます。でもそれがすっかりなくなってしまうということはありません。あなたは落ち込んで行くのがわかると、全力を尽くして何とかまた、起き上がろうとします。これと同じように、子供が転ぶと、初めは泣いていますが、そのうちに起き上がろうと全力を尽くすか、あるいは両親がやって来て、子供を助け起こします。主もこれと同じです。神様は自分の子供が苦しんでいるのを見ていることができません。ですからあなたが転ぶと、神様はあなたを助け起こすために、いつでもそばにいることでしょう。

あなたが神様を呼んでいるうちに、神様の神聖なる名を歌っているうちに、あなたは次第に神様に馴染んでいきます。神聖なる名とは何でしょう？　それは神様の名そのものです。それではあなたが神様の名を歌い続けると、どうなりますか？　あなたの思考にあるマイナスの部分がすべてなくなってしまいます。もちろん即座になくなるわけではありませんが、実習に何年もかけることによって、だんだんにそうなって来るのです。

何人かの人達は1年か2年実習した後で「何だ、何の結果も現れやしない」と言って、やめてしまいます。これでは決して目的地に着かないでしょう。彼等は一つの場所から、もう一つの場所へ移り、また、その場所から次の場所へと移って行くことでしょうから。このようにして人生を過ごして行くのです。これは水を汲み出そうとして、穴をたくさん掘るようなものです。水を汲むために穴を10個掘っても、決して水は出て来ません。

これはあなたが神様の名を歌い始める場合も同じです。主においでいただくには、あなたはまず自分の身を明かさなければなりません。もちろんすべては神様の恩恵によって起こります。あなた自身の恩恵ではありません。体を動かすのでさえ、私がこうしてあなた達に話しかけるのも、神様の恩恵によるものです。ところがあなたには知性があるので、あなたは本当にこの知性を手放したいと思っていることを証明しなければなりません。

それであなたが神様の名を歌うと、あなたは神を呼び始めます。そしてあなたが神様を呼べば呼ぶほど、あなたは神様に調和し、神様と一体になります。すると昔のあなたはだんだんに姿を消して、神様の恩恵だけが光輝いて来ます。

これはとても簡単なことです。例えばあなたがクリシュナの名を歌い始めると、最初は疲れて、何が起こるのか、何故返事がないのかなどと考えるでしょう。でもこれは実際にはすべて目覚めてくる様々の特質です。あなたは神様を求めているので、腹立たしく感じるのです。あなたが神様を求めるのと同じように、神様もあなたを求めているのです。実際にはあなたよりもっとずっと強く。

あなたが神の名を歌えば歌うほど、あなたがこの神の名と一つになればなるほど、神様はますますあなたを通して輝き始め、行動し始めるようになるでしょう。

あなたはがっかりして「私はお祈りをして、あれこれ努力しているけれど、神様は聴いてくださらない」と言うとします。

でもこれは実際には神様のマーヤ、遊戯です。神様が現れなければ、あなたはさらに強く神様を求めるようになります。もちろんいくらでもこういうふうに言うことはできますが、あなたが実際その中にはまり込んでいると、それは全く違うので、あなたには何が何だかさっぱりわからないでしょう。

私は昨日ある人と話をしました。

この人は私に「スワミジ、私はクリシュナに会いたいのですが」と言います。私は12年くらい前に起きたことを思い出します。彼はクリシュナを見たがっていました。クリシュナは彼の前に現れます。でもかつて彼にはまだその準備ができていなかったので、私は彼からその恩恵を取ってしまいます。

そこで昨日彼は私に言ったのです。「12年前に起きたことを覚えていますか？　あなたは私からその力を取ってしまいましたが、もう一度クリシュナに会いたいのです。戻してください！」

そこで私は言います。「それを得るために君は何をしますか？」

彼は「何でもします！」と答えます。

私は「それは確かかな？」と訊きます。

わかると思いますが、口で言うのは簡単でも、実際にそれを行うのは、難しいことです！多くの人達が「私達は神を愛しています」と言いますが、この愛を育てるために、一体何人の人達が本当に何でもするでしょう？本当にわずかな人達です。主が「自分の手で数えられる」と言われたように。ところで神の手は人間の手と違います。神の手は二つだけではなく、いくつもあるからです。

ここでもそれと同じです。あなたが神の名を歌えば歌うほど、あなたがこの神の名と一つになればなるほど、神様はますますあなたを通して輝き始め、行動し始めるようになるでしょう。もちろん私は今神の特質について話しているので、神様ご自身のことを言っているのではありません。

神様をすっかり自分のものとするためには、深く、ずっと深く入って行かなければなりません。それは穴を掘るのと同じです。最初はどろどろの水が少し出て来るだけですが、あなたが掘り進めるに従って、水は透きとおって来ます。それは人間がある程度の霊性に達すると、ある種の価値を得るのと同じです。神様はあなたにある種の価値を与えてくださいますが、悲しいことに人々はこの価値に引き止められてしまいます。彼等は非常に高度の霊性に達したと思い込み、それがすべてだと考えるのです。これではもちろん何にもなりません。

一方あなたがこの価値を忘れ、それをあまり重要視しないで、一心に神様を求めれば、神様もご自分の存在を拒めないことでしょう。あなたが神様に身を捧げるように、神様もまた、あなたに身を捧げてくださることでしょう。それは本当にとても簡単なのですが、知性にとっては理解しにくいのです。そうでしょう？ わかりますか、誰もどういうふうにすればよいのか知りたがるのです。私があなたに神の名を歌うように、その名を唱えるように、また、絶えず神のことを考えるように言うと、あなたは「はい、そうします」と答えますが、その後何が起きるでしょう？ あなたが自分の一日を振り返ってみると、神様のことはすっかり忘れています。実際には神様を忘れている時の方が、考えている時よりも多いのです。ですから何も起きないのです。

また、誰かに神の名を歌うように言っても、彼等は機械的に歌うだけです。

「スワミジが歌うように言ったので、歌っています、歌っています、歌っています」

でもそれでは駄目です。神様の名を歌う時は、あなたの心にそのお姿がなければなりません。あなたの頭にそのイメージがなければなりません。もちろん単に神様の名を歌うことはとても大切なことです。歌わないよりずっといいけれど、本当に神様を自分のものにしたかったら、歌いながら神様を想像してください。主ご自身『ギーター』で言われている通り、神様をあなたの第三の目に、あなたの心に、あなたが吸っては吐く呼吸の一息一息に想像してください。

それではマハ・マントラを歌ってください。

「ハレ・ラーム、ハレ・ラーム、ラーム・ラーム、ハレ・ハレ、
ハレ・クリシュナ、ハレ・クリシュナ、クリシュナ・クリシュナ、ハレ・ハレ」

急ぐことはありません。時間は充分あります。あなたがパーティーをする時は、時間が充分あるでしょう。それと同じで、あなたが神様の名を歌う時は、そのために充分時間を取らなければいけません。

座って、歌いながら、神様があなたの額に、あなたの心に、一息一息の呼吸におられることを想像してください。神様だけです。あなたがいつもこうして歌っていると、そのうちに神様はあなたの外ではなく、あなたの中におられることがわかってくるでしょう。あなたはそれを知るだけではなく、次第に悟るようになるでしょう。そうするとあなたが自分自身に与えている、この「私、私、私」というアイデンティティが分解し始めることでしょう。そしてそれが「あなた、あなた、あなた」に変わって行くことでしょう。この自我――アイデンティティの失われた後に残るのは、神様だけです。

神のために踊る喜び

スイス、ベルンにおけるサットサンガ　2007年5月23日

よく私達は神を知っていると思っています。私達はいつも「神はこうだ」とか「神はああだ」とか考えていますが、心の奥底では思い違いをしています。

人はそれぞれ違った目で神を見ていて、皆それぞれのやり方で神に達します。ある人達はただ神の名を歌うだけで、至福を得、自分の中に完全に神を実現します。でもまた、ある人達は神に達して、それを実現するのにとても苦労しなければなりません。ということは皆が各々自分の成長の段階にあるからです。

それで私はよく皆に「神の愛に関しては自分の経験をしなさい」と言います。私は神の愛についで話すことができるし、あなたも神の愛について読むことができます。

でもこれは一人一人が自分で経験すべきものです。あなたが自分自身で経験すると、それがどんなに些細な経験でも、大きな喜びと大きな至福を感じて、それを満喫することでしょう。

スワミジは皆と歌っていますが、しばらくすると休んで、次のように説明します。

神に向かって歌いながら手を上げる意味は、「主よ、私はこの妄想に溺れ、このマーヤに沈んでしまいます。あなたが私をマーヤから救い出し、この妄想から引き出してくださるように、私はあなたに向かって手を差し延べています。そして私が自分を見出せるように、あなたの一部であり、あなたの子供であり、あなたの神聖なる愛であることがわかるようにしてください」ですからあなた達の手を高く上げて、主を呼んでください。

するとそのうちに神なしでは済まされなくなります。
あなたが尊敬の念を以って歌い、踊り始めると、常に愛し、踊っていたくなります。

これは誰かが海で溺れそうになって、手を高く上げているのと同じです。そればかりか、これは誰かが死のうとして、手を上げて救いを求めているのと同じです。

でもこのマーヤに引き寄せられると、私達は皆溺れる寸前で、日に日に深くこの妄想に、マーヤ・デヴィの膨大な妄想に引きずり込まれて行きます。ですからあなたをこの妄想から引き出してくださるように、主を呼んでください！　あなたが踊り、体を動かすと、あなたは活力に満ちてくるのがわかるでしょう。あなたはヨーガ・

ダンスをすると同時に、ナマスマラナをして、神の名を歌います。するとそのうちに神なしでは済まされなくなります。あなたが尊敬の念を以って歌い、踊り始めると、常に愛し、踊っていたくなります。するとあなたはいつも神の名を歌い、絶えず踊っていなければならなくなります。あなたは全然疲れもしないでしょう。あなたは喉の渇きも、空腹も感じないことでしょう。そして他のことはすべて忘れてしまうでしょう。

それはディスコへ踊りに行くのとは違います。ディスコではあなたは踊って、踊って、踊りまくって、しばらくするとこう言います。

「何か食べなきゃ。お腹も空いたし、喉も渇いちゃった」

また、あなたは踊った後、家に帰って、それからどうしますか？　ベッドに身を投げ、疲れきって寝てしまいます。それに反してあなたは疲れもしないで、神の名を歌い続けることができます。あなたは踊っても、疲れることはないでしょう。これは私にあることを思い出させます。

2週間前、私はクロアチアへ行きました。七日間、私達は毎日朝から晩まで、そして次の日の朝の4時か5時頃まで、歌って踊り続けました。そしてこれを毎日繰り返したのです。それはまるで取りつかれたようでしたが、とても素晴らしくもありました。

私の訪問の最後の日には、600人から700人の人達がダルシャンに来ました。ダルシャンの後、私達は住んでいた場所へ戻りました。居間には約70人ほどの人がいて、私達はそこでずっと歌い続けました。私達は少し食事をし、その後でまた、歌い、踊りました。私達はクリシュナとキリストの名を、そしてありとあらゆる神の名を歌いました。

寝る前に、私はある人とバルコニーで話をしていました。私が下を見ると、そこにさっき寝に行こうとしていた女の人が、左右に揺れ動きながら、私達が歌ったバジャンの残響に耳を傾けているようでした。彼女は神の名に酔ったように、実際に歌っていました。

私はそばの話し相手に言います。「神の愛がどんな影響及ぼすか見てごらんなさい。皆が神の愛に夢中になっているでしょう」

私はその人を見て、それから空を見上げます。――もう明るくなって来ました。そこで私は言います。

「神様は自分の子供達がこんなに夢中になっているのを見て、きっととてもお幸せですよ」

私がこう言った途端、青い光でできた大きなボールが現れ、それが二つに割れ、また一つになって、そこいら中に稲妻が光りました。それは本当に驚くべき光景でした。神様はご自分の流儀で、賛成の意をあらわされたのです。

「私はあなた達が皆この聖なるネクタール(神酒)に酔っているのを見て、とても幸せであるぞ」

スワミは何人かに、どういうふうに踊るのか実際にやって見せるように言って、先を続けます。

本当に簡単でしょう？　あなた達はヨーガの一種とも言えるものを実習し、同時にナマスマラナをして、知性の力をなくします。これは確かに効果があります。

キリストが真の愛であるのはわかっていますね？　でもキリストのこの姿はキリスト教では

もう叙述されていません。キリストの聖画や聖像を見ると、とても悲惨な姿に見えます。でもキリスト自身は喜びそのもので、人々はこうしたキリストの愛の教えに従ったのです。

私は一度、キリストに踊ったことがあるかと訊いたことがあります。

彼は「もちろん私は踊った」と答えました。

ユダヤの伝統では踊ることはとても大切で、キリストは自分が踊っている光景を私に見せてくれました。「ライ、ライ、ライ、ライ、ライライライライライ」という歌があります。私はあなた達が踊ったように、両腕をお互いの肩にのせて踊るキリストと弟子達の姿を見ました。この光景は絵に描かれていないので、私達は見ることができません。

あなたは踊っている時、他のことは何も考えられないのに多分気がついたと思います。あなたがディスコで経験するのはこれです。皆考えることができないので、気が狂ったようになります。

でも彼等の中ではまた違ったことが起こっています。あなたが神の名を歌うと、あなたの中にはポジティブな考えが入って来ますが、あなたがネガティブな物事を歌うと、ネガティブな考えが入って来ます。それはあなたが歌うと、チャクラが一斉に開くからです。特にハートのチャクラが開いて、これを開いたままにしておけるのは、神の名だけです。他の物にはハートを開いたままにしておくことができません。ですからディスコから出て来ると、ネガティブなスタンプを押されて、大変攻撃的になったりするのです。

でもこれとは反対に、あなたがサットサンガやキルタンを終えて家に帰って来たり、あるいは神の名を歌ったりした後、とても平和な気持ちになって、心の中の神の愛を満喫します。そしてあなたが踊ったり歌ったりすると、力が増すのを感じるでしょう。そしてその後で瞑想すると、いきなり座って瞑想するよりずっと集中できることに気がつくでしょう。家で試してごらんなさい。

今日は皆さんと一緒に過ごせて、とても楽しかったです。私は自分の心の中を打ち明け、人生において何よりも一番大切な神の愛についてお話ししました。

「ラーマ」という名の力

スイス、フリュエリ・ランフトにおける
サットサンガ・リトリート　２００７年５月26日

私達が今歌った「**シュリ・ラーム、ジェイ・ラーム、ジェイ・ジェイ・ラーム、ヴァストゥ・アモリカ、ディ・メレ・サットグル**」の意味は、「私はラーマの名の秘密を知りました。私のグルがラーマの名の力を説明してくれたのです。私はその名を高く評価します」となります。ラーマは自分でもその名の持つ力を知らなかったと言われています。

ある時ラーマは大勢の猿を引き連れたハヌマーンと一緒に、インドとスリランカの間に橋を架けようとしていました。彼等はベストを尽くして、海の近くに大きな、それは大きな石を取りに行き、海に投げ入れます。いつかは石が上まで一杯になって、その上を歩いて行けるだろうと考えたのです。でも石は投げるたびに沈んでしまいます。

するとラーマは、「私にも石を投げさせてくれ」と言って、石を取って海に投げます。彼は自分が石を投げれば、それが浮いて来ると思ったのです。でも石がラーマの手を離れると、やはり水の底に沈んでしまいます。

そこでラーマはハヌマーンを呼びます。

「ハヌマーン、ちょっと来てくれないか。私にはわからないことがあるのだ。人々が私の名を歌うと、彼等は解放されると言われている。でも見てくれないか、私には石を浮かせることすらできない。私が石を水に投げると同時に沈んでしまう」

あなた達はハヌマーンが知恵の海と言われていることを忘れてはいけません。

彼はラーマに言います。

「心から尊敬する主よ、私はあなたを傷つけるようなことはしたくないのですが、一つだけ言わせてください。これはあなたの過ちではありません。何故かというと、石はあなたの手中にある限り、守られているので浮いて来ます。ところがあなたの手を離れると、とたんに沈んでしまいます！」

この問題を解決するために、ハヌマーンが石にラーマの名を書くと、石は浮いて来ます。

この他にもまだラーマの名の力を示す物語があります。

ある所に罪をたくさん犯した王様がいました。この王様は自分がまもなく死ぬことを知っていました。

そこであるアシュラムに一人のグルを訪ねて行きます。でも王様がそこに着いてみると、グルは深い瞑想の最中でした。そこで彼は待って、待って、待ち尽くしますが、グルはサマディ（至福の状態）から戻って来ません。

王様はそこにグルの息子がいるのを見て呼び掛けます。

「あなたの父上は深いサマディの最中なので、私にはそこから呼び出すことはできない。だがどうしたらいいのか、教えて欲しい。私は一生涯人を傷つけ、悪いことをしてきた。ところが今になって、それを変えなければいけないことがわかった。どうしたらこんなことをしてきた自分が許せるのか教えてくれ」

息子はしばらく考えてから言います。

「ラーマの名を3回唱えるといい。あなたの罪はすべて許されるであろう。でももちろん彼を信じて唱えなければいけない。口先だけで唱えても駄目だ」

王様はとても喜びます。

グルがサマディから戻ると、息子はとても興奮して言います。

「お父さん、お父さん、王様がやって来られました！」

そして何故王様が来られたのか、その一部始終を説明します。

すると父親が訊きます。「おまえは何と答えたのだ？」

息子は「私は三度ラーマの名を唱えるように言いました。そうすればすべての罪は許されるでしょうと」と答えます。

これを聞くと父親は大変怒って言います。

「息子よ、私はおまえを呪ってやるぞ。おまえにはラーマの名にどんな力があるのかすらわかっていない。彼に3回などと言う必要はなかった。1回だけで充分なのだから！」

心から神を呼べ

ポーランドにおけるダルシャン　２００７年５月

皆が歌っていると、スワミが急に歌をやめて、話し始めます。

あなたが何か必要な時、特に緊急な事態になった時など、人を呼ぶ勇気と力が出て来ます。「へい、トム、ちょっと取ってくれないか、それが要るんだ！」

ここであなたは神の名を歌います。あなたは絶望的な思いで神の実現を望みます。又絶望的な思いで救済を願います。そして神を呼びます。心の中から力を出して、大きな声で歌ってください。

あなたが大きな声で歌えば歌うほど、頭の中の想念が減っていくのがわかるでしょう。あなたが大きな声で歌えば歌うほど、あなたの心は開かれて行くでしょう。

ですから歌うことを恐れず、幸せになってください。憂鬱にならないでください。神を呼ぶのに、かぼそい声で「では神様、あなたを呼びますから、来てください」などと言うのでは駄目です。神様はあなたの顔を見て、おいでになる代わりに、恐れをなして逃げて行くでしょう。

神様はあなたの心の真ん中に、あなたの心の奥深くに座っています。あなたが弱々しい声で神様においでくださるように言っても、神様は「おお、何ということだ。この人は私においでと言っているけれど、私のことを本当に望んでなどいない」と言うでしょう。

そしてあなたの心の扉を開く代わりに、それを閉めてしまいます。

ですからしっかり歌ってください！

祈りの素晴しさ

スイス、キュドレアンにおけるダルシャン　2010年8月20日

あなた達と一緒にここにいるのは、とても幸せです。

これから神様の素晴しさについて歌いましょう。

あなた達の何人かは恥ずかしがって、「ああ、私の声は良くないんだが」などと考えるかもしれません。でもあなたがどんなふうに神様の名を歌うかは大事ではありません。例えあなたの声が良くなくても、神様にとっては一番綺麗で、多分耳が痛くなるなんていうこともないでしょう。神様にとってはメロディーのようなものです。それは『シュリマート・バガヴァタム』にも書いてある通りです。

「あなたがどのように私の名を歌おうと、また、どのように神々の名を唱えようと、一向に

かまわない」

何人かは綺麗な声をしているけれど、他の人は綺麗な声をしていません。でも神様にとっては同じことです。大切なのはあなたが歌うこと、あなたが祈ることです。

祈りは人を変えてしまいます。ある人達は慰めを見出すために祈り、ある人達は主の「蓮のおみ足」に近づくために祈り、また、ある人達は人生において望む物を得るために祈ります。肝心なのは祈ることです。これがあなたを変え、自分を霊的だと言えるような内面の光を授かります。

人々は常に探し求めています。常に何かを探しているのです。ある人達は外の世界に捜し求め、また、ある人達は内面の世界に捜し求めます。でも祈りの本当の重要さを知っているのはわずかな人達だけです。トゥルジダスは『ラームチャリトゥマナス』の中で、一個の石の価値は宝石を知り尽くしている人にしかわからないと言っています。その人達は石の本当の価値を測定することができるのです。それと同じように、祈りの素晴しさ、神の名を歌う素晴しさを知っている人には、その価値がわかります。

肝心なのは祈ることです。
これがあなたを変え、
内面の光を授かります。

ある所に一人のグル、マスターがいました。彼は自分の弟子に石を渡して言います。「市に行って、この石の価値を見積もってもらいなさい。いろいろな店で見定めてもらいなさい。でも誰にも売ってはいけないよ。そしてまた、持って帰りなさい」

弟子はまずじゃがいもを売っている男の所へ行きます。彼が石を見せると、じゃがいも売りが言います。

「よし、この石の代わりにじゃがいもがぎっしり詰まった袋を二つあげよう」

弟子は「オーケー、でもまずグルジに訊かなければ駄目なんだ。この石を売ってはいけないと言われたのでね」と答えます。

そして彼は次の店に行きます。今度は洋服を売る店です。そこで彼は再び訊きます。

「この石にいくら払う？」

男は「これは綺麗な石だ。私の娘に素敵なアクセサリーが作れる。代わりに100メートルの布をあげよう」と答えます。

弟子は次に宝石屋へ行きます。男は石を見て言います。

「この石には20キログラムの金を出そう」

弟子は「でもグルは石を売らないように言ったんだ」と答えます。

彼が石を売らないと言うと、宝石屋が訊きます。

「これが何の石だかわかっているのかね？」

弟子は「知りません」と答えます。

すると宝石屋は「これは大変高価な石だ。何処で手に入れたんだ？　おまえのように普通の人間がこんな石を持っているなんて。何処かで盗んだんじゃないだろうね」と訊きます。

そこで宝石屋が彼を王様の前に連れて行くと、王様は「この石のためなら私の王国をそっくりあげよう」と言います。

当然のことながら弟子は少なからずショックを受けます。ある者は一つの石に袋入りのじゃがいもをくれようとし、次は布地、その次は金、そして王様はこの石の代わりに全王国をくれると言います。そこで弟子は王様に言います。

「私にはあなたにこの石をあげられません。グルジが誰にも売らないで持って帰るように言ったからです」

すると王様が訊きます。

「あなたのグルジの名は何というのかね？」

弟子はグルの名を言い、さっそくグルが呼ばれて来ます。もちろん彼の名はその近所でよく知られ、尊敬されていました。彼は石を戻してもらうと、弟子に説明します。

「この石がどういう石か知っている者には、その値打ちがわかっている」

祈りもこれと同じで、
人生をそっくり金に変えてしまうことができます。
それはあなたのマイナス思考を清らかなものに変えてしまうことができます。

王様にはそれがありきたりの石ではなく、何でも金に換えてしまう試金石であることがわかったのです。

祈りもこれと同じで、人生をそっくり金に変えてしまうことができます。それはあなたのマイナス思考を清らかなものに変えてしまうことができます。ですから「死に際に私の名を唱える者は、すべての罪から解放される」と言われています。

でもあなたが日頃訓練していなければ、神の名を唱えることは、そんなに簡単にはいきません。神の名を歌うことを規則正しく実習するからこそ、この世を離れてあの世に移る時、その名を思い出すことができるのです。

お祈りすることによって、霊的な人間は、あまり霊的でない人間と区別されます。霊性は何処にでもありますが、そこには違いがあります。霊性を通してあなたは光を放ち、輝き出します。そしてあなたが神の名を歌えば歌うほど、神の本質を反射し始めます。それは愛の本質であり、また、同情、喜び、幸福、そして安らぎの本質です。あなたは神のすべての本質を、お祈りや神の名を歌うことによって反射し始めます。

このようにしてあなたは神に近くなって行きます。あなたはこの喜びを誰にも言う必要はありません。また、幸せであることを誰にも示す必要はありません。あなたが心に持つ喜びは自然に外に出て来るでしょうから。聖者達の人生はこれと同じです。聖女ミラバイやバクタ・

プララートを例に取ってごらんなさい。神を自分の物にした聖者達は皆この光に輝いています。彼等は自分を通して神の愛を反映します。彼等は神について話す必要もなく、ただそこにいるだけでよいのです。

あなた達全員に関してもそれは同じことです。あなたが神の名を歌えば歌うほど、神様はあなたの中で輝き始めるでしょう。そうしたらあなたは自分を霊的だと言ってかまいません。何故かといって、あなたが霊的になれば、マイナスの特性がすべてなくなってしまうからです。あなたが数多くの前世で創造したネガティブなカルマはすべて片付けられてしまいます。その代わりに喜びが、仕える喜び、確かにこの世にいる喜び、主に達するために努力する喜びが訪れて来ます。そしてあなたが神様に自分を合わせれば合わせるほど、この喜びはあなたの中に現れて来るのです。神様はすでにおいでになられるのですから、あなたが第一歩を踏み出さなければいけません。そしてあなたが第一歩を踏み出せば、神様はすぐにあなたを通して輝き出すでしょう。

さっき私達が歌った時、何人かの人達はこう思ったでしょう。

「そうだな、少し恥ずかしいな。皆何と思うだろう？　隣の人は何を考えるだろう？」

大切なのはあなたの隣の人が何を考えるかではなく、あなたがどう思うかです。わかりますか？　私には多くの人達が、他の人はどう思うかと気にするのが目立ちます。

このようにしていても、あなたは自由になれません。あなたがいつも「彼は私をどう思っているのか、彼女は私をどう思っているのか」と考えていたら、あなたはどうして自由になれるでしょう。あなたの頭は常に他人がどう思うかと考えることで一杯です。しかし実際にはあなたの頭はいつも主、神のことで一杯でなければいけないのです。そうすればあなたは安らぎを見出すことができます。今の世の中ではこの安らぎを抱いている人はわずかにしかいません。それは彼等の知性が正しい道にないからです。

人間はこの世の中のすべてを欲しがりますが、彼等が安らぎを見出さない限り、心の幸福を見つけない限り、外側にある物は何も彼等を幸せにしません。それは外部から訪れる幸福が短い間しか止まっていないからです。そして最終的にはいつも同じドラマが始まるのです。

ですから内面の幸福、内面の自由を見出すよう努力してください。それは遠くにあるのではなく、あなたの中にあるのです。あなたがお祈りや歌によって第一歩を踏み出すと、神様はあなたに走り寄って来るでしょう。そして神を得ることは可能です。

あなたの意識を広げて、神に身を捧げ、あなたの中にある愛を外へ流してください。

あなたがまだこの愛を自分の物にしていなかったら、何をおいてもそれを手に入れるようにしてください。それこそあなたが誰であるか、また、何のためにここにいるかを示しているのですから。

第3章

謙遜

子供のように従順でありなさい。
そうすればあなたは神の王国に入れます
—— イエス・キリスト ——

荒っぽい雄牛を従順にさせる

ドイツ、シュテフェンスホーフにおけるダルシャン　２００８年１月30日

今日はガンジーのサマディの記念日です。多くの人達がガンジーをお手本にしています。多くの偉大な人物が、ガンジーの行いを例に挙げています。しかしあなたがガンジーの人生を深く見つめると、彼が何よりもバクティ（献身）のお手本であったことがわかるでしょう。彼は献身そのものでした。何をするにつけ、自分のことはすっかり忘れて、人間と祖国に身を捧げていました。

彼は自分の国を独立させたかっただけではなく、無抵抗で国を解放する道を教えたのです。無抵抗の基礎になる物は愛であり、それは一番大きな物です。愛がなければ無抵抗はなく、平和もありません。

もちろんガンジーの生涯は喜ばしいことばかりではありませんでした。彼の人生には数多くの災難があり、耐えねばならない試練がありました。私達は彼がどのようにして死んで行ったか知っています。死ぬ時でさえ、彼は殺人者を許したのです。彼は「放してやりなさい。無知からしたことだ。放してやりなさい」と言います。

このような生涯を私達は模範にするべきです。もちろんガンジーがこの世で成し遂げた使命を行うことはできませんが、どんなにわずかなことでも、私達の一人一人がお互いに協力することはできます。誰でも献身と平和のお手本になることができます。そしてそのためには謙虚さ、従順さを育てなければなりません。

もちろんガンジーには栄光と名声があり、自ら輝かしい脚光を浴びることもできたのですが、そうはせず誰よりも謙虚な態度を取り続けました。彼はとても質素な人間でした。師匠の人生とはこういうものです。

私がグル・プールニマ（グルの祝日）で話したように、私達はよく師匠を地位の高い人物として扱い、人々は「おお、彼等はとても高い所にいる。私達は彼等に仕えるためにいるのだ」と言います。でもあなた達が師匠に仕えているのではなく、師匠があなた達に仕えているのです。あなた達が知ろうと知るまいと、仕えているのは師匠なのです。師匠達は自分達のためにやって来るのではありません。彼等はあなた達を高めるためにやって来るのです。私達は聖者や偉大な人物をお手本にして、たくさんのことを学びます。私達は無私の愛、無条件の愛、

ではどのようにして
この荒々しい知性を
──この荒っぽい雄牛を──
従順にすれば
いいのでしょう?

そして謙虚さを育てることを学びます。

人々は「でもスワミジ、あなたは謙虚さについて話されますが、それはどのようにして深めたらいいのでしょう?」と訊くでしょうが、それは全く簡単なことです。あなたにできる一番簡単なことです。愛は心の中にあります。でも謙虚さは頭の中にあります。ではどのようにしてこの荒々しい知性を──この荒っぽい雄牛を──従順にすればいいのでしょう? 私達はそれが私達の知性だと言いますが、私達自身が知性だとは言いません。そうでしょう? 実際には知性は人間から離れているのです。人間は知性の師匠です。人間は知性から浮かび上がって来る、すべてのネガティブな本質の師匠です。ところが知性の妄想の力は自分が師匠だと思うくらい強いのです。でも知性にいつも誰が師匠であるか思い出させ、謙虚さを築き上げるためには、頭に思考が入って来るたびに、自分を懲らしめたりすることはありません。その代わり知性を神の名で戒め、すべては神の為す業であることを、何度でも思い出させてやってください。

神はすべての原因です。すべての考えは神です。ですからあなたの考えがネガティブになったら、必ず思い出してください。

「思考よ、それはあなたではありません。それは主ご自身です。神以外の何者でもありません。もし神様があなたに考えることを許してくださらなかったら、あなたは一体何処から考える力を得るのでしょう？」

『ギーター』の中でクリシュナは言っています。

「主が木の葉に動くことを許さなかったら、木の葉は動かないでしょう」

強い風が吹いてさえ、木の葉は動かないことでしょう。主の力はそれほど強いのです。もし主がすべてを支配し、あなた達すべての中にあり、すべての人間の心に同じように住んでいるのだとしたら、私達は何故神様を忘れてしまうのでしょう？

あなたの知性に、彼がこのプライドではないこと、また、「私の」あるいは「私自身」であるエゴという大きな自我ではないことを思い出すように教えてあげてください。このプライドを乗り越えて「神様、あなたはおいでです」と言ってください。そして休みなく神様に話しかけてください。神様が答えようと答えまいと、その声が聞こえようと聞こえまいと、そんなことは問題ではありません。心の奥底で神様が聴いておられることを忘れないでください。神様は時々手掛かりを与えてくださるでしょう。また、外の世界でも神様は聴いておられる証拠を見せてくださるでしょう。この証拠があることを喜んで、それを見つめ、「神様は私のそばにいる」と信じてください。

でもプライドを養わないように気を付けてください。あなたが霊的な道を行き、神を実現したかったら、プライドを手放してください。プライドは聖者であろうがなかろうが、すべての人間を攻撃するでしょう。でも聖者にはどうしたらプライドが制御できるかわかっています。私はいつでも市場をぶらぶら歩いている大きな象を例に取ります。もし象使いが足と杖を使って象を制御しなかったら、何が起こるでしょう？　象はありとあらゆる物を左右に蹴散らして、路上の物をすべて壊してしまうでしょう。

これがこの巨大なプライドのやり方で、私達がそれに支配されると、私達はその口笛に合わせて踊らされるのです。ところがあなた自身がそれを支配し、「神様が私の師匠です」と言うと、愛が生まれて来ます。

そしてこの愛は育っていきます。するとあなたの知っているプライドを持った愛は、違う種類の愛となり、あなたは無条件の愛を経験するでしょう。あなたは神様が愛するのと同じように愛するようになるでしょう。

あなたは神様の一部なのですから、その愛を体験するでしょう。神様はあなた達一人一人の中に座っておいでです。神様がこのように愛されるのでしたら、あなたも同じように愛することができます。神様が従順であれば、あなたもまた、従順であることができます。キリストは自ら十字架を背負ったほど従順でした。クリシュナはアルジュナ（クリシュナの弟子）の戦車の御者になることを承諾したほど謙虚でした。もしこの神様の生まれ変わりが、このアヴァターやマハ・アヴァター達（いずれも地上に降りて来られた神）がそれほど謙虚であるなら、この謙虚でない私達は、一体誰なのでしょう？ 私達は彼等よりもずっと謙虚でなければいけないはずなのですが！ 確かに彼等はすべてを持っていますが、それでも謙虚です。

これはかつてラーマクリシュナがある女の人について言ったことを思い出させます。この女の人は道路掃除をしていて、とても謙虚で物静かでした。ある日彼女は金細工のアクセサリーをいくつかプレゼントされます。そのことがあってから、彼女はとても尊大な態度を取るようになって、人とこんなふうに話すようになりました！

「ちょっとどいてよ、あんた！ 一体何をやってんのよ！」

もしあんな少しのお金が人間を変えてしまうのだったら、神様のことをほんの少し知っている人間のプライドを考えてみてください。こういうプライドは人々が本を読んで、神を知ったと思うと芽生えて来ます。彼等は12冊の本を読んで、すべてを知ったと思い込むのです。

神の愛を実現するには、それを体験しなければならず、読むだけでは駄目です。

これは大切なことですが、神の愛を実現するには、それを体験しなければならず、読むだけでは駄目です。献身、バクティを実現するためには、それを体験しなければなりません。するとあなたはこの愛に一瞥を投げることができます。もう一つ大切なことですが、この愛のわずかな印象もあなたにとっては大変大きな物です。

この愛を得るため、常にベストを尽くしてください。それは唯一の真実です。私達が現実と思っているすべての物は単なる妄想であり、時と共に色あせてしまうでしょう。肉体は妄想であり、年月と共に老い、失われてしまうでしょう。でもアートマ（魂）の真実は残ることでしょう。

実際に何人の人達が一生涯でアートマ・スワルパ、アートマの真の形が実現される瞬間を達成するでしょう？ 私達はアートマ、魂について本で読んだことを知っています。でも一体何人の人達がこれを実現するでしょう？ あなたは神を実現したいのですか？ あなたは自分に対して正直であればいいので、私に答える必要はありません。私が知らなければならないわけではありません。また、私は誰のことも評価しません。それはあなたが「イエス」と答えたからといって、何か起こるわけでもありません。私は少しだけ助けてあげられますが、後はあなたが自分でするしかないことです。

主の足元に

ドイツ、シュプリンゲン　シュリー・ピーター・ニラヤの礼拝堂にて
２０１０年４月10日　聖金曜日

福音書の何章か朗読された後、スワミ・ヴィシュワナンダのお話が始まります。

この福音書の朗読中、あなたはイエス様が十字架に架けられるのを見届けます。十字架に架けられる前に、イエス様は弟子達にたくさん戒めの言葉を与えました。イエス様が弟子達に与えた一番の戒めは、愛に関するものでした。イエス様は福音書のこの短い章の中で、何度愛について話されたでしょう？　何回も、また、何回もイエス様は愛について話されます。そして二元性のないこと、自己の二元性はないこと、そして主と一体であることを教えられました。私達は肉体の二元性的観念に縛られているので、限界に捕らわれているのです。

イエス様はこんなことすら言っています。

あなたは
何か欲しいからではなく、
どの程度
ただ愛するがために
神を愛してますか？

「私を愛する者は私と共にあり、私もその者と共にある。彼等は主と共にあり、主は彼等と共にある」

彼等が主と共にあり、主が彼等と共にあるなら、二元性は存在しません。ということは、いつも愛している者は神と一つになっているからです。ところがこの「愛」という言葉を私達はよく当たり前のことに思っています。

私達は神をその賜物のために愛する、常に何かのために愛する小さなユダのような存在です。あなたは何か欲しいからではなく、どの程度ただ愛するがために神を愛しているか、自分自身に訊いてごらんなさい。私達は常に神様に何かお願いしています。でも神様は何にも縛られていません。私達にお願いするなとも言いません。神様は「あなた達が何のためにここにいるのかを、心から要求するようになるまでお願いしなさい」と言っています。そしてあなたはこの愛を実現させるためにここにいるのです。あなたが心の中に抱いているこの愛を実現すれば、あなたは自己の限界を抜け出して、すべては一つとなり、あなたを主から切り離す二元性はなくなるのです。

あなたのサーダナ、あなたの瞑想、あなたのクリヤ、そのすべてのことを、あなたは何のためにしているのですか？ 自己を実現させるためにしているのでしょう？ でも多くの人達は、もう自己を実現したと思って、とても尊大な態度を取ります。他人を評価するのはこの人達です。「おお、それは正しい、これは間違っている」と言うのもこの人達です。

福音書のこの部分でイエス様は言っておられます。

「主は何処にでもおられる。すべての物に」

それについて話すのは私の役目ではありませんが、あなたにはそれがわかるでしょう。あなたが福音書のこの部分だけ取って、それについて瞑想すれば、その真実の全体が――特に愛に関して――わかるでしょう。

私も常に愛、愛、また、愛に関して話しています。世間の人達がそのことに関してまだ何も知らないのは事実です。でも霊的なあなた達は皆、また、真実を求めるあなた達は皆そのために努力しています。それは外にあるものではなく、あなたの中にあるものです。あなたはまず自分を変えることを望まなければなりません。そして事実「私は自分を変えたい」と思わなければなりません。

イエス様は「あなた達が自分を変えようとすると、世間はそれに反対するであろう」と言いましたが、それは全く本当のことです！　あなたの人生を振り返ってごらんなさい。あなたが霊的な道を歩み始めた時、何よりもまずあなたの家族に始まって、一体何人の人達がそれに反対したでしょう？　でもこれは普通です。あなたが光に向かって上へ進めば進むほど、他人はそれを妬みます。心の中では誰もが望んでいることなのですから。

誰でも神様と一緒になりたいのです。誰でも神様のおそばへ行きたいのです。でもそのための努力はしたがらないのです。彼等は自分の人生を変えたくないのです。すべてを楽に、ただで手に入れたいのです。ですからもしあなたが本当に心からそれを望むのだったら、まず自分に対して誠実になり、それを主に、神様にお願いすれば、必ず叶えられるでしょう。難しいことではありません。

あなたが自分自身に対して誠実であれば、あなたはもっと自由になり、あなたはそれを満喫するでしょう。いつあなたが祈ろうと、いつあなたが瞑想しようと、いつあなたが歌おうと、あなたは何の罪にも捕らわれず、さらに自由になるでしょう。罪は聖書の中で、ペトロによって象徴されています。彼はありとあらゆる物に数多くの罪を抱いていました。実際に私達は年中自分の過ちに出会い、自ら増やしていく罪悪感によって自分自身を拘束しているのです。

それが知性にとって素晴らしいことなので、私達は大きな言葉を口にします。私達はこの素晴らしい経験について本で読んだのです。そう、私達が本を通して知っていることを、自分で体験してください。これは誰にでも体験でき、何の限界もありません。あなたが本当に望めば、あなたはそれを体験するでしょう。

私達が今読んだこの短い句は、ヒンドゥー教に大変似たところがあります。ちなみに足を洗うことはユダヤ教の伝統ではありません。それは献身を教えるために役立つヒンドゥー教の伝統です。イエス様は、それは身体の外側を洗うのが目的ではなく、内側にあるものを清めなければいけないのだと言っておられます。足を洗うことには象徴的な意味があります。あなたも知っているように、すべては足に存在しています。すべての内臓は足に結び付いています。イエス様は足を洗うと同時に、私達の中にあるものも清めているのです。

あなたにも足がどんなに大切であるかわかるでしょう。ヒンドゥー教の寺院に入ると、あなたはまず神像の足を見て、その足元に身を伏せます。また、師匠の所へ行けば、その足元に身を屈めます。こうしてあなたは大なる者の前に跪き、内面の神に向かってひれ伏します。あなたは父なる師匠の前に身を伏せるのです。

キリストが言われたのはこのことです。彼はこの言葉通りに言われました。ですから私はそれに何の言葉も添える必要はありません。これ以上何も言うことはありません。それは全く明らかな言葉です！　神実現、自己実現への道において、あなたが心の中の神から離れた存在でないことは、全くはっきりしています。でも神実現や自己実現は、プライドがあっては達成しません。あなたが大変傲慢であれば、それを得ることはありません。それはあなたが謙虚であって初めて達することができるものです。キリストは言っています。

「人々はあなたに反対するであろう。でもあなたは自分が何処へ行くのか、何故行くのか知っている」

それについて瞑想してください。

栄光は父と子と聖神に帰す、今もいつも世々に、アーメン。

死者を尊敬する

シュリー・ピータ・ニラヤの礼拝堂における聖金曜日
ドイツ、シュプリンゲン　２００９年４月10日

今日は死者を尊敬する日です。死者を尊重するのはキリスト教だけではありません。西洋では家族がお墓参りをします。私達には多くの古い宗教が死者を大変尊重しているのがわかります。

ヒンドゥー教では死者が非常に尊敬され、その思い出も大変大切にされています。クリシュナは『ギーター』で「彼等のお蔭であなた達は皆ここにいる」と言っています。

あなたがある家庭に生まれて来るということは、その家族、また、子孫と業によって結ばれているからです。

あなたは自分にとって死者がどんなに貴重な存在であるかを示すために、また、どれだけ

深い意味を持っているかを示すために、そしてまた、彼等があなたを助けてくれるように、その思い出を大切にしていますす。確かに彼等はすでに死んでいますが、ひょっとしたらまた、再生しているかもしれません。でもあなたも知っているように、彼等の永遠の魂は引き続きあなたを祝福し、あなたの霊的な成長を助けています。そして彼等はその知識をあなたと分かち合うこともできます。そのようなわけで死者は大変貴重なのです。そこでキリストは私達に死を恐れる必要のないことを教えました。ところが多くの人達は死は恐るべきことで、また恐れなければいけないことだと思っています。実際それは恐るべきことではありません。あなたが永遠であることを認めてください。あなたの光が、あなたの魂が、そしてあなたの精神が神の一部であることを認めてください。ですからあなたは永遠なのです。

実際それは恐るべきことではありません。あなたが永遠であることを認めてください。あなたの光が、あなたの魂が、そしてあなたの精神が神の一部であることを認めてください。ですからあなたは永遠なのです。

キリストは「私は道であり、真実であり、光である。私なくして主に至る者はない」と言っています。

これは私達がキリストのようにならなければいけないということです。私達は神の子にならなければなりません。ただの人間から神へと達するするために、私達は神の息子達、また、神の娘達にならなければなりません。私達が真実になり、光そのものになれば、主に達することができます。私達は神の清らかな心そのものである私達の内面を、それが外に輝き出すようになるまで高めていくことができます。そしてこの素晴らしい、あなたの真なる自己の、神性なる部分には、評価というものがありません。そこにはただ清らかな愛があるだけです。

キリストはその死と復活によって、また、偉大な聖者や神人達も、私達がこの状態に達するには、何よりもまず謙虚でなければならないことを教えています。プライドとエゴに束縛されていてはなりません。そしてただ謙虚であることによって、主に達することができます。キリストをはじめ、すべての聖人達が私達に教えたように、愛することによってのみ、私達は本当に神に達することができるのです。

大変多くの人達が常に見栄を張り、また、他人を評価していますが、この人達は決して神に達することはないでしょう。あなた達はよくこういう人達が常に他人を批判し、自らを高く買って、おまけに自分達はとても霊的だと思っているのに気がつくでしょう。このようにプライドは私達がとても貴重な、また、特別な存在だと思わせてくれます。確かに私達は皆特別な存在です。そして皆同じ光を抱いています。それによって私達は皆特別なのですが、何人かの人達はこれを輝かすことができ、また、他の人達は、同じ光を持っているのに、それができません。それでラザルスの死とキリストによる彼の復活は、私達皆がこの光を抱いていること、そして誰にでもそれができることを教えています。

大切なのは私達だけでなく、他の人達も助けることです。でも私達はそれを欲しなければなりません。本当にそれを望まなければなりません。

ところでこれはあなた達の誰もが言います。

「私達がそうしたくても、何も起こりません」

あなたの意志がプライドとエゴに満ちている限り、もちろん何も起こらないでしょう。

「それは私だけのもの」

そしてあなたは「私にもそれがあれば、分けてあげることができるのに」と言います。でも実際にそれがあったら、あなたは決して誰にも与えないでしょう。何故なら、あなたは今でこそあれば与えようと思っていますが、実際にそれを手にすると、その瞬間あなたは消えていなくなるでしょうから。私達は自分が一番よく知っていると思っていますが、一番よくわかっているのは神様です。神様はいつ、誰に、何を与えたらよいかご存知です。

私達のなすべきことは簡単です。自分自身を清めること、それも常に清めることです。私達が清められていないと、それはとても難しいです。私達はまず自分の知性を清めなければなりません。

スワミ・シヴァナンダも「霊的な道で一番大切なのは自分を清めること、知性を清めることです。知性が清められたら、あなたは一歩一歩ゆっくりと前進できます。あなたは駆け出す必要はありません。すべてが起こって来るようにさせておいてください。あなたが駆ければ、転び、ぶつかり、足を痛めて、さらによけい転ぶでしょう。ところであなたがゆっくり歩けば、神様があなたを助けてくださるでしょうし、また、聖母様もあなたを助けてくださるでしょう」と言っています。

福音書も死がどんなに大切か教えています。それは死んだ人達に対する尊敬の気持ちがどんなに大切か示しています。あなたの母、父、祖父、祖母等に対する気持ちです。彼等は多分向こうの世界で、善行を積んでいれば、前よりも高い所にいて、あなたを助けてくれるでしょう。彼等は神様のおそばにいるので、あなたを取り次いで、こう言ってくれるでしょう。

「下界にいるあの人を助けてください」

何故私達は聖者達に祈るのでしょう? もちろん彼等は死んでいて、その死体や骨の置いてある聖遺物礼拝堂へ行くと、私達は「どうしてこんな骨を皆ここに置いているのだろう?」と思います。それは骨に聖者の霊が、精霊が宿っているからです。聖アウグスティヌスは「聖者は動く霊の寺院である」と言っています。

キリストが聖書で言っていることを思い出して下さい。

「あなた達は私に反対しても、主に逆らってもかまわないが、精霊に反対したら、もう決して許してもらえない」

聖者の身体にはこの精霊の振動が宿っているのです。正教教会では聖者達に対する畏敬の念が非常に強く、彼等を尊敬するのがどんなに大切なことかわかっています。エジプトやギリシャ、ロシア等で正教教会へ行くと、聖者を尊重することが何よりも大切であり、人々が死者に対して大いなる尊敬の念、また心から畏敬の念を抱いているのがよくわかります。でも特に西洋では、ある種の教会へ入って行くと、人々があまりかまうこともないので、聖像に埃が一杯溜まっています。

スワミがアシュラムに住んでいる女性の一人に、彼女の経験を報告するように促します。するると彼女は「先週のことですが、ある男の人が骨董市で骨をいくつもその辺りへ放り出し、自分はその芸術的な見かけにしか興味はなく、おまけに聖遺物は重要でないと言っていました」と話します。

これでもわかるように、この人達は何の尊敬の念も、また、何の畏敬の念もなく簡単に捨ててしまいます。何故このような品物が骨董品店にあるのでしょう？　それは教会がそういう物を捨てたからです。わかりますか？　あなたが助けを求めれば、聖者は助けてくれるでしょう。聖者は今でも皆、お墓参りに来る人々を癒やし、また、数多くの奇跡を行います。彼等はもうずっと前に死んでいても、まだそこにいるのです。確かに聖者達はもう何度も再生し、彼等の中にある、キリストの意識にまで高められた神の精神も、未だに存在しています。人はそれを殺すことも、焼いてしまうこともできず、時が経ってもそれを破壊することはできません。

栄光は父と子と聖神に帰す、今もいつも世々に、アーメン。

愛と献身

シュリー・ピータ・ニラヤにおけるダルシャン
ドイツ、シュプリンゲン　２００９年４月25日

私は愛と死について話すように勧められました。これは確かに面白いテーマです。愛と手をつなぎ合って歩いているのは何でしょう？　それは謙遜です。愛と謙遜は同じ物です。愛のある所には謙遜があります。そしてその代わりに、あるものが消えてなくなります。そのあるものとは何でしょう？　それはプライド、そして利己主義です。愛のある所に利己主義やプライドはありません。

すると次のような質問が起きてきます。

どうしたら謙遜するようになるでしょう？　どのようにしてこの愛を目覚めさせたらいいのでしょう？　どういうふうにしてこの謙遜を引き起こせばいいのでしょう？

私達はこの大なる自我やプライドにしがみ付いて、年中「私」「私の」「私を」と言っています。あなたは一体一日に何回この言葉を使っているか、数えてみたことがありますか？　もしあなたがそれを数えたら、きっとびっくりすると思います。本当に何とよく使っているのでしょう！　確かに私達にはいろいろな「自分」があります。自我の「自分」があり、自己の「自分」がありますが、私達の知性が一番よくわかるのは、利己主義の「自分」です。でもこの「自分」を使って愛を引き起こすのは、なかなか大変です。例え愛が目覚めても、それは知性の力でまた、弱められてしまいます。自我の力はそれほど強いのです。

でもこの「自分」を使って愛を引き起こすのは、なかなか大変です。
例え愛が目覚めても、それは知性の力でまた、弱められてしまいます。
自我の力はそれほど強いのです。

自己を実現し、神を見出すために、私達は謙遜で控え目でなければならないのは確かですが、そこには問題があります。自分が控え目な人間だと思っている人は、よく「私はとてもつつましい人間である」などと言いますが、大抵はとても傲慢な人間です。何と言ったらよいのでしょう？　これは言うなれば、控え目なエゴと慎ましやかなプライドです。

謙虚であるのは大変難しいけれど、全く不可能なことではありません。

あなたはサーディという、ペルシャの偉大なスーフィー詩人の名を聞いたことがありますか？　彼について読んでごらんなさい。とても素晴らしい詩です。ある時彼が一生涯頭を下げていなければならないような事件が起こります。彼はある日父親と一緒にムシェへ夜勤に行きます。そこで人々は一晩中祈り続けます。皆は祭司とムシェに座り祈り続けます。そして真夜中になると、皆寝入ってしまいます。全員、祭司さえ眠ってしまいました。するとサーディは父親の所へ行って、耳に囁きます。

「お父さん、あなたと私だけが番をしています。他の人は皆寝てしまいました」

この瞬間、父親は怒って、息子を叱りつけます。

「一晩中番をするより、寝ていた方がいい。人を評価して、自分を他人より高い地位にあると思ったりするくらいなら」

この時サーディは、人間は常に謙虚でなければならないことを悟り、何事にもこれを邪魔させないよう決心します。このようにして彼は大変謙虚な人間になります。謙虚さは口で言うのは易しいけれど、実行に移すのは難しいことです。それは自分が誰よりも優れていると思わせてくれるプライドに拘束されているからです。もし私達が本当に何かを変えようと思ったら、もし心からこのプライドを手放そうと考えたら、それは確かにそうなるでしょう。でもとにかくそれを欲さなければなりません。私達は「そうしたい！」と思わなければなりません。それもただ言っているだけでは駄目です。

多くの人達は「スワミジ、私はそうしたくて、それから逃れるためにベストを尽くしていますが、なかなか私を放してくれません」

　実際にはそれがあなたを放さないのではなく、あなたがそれを手放せないでいるのです。その違いがわかりますか？　謙虚な人は自分を必要以上に卑下することも、相手を見上げることもしません。これが謙虚さを学ぶ第一歩です。人に従うことを学び、他人が自分よりよく知っていることを認めるのです。これを常に繰り返して自分に言い聞かせ、それを思い出しては、すべてのこと、すべての人から学ぶようにしましょう。これが真の謙虚さです。

　あなたはバハイ教とその預言者であるバハウラーについて聞いたことがありますか？　彼はよく自分の生徒に言いました。

「もしあなた達が一人の人間に、九つの悪い習慣と一つの善い習慣を見つけたら、九つの悪い習慣は忘れて、一つの善い習慣だけを考えなさい」

　でもあなたは普通何をしますか？　まず評価します。あなたはすべての人達に対する愛を育てなければなりません。そうすればあなたは真に謙虚になれます。そして自分をそれから解放するのは易しいことに気がつくでしょう。それを手放すのは簡単なことです。すべてはあなたが何処まで誠実であるかに掛かっています。あなたが「私は自分を変えたい、私は謙虚でありたい」と言う場合、あなたがそれについて読んだので、そうするのではなく、また、あなたを侮辱するような人に会って、その人を殴ったりする、そんなことでは駄目です。学んでください！　学び尽くすというようなことはありませんから。

偉大な聖者達も「あなたは最初から最後まで学ぶことでしょう。人々がこの世で学べることはいくらでもあります」と言っています。そして素晴らしいことはたくさんあります。このたくさんの素晴らしいことはあなたの周りにもあなたの中にもあります。あなたは時間を費やして、それを観察しなければいけません。あなたの知性がいつも前に走り、身体が後ずさりしていると、いろいろなことを見逃してしまいます。知性を落ち着かせてください。あなたは静けさの中にのみ安らぎを見出すことができます。

ですからあなたは瞑想するのでしょう？ 何故瞑想するのだと思いますか？ あなたは何故サーダナを実習するのだと思いますか？「私はクリヤを実習しました。私はあれこれの瞑想をしました」という記録のメモをもらうためですか？ もちろんそのためではないでしょう。それはあなたが自分自身を実現し、その真の自己になるためです。そして真の自己になることは、すべての人に対して謙虚で愛情深くあるための一番簡単な方法です。

謙虚と調和

シュリー・ピータ・ニラヤの礼拝堂における聖木曜日
ドイツ、シュプリンゲン　２０１０年４月１日

あなたの良き友さえ苦痛は避けたいので、悪き時代には誰もあなたに近づこうとしません。でも良き時代には皆あなたのそばに集まり、一緒に楽しく歌ったり踊ったりします。これは皆よく知っていることですね？　さてこれが人生というものです。誰も全く利己的にただ自分のことだけを考えています。彼等に素晴らしい師匠がいても、それがわからず、その恵みにも無頓着です。そして後になってそのことを本で読んだりすると、「ああ、あの先生に就けたのは全く素晴らしいことだった」と言うのです。でもこのようなことは日常の生活でもよく起こります。人々は師匠のそばにいると、彼を評価するのをやめませんが、実際に評価されているのは、その師匠ではなく、評価している彼等自身なのです。

師匠はあなたにとって鏡と同じですが、それはあなたが何かを学ぶためです。でもあなたにそれがわからなければ、決して学ぶことはないでしょう。師匠が１００回同じことを教えても、あなたの限界ある知性はあなたをすっかり盲目にしてしまうでしょうから。キリストはあれほど何度も奇跡を行いましたが、弟子達はプライドのため何も見ることができませんでした。彼等は皆恐れて盲目になっていました。それは最後にキリストを否認し、反逆の行為に出るまで続きます。彼等がキリストを連れに現れた時でさえ、彼は何の反応も示しませんでした。キリストは神のご意思が一番大切なことを知っていたのです。キリストは神のご意思に身を捧げました。師は神のご意思に身を捧げ、神の言葉に従われました。死に際しても彼は神を快く受け入れました。キリストは言います。

「羊飼いの私が犠牲になれば、羊は散り散りになるであろう」

キリストは間接的にではありますが、それを予言します。彼は弟子達にすべてを話しておきますが、彼等は自分のことに関しては全く盲目だったので、それに耳を貸そうとはしませんでした。

これだけは知っておいてください。師匠は直接「おまえは馬鹿だ。全く馬鹿な奴だ。これはこうすればいい、あれはああすればいい」というようなことは絶対に言いません。時には行動に出ることもありますが、大抵は指示を与えるだけです。あなたがある程度利口なら、それはわかるはずです。あるいはわからないかもしれません。とにかくキリストはこうしてたくさんの指示を与えたのです。キリストは何度も繰り返してイエスが裏切られ、十字架に磔られることを言いますが、弟子達にはそれがわかりませんでした。

福音書の中で私達は自分を卑しめるキリストの美しさを見ます。

彼は弟子達の足を洗って、彼等よりも自分を低く見せます。

そしてペテロが「私はあなたに足など洗ってもらいたくありません」と言うと、キリストは「でも私がそうしなければ、一緒に天国へ行けない」と言います。

するとペテロは「わかりました。それでは私の頭と手も洗ってください」と言います。

キリストはそれに答えて「その必要はない。私があなたの足を洗えば、全身を洗ったことになる」と言います。

これは大変象徴的な場面です。それはヒンドゥー教の伝統で、全身で一番祝福されるべき部分は足と思われているからです。あなたが寺院を訪れ、神像や師匠の前に跪く時、あなたはどのようにしますか？　あなたは身を伏せ、その足に触れるでしょう。足は師匠の持つすべての力の源だからです。ですから師匠の足に触れるだけで、その祝福を受けると同時に、師匠に尊敬と従順の念を示します。キリストは言います。

「あなた達も私がしたようにしなさい。そして自分を卑しめなさい。あなた達は皆自分を蔑むことができなければならない」

『ギーター』にはクリシュナが次のように言ったと記されています。

それを理解するためには、
また、神を実現するためには、
従順でなければなりません。

「もしあなた達が私を実現したかったら、乾いた草の茎のように従順にならなければならない」

乾いた草を見ると、それは必ず腰を屈めています。あなたが従順になりたければ、さらに低く腰を屈めなければなりません。キリストは弟子達の足を洗ってそれを示しました。彼は私達に従順が何であるか教えたのです。キリストは神と一体です。彼は自分が神と一体であることを啓示しています。主はキリストを地上に送り、キリストは誰に対してもこの従順さを示しました。それを理解するためには、また、神を実現するためには、従順でなければなりません。従順でない人には不可能なことです。

霊的な人間はよく、自分は従順であると思っていますが、実際には彼等は従順ということに関して、霊的なプライドを持っているのです。彼等は自分を従順と思っていますが、いざ従順な態度を取らなければならなくなると、そこで全く正反対の態度を取ってしまいます。大切なのは人を評価する代わりに、自分の何処を変えたらよいのか、何を変えたらよいか、そしてどのようにして兄妹達（人々）に尽くしたらよいかを、自分で分析することです。また、どうしたら「わかった。では『私、私、私』という観念は忘れて、これからは『私達』と考えるようにしよう」という観点に達することができるでしょう？

あなたの右手が全身との関連性を失って、勝手に動き始めると想像してごらんなさい。そうしたらどうなるでしょう？　きっとめちゃめちゃなことになるでしょう。そうではありませんか？　また、私の手が独りでに右や左に動き出すことを想像してごらんなさい。そうしたらどうなるでしょう？　私はここにいてお話をすることも、仕事をすることもできなくなります。私の片目が上を向き、もう片方の目も好きなことをし始めたら、どうでしょう？　何もその機能を発揮しなくなります。あなたの身体のあらゆる部分がお互いに調和して、それぞれの機能を果たし、また、その義務をなし、そのダルマを行って初めて、完全な調和が存在するのです。

家族に関しても同じことが言えます。皆が一緒になって、一つの家庭を築いています。共同体も同じですが、そこでは一人一人が自らの義務を果たしています。でもそれは人々が大人数では一緒になれないということではありません。一緒になって、その共同体を家庭と見なすこともできます。これがいわゆる一体になること、一つになることです。ところが人はお互いに対立し始めると、そこで混乱状態となり、様々な問題が起こってきます。これが人間の弱い所です。

私はこれまでにいろいろな例を挙げてきました。去年私は、死期が近づいているのを感じている教師の話をしました。ところが教師が弟子達を見ると、彼等が教師の地位を欲しがって争っているのがわかります。そこで教師は少し考えて言います。

「よろしい。それでは皆で森へ行って、私に長さ60センチの杖を探して来てくれないか」

そこで12人の弟子が出発し、また、戻って来て言います。

「先生、この木をとって来ました」

先生は杖を取って、一本ずつ折っていきます。それから生徒の一人呼んで、杖を一本渡し、それを折るように言います。生徒は杖を取り、もちろん折ってしまいます。先生は残りの杖をまとめて束にし、生徒達を呼んで、こう言います。

「今度はこれを折ってごらん」

杖はしっかり一つに束ねられていたので、誰にも折ることができませんでした。それと同じで、皆が一緒に力を合わせれば、何でもできます。でも一人が他人と対立すると、何もうまく行かなくなるでしょう。キリストはこの福音書で、私達がお互いに持つべき謙虚さ、お互いの理解と愛を説いています。愛はあっても、理解に欠けることがよくあります。

キリストは自分が万能であること、また、すべて知っていることを示しています。彼には何が起こったか、また、将来何が起こるかわかっていました。でもキリストは聖書に記してあ

> あなたの身体のあらゆる部分がお互いに調和して、それぞれの機能を果たし、また、その義務をなし、そのダルマを行って初めて、完全な調和が存在するのです。

ること、また、神が預言者に言ったことを実現しなければなりませんでした。弟子達の多くはイエス様がすべてを打ち壊し、新たに築き上げることを期待していました。でも彼等の期待通りにならなかった時、誰もいい気持ちがしませんでした。そこでユダが出頭し、キリストを裏切ります。弟子達はキリストがどうにかするだろうと期待していましたが、イエス様には自分のしなければいけないことがちゃんとわかっていました。彼は自分の義務を知っていたのです。彼は自分が人間として生まれて来た理由を知っていて、それに従って自分の義務を果たしました。でも弟子達にはそれがわからなかったのです。彼等はわかっていると思っていましたが、その過ちを認めた時はもう遅かったのです。これはイエス様の弟子だけでなく、誰にでもよく起こることです。師匠や教師を訪ねて行く時、人は前もって頭で何かを期待し、また、それを創り出します。

「先生は私の気に入るようにああしたり、こうしたり、また、あれこれと話したりするだろう」ですから人が頭の中ですでに何かを創造し、それを期待していると、先生がいくら話して聞かせても、それには耳を傾けないでしょう。

一例を挙げてみましょう。

先週私が旅行中、ある人が電話を掛けてきて、私に質問をしました。私は30分ほどその人に「そんなことをしては駄目です」と説明しましたが、彼は聴いていませんでした。このような時はどうしたらいいでしょう？　どうしようもありませんね。そうではありませんか？

そこで私は「そうでしょう、私にはあなたのためにお祈りすることしかできません」と言っておきました。その人はもちろん私の言うことを聞かなかったので、当然のことながら、彼の望んでいなかった結果となりました。

でもそういうものです。違いますか？ 人間はいつも自分の方が正しいと思っています。でもあなたは自分の方がよくわかっているのなら、何故訊くのですか？ あなたが何も知らなければ、質問して、答えを得るといいでしょう。あなたが答えを受け入れられるのなら、質問なさい。受け入れて、自分を変えてください。でもあなたにそれができないのなら、質問するのはやめましょう。まずその場合何処に質問の意味があるでしょう？

２０００年経った今日でも、生徒に関する話は同じで、何も変わっていません。同じごまかし、同じ成り行きです。私は福音書のこの部分を読んで、自分の人生を振り返ってみると、それはとてもよく似ています。私はそれを読んだ時には、笑ってしまいました。毎年それを読むたびに、本当にその通りなので、笑わずにはいられません。

もう前にも言ったように、人間は真に心から変わろうと思わない限り、変わることはないでしょう。ただあなたが「私は本当に変わりたい」と言ったなら、師匠ではなく、神でもなく、何処かの誰かでもなく、あなたが自分自身に「私は変わりたい」と言ったなら、その時あなたは変わるでしょう。そうしたらあなたは自分を本当に変えてしまう内部の力とエネルギーを育てて行くでしょう。

あなたは20年前と今の世の中は違うこと、２０００年前と今の世の中も違うし、これからもまた、変わって行くことを自覚しないといけません。私達が自然を眺めると、母なる大地が決して心地よい反応を示していないのがわかります。ところが私達が人間を観察すると、その反応の仕方は見ていてさらに不快な、嫌な印象を与えます。ということは、私達が物の考え方、物の見方を変えるべき時が来ているということです。

私達は自分自身を見つめ、「私は何を変えることができるだろうか？何を変える心構えができているだろうか？」と自ら問うべき時に来ています。あなたは心から神の愛を望まなければなりません。

そして何故私が「神の愛を心から望まなければならない」と言うのかといえば、多くの人達が「私は神を愛しています」という札を下げて歩いているけれども、実際にはそうではないのです。彼等は神の特質だけを欲しがっているのです。彼等は常にもっともっと神様から授かり物をしたいと思っていますが、心から神様をお迎えしようと望んではいないのです。それであなた達にはあえて言っておきますが、もし人間が自分を改めなければ、母なる大地は皆が自分を改めなければならないようにしてしまいます。時として人間が自分を変えたがらないと、自然は違った反応を示します。それは場合によって苦痛を伴いますが、変化をもたらします。

この福音書からキリストのように謙虚になることを学びましょう。お互いに誠意を以って愛することを学んでください。お互いに一体となることを学び、一緒に一つの家庭を築いてください。ヒンドゥー教ではヴァスデヴァ・クトゥムバカム、全世界はただ一つの家庭であると言います。平和はまずあなたの中に生まれ、次にあなたを通して各人に広がって行きます。でもそのためには、あなた達がお互いに一体でなければなりません。あなた達がお互いに努力すれば、あなた達はそれだけ強くなります。でもあなた達が対立すると、他の人達が努力している中で、あなた達は弱い者になってしまいます。

第4章

献身

おお、神様、あなたへの愛を、
あなたを愛する人達への愛を、
私をあなたのそばに誘う
すべての物に対する愛を与えてください。
—— 預言者モハメッド ——

アヒリャの物語

ポルトガル、ファティマにおけるダルシャン　２０１０年２月７日

私達は今主シヴァの長い夜、シヴァラトゥリの準備をしています。今からバジャンを一曲だけ歌って、それからダルシャンに入りましょう。言葉の意味がわからなくても、いつものように一緒に歌ってください。

響きと光は私達の精神が追い求めているものです。もしあなた達が心の平和を求めるなら、神の名の後を追ってください。神の名が不思議な力を持っているのがわかりますか？ 偉大な聖者にとっても、神の名は神秘な力を持っています。『ギーター』にも「一番偉大な聖者にさえ、私の名の力がわからない」と記されています。ですからこの名の持つ力を想像してください。

何故聖者達は瞑想に重きを置くのでしょう？ 瞑想すると、何が見えますか？ 瞑想によって

精神が静まると、神に触れることが、それも個人的に神に触れることができます。外面ではなく、内面で。そしてこの内面の触れ合いが、私達の体験できる最も素晴らしい、最も力強い触れ合いなのです。数多くの世代を通して人間はこれを探し求めて来ましたが、人間として生まれて来るということは、ルナヌバンダナ、すなわちカルマに結びつけられているということです。私達は自ら行った過去の特定な物事に結びつけられています。つまり前世における行為が私達を拘束しているのです。

もちろん私達は様々な土地を訪れることができますが、内面の世界に入って行く努力をしない限り、いくら多くの地を訪ねても、得るところはないでしょう。また、こういうことが言われています。

「ガンジス河や聖なる川に入ると、今一度の再生から解放される」

ところがあなたが神の名において――イエス、モハメッド、ラーマ、クリシュナ、デヴィス（聖母神）など、身近に感じている神の名において川に入ると、数多くの再生から解放されると言われています。ただ神の名を歌うだけで、不幸は去って行きます。解放は心の中にある神との結びつきを実現することで叶えられます。これがクリヤ・ヨーガの由来です。あなたがクリヤを実習すると、身体の中の響きを体験します。これは後になって、徐々に光として現れて来ます。よく私達が精神について話す時、また、アートマ（魂）について話す時、私達の目前に光の映像が見えます。この光は何処にあるのでしょう？　それは私達の中にありま神様はいつでも私達一人一人の祈りを聴いてくださいます。神様には蟻の足の小さな踝の音まで聞こえるのですから、もちろん私達の祈りも聞こえます。

す。私達の霊的な実習は、例え私達がそのために数多くの人生を送らなければならないとしても、すべて主の「蓮のおみ足」に達するように導かれています。

私達は何のためにお祈りするのでしょう？ 私達が祈ったり願ったりすることは、神様にはちゃんと聞こえています。神様はいつでも私達一人一人の祈りを聴いてくださいます。神様には蟻の足の小さな踝の音まで聞こえるのですから、もちろん私達の祈りも聞こえます。でも私達はお祈りすると、それがすぐに聞き入れられることを期待します。私達は辛抱強くないのです。でも私達を創造なされたのは神様です。神様には私達にとって何が一番大切なのかわかっています。そうでしょう？ それなら私達は何故神様を信頼しないのでしょう？

そして何故神様のご意思に従えないのでしょう？

キリストは「私の意思でなく、あなた（神）のご意思通りになりますことを」と言っています。これは偉大な証言です。自ら神の一部であるキリストが、私達に忍耐強くあることを、また、神様のご意思を信頼するように教えているのです。

私達の探求の根底にあるものは信頼に外なりません。何を信頼するのですか？ 誰を信頼するのですか？　神を信頼するのです。何人かの人達は「私は神など知りません」と言いますが、それもかまいません。

私達が神を知らなくても、神様は私達のことを知っています。私達が自分を信じ、心の中の声を信じ、内面の光を信じ、そして内面の響きを信じ始めると、神様もまた、ご自分を告示し始めることでしょう。

私にはまだ言いたかったことがあります。それは今回この場所に二度目に来れて、とても嬉しいということです。ポルトガルで初めてダルシャンを行ったのが、この修道院です。聖母様が住んでおられるのもファティマで、ここは実に祝福された地です。それは聖母様が他の地にいないということではありません。聖母様は至る所におられます。聖母様はあなた達の心の奥深くに住んでおられます。でも聖母様の啓示の跡が残っている聖地を訪れるのはまた、格別です。聖母様は私達皆の間におられることでしょうから。

スワミはラーマに関するバジャンを一曲歌ってから、また、話し始めます。

あなた達はラームの名を知っていますね。ラームはＲＡＭという三つの文字から成っている語です。これは全く簡単に聞こえますが、とても強い力を持っています。私達がシヴァを見ると、いつも深い瞑想に耽っています。シヴァはシヴァプラナの中でパールヴァティーに「私が瞑想している時、私の頭にあって、意識している唯一の名はラーマである」と言っています。この簡単な名が皆を解放します。この名が即座に自由を呼び起こすのです。あなたの過去のカルマもすべて、このラーマの名を歌うだけで消してしまうことができます。

もし誰かが真にこの三つの文字の神秘を貫けば、その人は解放を得ることができます。『ラームチャリトゥマナス』には、ラーマがスィタを助けるために、ランカへ赴く話が載っています。ラーマは偉大な国王で、主ヴィシュヌの顕現体です。また、スィタはラクシュミーの顕現体で、悪質な国王ラヴァナに誘拐されます。『ラームチャリトゥマナス』の長い話をかいつまんで話すと、ラーマはスィタを解放するために出発しなければなりませんでした。要するに行かざるをえなかったのです。


ラーマの父親には三人のお妃がいました。そのお妃の一人が（ラーマの）父親に言います。

「あなたは私が何をお願いしても、聞き入れてくださるとおっしゃいました」

ラーマは国王になるように決まっていましたが、このお妃はラーマより若い自分の息子バラートを国王にしたかったのです。伝統では年上の息子が王国の支配権を握るようになっていました。そこで彼女は国王に言います。

「お約束通り私の願いを叶えてくださいまし。私はあなたの息子ラーマを14年間森に追放して欲しいのです」

こうして彼は森へ行くことになります。その森には、石になるように呪われたアヒリャという名の偉大な聖女が住んでいました。インドラがアヒリャの夫の風貌を装って、彼女を試したのです。アヒリャは何も知りませんでしたが、夫にそれが知られると、彼は妻が石になるように呪います。その時彼は「主だけがあなたを解放するだろう」と言います。そしてアヒリャは大きな石になったのです。ラーマは森を彷徨っているうちに、この大きな石が横たわっている場所に来ます。彼が足でその石に触れると、その瞬間に呪いが解かれ、アヒリャは元の姿に戻ります。これを見てラーマが言います。

「アヒリャ、私はあなたの願いを叶えてあげたい。あなたを祝福してあげたい。あなたが欲しいと言うものは何でも授けよう」

アヒリャは答えて言います。

「主よ、私はもう幾世も前からこうして待っています。何百年もの間、ひたすらあなたのおみ足の埃が私に触れ、解放してくださる瞬間を待ちあぐねておりました。私には何の望みもありません。ただ一つの願いは、決してあなたの名を忘れないように、私を祝福してくださることです。例え豚となって再生して来ても、いつもあなたの名を歌っていますように。あなたの名だけが私を解放してくれるのですから」

神の名の力とはこういうものです。あなたは何故あらゆる宗教が神の名を歌うように、また、神の名を唱えるように教えていると思いますか？　ここファティマでも、ちょっと外に出ると、至る所で数珠を売っているのを見掛けます。それはただ身に着けて、自分を綺麗に見せるための物ではありません。それは神に祈り､神の名を歌い、それによってアートマンとパラムアートマンの一体性を実現するためです。それではこのアートマンとパラムアートマンの一体性を実現すると、その後には何が残るでしょう? パラムアートマンだけが残るでしょう。アートマンのただ一つの真実はパラムアートマンだからです。言い換えて､魂の唯一の真実は神です。あなたの魂は再び溶解して、神と一体になりたいのです。そして主の「蓮のおみ足」に達することを願っているのです。これを実現した人は神と一体になるでしょう。それは単にこの飾り気のないラームという名を通して叶えられるのです。

主ハヌマーン、深い献身の力

シュリー・ピータ・ニラヤにおけるハヌマーン・ジャヤンティ
ドイツ、シュプリンゲン
２０１０年３月30日

昨年もいろいろ説明したので、ハヌマーンについてはあまりお話しすることもありません。私達が今日ハヌマーンにお願いできることといえば、少しでも彼のように神を愛する気持ちを起こしてもらえたら、彼のようにラーマに身を捧げることができたら、そして例えほんの少しでも彼の献身を分けてもらえたら、それは素晴らしいことです。ハヌマーンはバクティ、献身のお手本とされているのですから。彼は霊的な道にあって、私達がどのように振舞うべきか、また、どのように献身すべきか示しています。このような方法でハヌマーンは私達に知恵を与え、彼がそばにいる限り、何も恐れるもののないことを教えています。

シャストラス（文書）によると今日はハヌマーンの誕生日で、彼が地上で人体化した日です。

このような方法でハヌマーンは私達に知恵を与え、彼がそばにいる限り、何も恐れるもののないことを教えています。

ハヌマーンがシヴァの顕現体であることは知られています。ラーマが地上に現れた時には、神々が皆猿の姿をして集まって来ました。これをヴァナラ・セーナと言います。ハヌマーンは実際には主シヴァご自身です。それでハヌマーンにお祈りを捧げると、ガウリ・シャンカールの祝福を受けると言われています。

そして私がラーム・ナヴァミの時に説明したように、ラーマの名は、**「オーム・ナモー・ナーラーヤナーヤ」**と**「オーム・ナマ・シヴァヤ」**のマントラが合わさってできた語です。最初の綴り「ラ」は、オーム・ナモー・ナーラーヤナーヤの「ラ」、そして二つ目の綴り「マ」は、オーム・ナマ・シヴァヤの「マ」です。

ラーマの名は、ハヌマーンの献身の現れです。彼は子供の時にラーマの名を伝授され、限りない献身を捧げていました。今日に至るまでハヌマーンはラーマの名が唱えられる所にいつも最初に現れ、また、最後に去って行くと言われています。

ハヌマーンは不死身で、世界中を旅して回りました。彼はラーマの信者として、主ラーマに祈るすべての人々を祝福し、守っています。トゥルジダスは自分からラーマに近づく力のないことを知っていました。彼には自分の献身が充分でないこと、それをもっと強めなければいけないことがわかっていました。主ラーマへの献身を強める唯一の方法は、ラーマ・バクタになること、主ラーマの信者になることです。

同じことをクリシュナが『ギーター』で言っています。

「私の所へ来る者は、私の召使に身を捧げなければならない。私にとっては召使の信者が一番好ましい」

そこでトゥルジダスは『ラームチャリトゥマナス』に記されている通りにします。彼はハヌマーンに身を捧げ、ハヌマーンジに助けを求めます。もちろん彼はハヌマーンが誰であるか知りませんでした。毎日あちこち歩き回って罪償いをしていると、ある場所にたどり着いて、こんな声を聞きます。

「ヴァラナーシへ行け。そして『ラームチャリトゥマナス』が朗読される寺院へ行け。そこでハヌマーンに会えるだろう」

するとトゥルジダスが訊きます。

「でもどうしたら私にハヌマーンがわかるでしょうか？」

声は答えます。

「彼は老人になって来るからわかる。彼は最初に来て、最後に帰って行くだろう」

そこでトゥルジダスがその寺院へ行くと、そこは人で一杯でした。ところで老人は一人しかいませんでした。皆が行ってしまった後、彼はただ一人そこに残り、一番最後に出て行きます。

それで彼にはハヌマーンであることがわかります。

トゥルジダスは彼の所へ行き、老人の足に触れて言います。

「お願いです、プラブ。あなたは主の偉大な信者です。どうか私を導き、あなたが主ラーマに対して抱いている献身を、ほんの少しだけでも私に分けて、祝福してください」

この時姿を変えていたハヌマーンが言います。

「いや、いや、いや、そこで何をしている？」

彼はトゥルジダスを試します。彼はトゥルジダスを戒め、退けようとしますが、トゥルジダスはハヌマーンの足を放そうとしません。するとハヌマーンは彼の献身ぶりを喜んで言います。

「主ラーマがあなたの所へ来られるように祝福してあげよう。でもあなたは主であると見抜かなければならない」

数日後トゥルジダスがガンジスの河岸に座って、混じりけのないの白檀の練り物を作っていると、二人の若い男がやって来て、話しかけます。

「素晴らしい白檀の練り物を作っていますね。少し分けていただけませんか？」

トゥルジダスはそれに答えて言います。

「この白檀の練り物は国王とその王国のための物ですが、私にはあなた達が王宮の方々とわかるので、この白檀の練り物は差し上げます」

もちろんトゥルジダスには、誰が前に立っているのかわかりません。すると木の上にいたハヌマーンが呼び掛けます。

「トゥルジダス、あなたの前に立っておられるのが、あなたの主だ」

目の前に立っているのが主だとわかると、トゥルジダスはラーマにチャンダンを塗り、そのおみ足に触れます。このようにしてハヌマーンは信者が主を見つけるのを助けます。

彼は献身の真なるお手本です。あなた達も自分を改めて、少しでも彼のようになるようにお祈りしてください。

燃える心

シュリー・ピータ・ニラヤにおける ガウラ・プールニマとホリ
ドイツ、シュプリンゲン
2010年2月27日

今日は実際には主チャイタニア・マハプラブが地上に現れた日、私達が明日ガウラ・プールニマをお祝いするための準備をする時です。そしてその翌日は、色の祝祭日として知られているホリを祝います。ヒンドゥー教徒が何故色で遊ぶのかについては、物語がたくさんあります。これはもちろん喜びの時をあらわしています。他のお祝い事とは違います。インドではこれを一ヶ月祝い、モーリシャスでは二、三日祝います。主なる祝日は明後日の月曜日で、明日はホリカ・ダハンです。ホリカはナラシマに殺された魔王ヒランヤカシプの妹で、長年罪償いをしたために、一枚のショールで守られていました。このショールを身に着けていると、火も彼女を焼き尽くすことができなかったのです。

あなたは多分、父親のヒランヤカシプが悔い改めさせようとしたプララートの話を知っているでしょう。

彼は息子を小悪魔に仕立てようとして、悪魔の学校へ送りました。ところが彼は自分が悪魔になる代わりに、他の生徒を主の信者に変えてしまいました。彼は主の名を歌い、彼等にも主の名を歌わせて、神の名の力を教えたのです。彼等はプララートを変えようと、あらゆることを試しましたが、無駄でした。とうとう父親はすっかり腹を立て「何があっても息子を殺すように」と言い渡します。

あなたも知っているように、キリスト教が認められるまで、キリスト教徒はその信仰のために迫害されていました。それと同じことがこの時代にも起こったのです。父親は何が何でも息子を殺そうとしますが、常に主に守られていたので、それはなりませんでした。とうとう妹が言います。

「私はブラフマのこの綺麗なショールで焼かれないように守られています。ですからあなたの息子を連れて火に飛び込んで、彼が焼かれてしまっても、私は大丈夫です」

この考えを頭に彼女は火に飛び込みます。ところが悲惨なことに、彼女のショールが裏返って、プララートを包み、彼女はプララートの身代わりに灰となってしまいます。すると彼女はこれをブラフマのせいにします。

「ブラフマ、あなたの祝福は無益でした。あなたはショールが守ってくれると言いましたが、ごらんの通り私は焼けてしまいました」

するとブラフマは彼女に注意します。

「ショールはあなたを守るために与えられた。それは助けるためで、他人の生命を破壊するためではない。だからショールは裏返しになって、プララートを守ったのだ」

モーリシャスでは明日、案山子のようなホリカの肖像を作ります。彼等はそれを燃して、クリシュナ、ナラシンガデーヴ、ラーマの素晴しさを歌います。

この話は人間としての私達が、僅かでも成長すると、途端に自分達のプライドに頭をもたげさせる傾向を思い出させます。私達は傲慢になって、自分は一番で、唯一の者であり、誰も私達に勝る者はないと考えます。私達は「すべて手に入る」と考え、知性を奴隷にしないと、神を究明することができないのを忘れています。それにもかかわらず、私達はこの知性に支配されています。それがコントロールできないでいます。そして私達は少しも自由でないのに、自由であると思い込んでいます。また、自分達が一番よいと思っています。

でも一体どうしたら神を見出すことができるのでしょう？ 内心これほどプライドが高かったら、一体どのようにして主の「蓮のおみ足」が見つかるのでしょう？ 私達は謙虚であればこそ、主を見出すでしょう。でも知性を通しては見出せません。あなたは自ら「私は謙虚である」と言い聞かせていますが、それはあなたの中から、あなたの内部から出て来なければなりません。あなたが「皆私より素晴らしい」と思っている間は、何か学ぶことができます。あなたいません。

世の中には４種類の人間がいると言われています。

現実の世界にしがみついている人間、自由を求めている人間、すでに自由を得た人間、そして永遠に自由な人間の４種類です。この４種類の人間がこの世の中を形作っています。ではその一人一人は何処にいるのでしょう？　私達は自由になる努力をしているでしょうか？　また、私達は自由でしょうか？　私達は永久に自由にはなれません。永久に自由なのは神だけです。もちろん神はいつ人体化しようと、永遠に自由です。神は人間のようにカルマの法則に結び付けられていません。それでもあなた達は神がどんなに謙虚であるか知っています。例えばプララートのためにヒランヤカシプを殺した時など。主は自らを信者のレベルに下げて人体化し、献身の偉大なこと、そしてバクタ（神に身を捧げる者）の献身がどんなに大切であるかを示しています。主は何処でも望む所に、あらゆる姿で現れる永遠の自由を備えています。それにもかかわらず私達は争うのをやめず「私達のは一番良くて、あなたのは良くない」などと言います。私達は彼が主（神）であることを忘れているのです。彼はすべてを創造しましたが、人間のように知性に結び付けられていません。

人間のこの４種類のカテゴリーを明らかにする、よいお話があります。

例え漁師が海に網を投げても、永遠に自由な者はこの網に掛かりません。漁師が何度試そ

う と、永遠に自由な者はそれ以上の知恵者なので、決して捕まることはないのです。マーヤの網が投げられると、残りの三人は捕まってしまいます。それはこの世にしがみついている者、自由を得た者、自由を得る途上にあって、それを探し求めている者の三人です。

彼等は網に掛かった魚と同じです。自由を得るためにベストを尽くしている者は網を見て、それから逃れるのに一番よい方法を試します。それでもうまく行きません。彼等は試して、試して、試し抜くのですが、逃れることができません。一方自由を得た者は、網から飛び出して去って行きます！ すると漁師は言います。

「この大きな魚を見てくれんか。泳いで行ってしまう」

そして網に捕まった者は、捕らえられた魚と同じように、抜け出すためにベストを尽くそうともしません。全く何もしないで「きっと私は助けられるだろう。下に行かせてくれ。深い泥沼に入って隠れていよう」などと考えています。でも彼等は網に捕らえられていることなど忘れています。そして漁師が網を引き上げたら、捕まってしまうことなどすっかり忘れて、隠れるために下へ降りて行きます。

この人達は外の世界に束縛され、何故この世に生きているのか知ろうともしません。また、それについて考えようともしません。彼等は「生きることは素晴らしい。せいぜい楽しもうではないか」と考えています。どのくらい楽しむのでしょう？ 10年、20年くらいでしょうか？ 時は経ち、彼等は年を取ります。それでも私達は悟らないのです。わかりますか？

私達は自分の生涯を振り返って、こう言う時が必ず来ます。

「私は一体何をしていたのだろう？」

私達は習慣から毎日のように踊っていました。私達は習慣からずっと踊って、それが私達をこの世の奴隷にしてしまったのです。お恵み深い神様は、私達に自分を変えるようにチャンスをくださいました。ところが私達はそれをつかまなかったのです。それであなたがこうして過ぎ去った生涯を振り返ってみると、どんなに無駄な人生を過ごして来たか、また、どんなに無駄に時間を費やして来たかがわかるでしょう。するとあなたは自分に言うでしょう――多分あなた達の何人かは、すでに自分に言ったでしょう。

「ああ、今度こそは自分を改めればよかった」と。

あなたは自分を改める機会があったのに気がつきますが、それを利用しようとはせず、やり過ごしてしまいます。こうしてあなたは網に掛かった魚のカテゴリーに落ち、漁師が網を引き上げると「あれ、遅過ぎたか」と言います。

でもあなたが神様に身を捧げることを習えば、遅過ぎるということはありません。神様のお恵みがあったら、そのチャンスをつかんで、自分を変えてください。あなたが自分を変えるように言うのは私の役目ではありません。あなたが自分で変えるのです。もちろんあなたが一度試せば、それですぐ神に達するというわけではありません。ある人達は過去のカルマによって簡単に、また、非常にはやくその成果を上げることができます。また、他の人達は時間が

「主よ、あなたが誰なのか
私にお示しください。
また、私が誰なのか
実現させてください」

掛かりますが、それでも希望を失ってはいけません。神様はあなたが努力しているのを見ると、助けてくださいます。そしてあなたがその助けを受け入れると、あなたを解放に導いてくださいます。

でもそれはあなた次第です。これが神様が人間に与えてくださる自由、私達が自分の生きる道を選ぶ自由です。この世の中が今の状態にあるのはそのためです。私達が何のためにここにいるのか忘れてしまったからです。私達は魂がいつも神と一つになっていたいのを忘れています。私達の魂は主の「蓮のおみ足」を我が物にしたいのです。その大きな一例は、何年も普通に暮らしていた、主チャイタニアご自身です。彼は主の人体化であったにもかかわらず、主がお呼びになるまで、普通の生活を送っていました。彼は恩恵を受けると「私はそのためにここにいるのではない。私は教えるためにだけここにいるのではない。私はもっと大きなことを実現しなければならない。それは私は誰なのかということである」と認めます。

私はたった今聖アウグスティヌスの祈祷を読んだところです。彼はいつもこう祈りました。「主よ、あなたが誰なのか私にお示しください。また、私が誰なのか実現させてください」

これが彼の捧げた祈りであり、彼の心は神に対するこの愛に燃えていました。いいですか、私達が神のために燃える心について話すと、ある人達にはわかりますが、それがわからない人達もいます。それは私達が物事を知性（頭）で理解しようとするからです。私が話の初めに言ったように、私達が知性（頭）で神を究めることができるのだったら、私達はもうとっくにここにはいないでしょう。私達は皆、神様のおそばにいることでしょう。ですから神は私達に、ご自分の数多いお姿を与えてくださったのです。私達が自己実現を成し遂げるまで、知性がそれに集中できるように。

私は神を私達の中に実現するまで、と言うだけではなく、私達が神の一部であることを認識するまで、と言うことにしましょう。

主チャイタニアは、バクティ、献身によってのみ、この愛に目覚める段階に達せられることを教えました。でもこの献身は真にあなたの心から出て来なければなりません。あなたがそれを頭で試し「私は献身的である」などと言っても、あなたはただ外部にとどまるだけで、あなたの内部で心が燃えるということはないでしょう。何も恐れることはありません。心が燃えるというのは、医学で胸焼けが胃酸のためと言われるのとは話が違います。そうではなく、それは聖者達が実際経験するように、愛によって燃えるのです。

それはどの宗教でも同じです。全員が主の「蓮のおみ足」を求めているのですから。主にあなたの好みの名を与え、主をその名で呼び、主をその姿であらわしてごらんなさい。最終的には同じ神です。そのようなわけで誰にも各々のイシュタ・デーヴがいるのです。あなたの神への欲求が、あなたがもっとたやすく心に描き、集中できるように、イシュタ・デーヴの姿であなたに現れて来ますように。

主チャイタニアがあなたの心を燃え上がらせ、彼が最後に神と一体になるまで愛したように、あなたもまた、神を愛するように導いてくれますように。彼はこの世の中に生きていることができませんでした。彼は神と別れて生きることが耐えられなかったのです。これと同様に、私達の魂は主を見ると同じ憧れを抱きます。

あなたが見ようと見まいと
神様はそこにおいでです。
これは私にキリストの言葉を
思い出させます。
「見ないでも信じる者は、
　幸いである」

「私はいつまたあなたと一つになるのでしょう？　私は　いつまたあなたと一つになり、あなたも私と永遠に一つになる状態に戻るのでしょう？」

あなたがサーダナを実習するのは、まさにこのためです。そのためにあなたは祈り、瞑想します。それは確かにとてもいいことですが、それを無私の状態で、何も期待しないで試してください。あなたが何か期待すると、それだけ長くかかります。あなたが祈る時はいつでも、期待し、また、考えています。

「オーケー、それでは神様にお祈りしよう。多分神様は私に満足して、おいでになるに違いない」

でも神様はあなたが会おうと会うまいとご満足です。あなたが見ようと見まいと神様はそここにおいでです。これは私にキリストの言葉を思い出させます。

「見ないでも信じる者は、幸いである」

ですからあなたがお祈りすれば、神様は何でも聞いてくださいます。それだけでなく、神様はあなたにいつ、何を与えたらよいかもご存知です。あなたにそれを受ける準備ができて、どう扱ったらよいのかわかると、神様はそれをくださいます。でもあなたにその準備ができないうちは――、とにかく準備してください。

あなたの心の欲求に対して、例えほんの一瞥でも授かることができるように、神を求め、昼に夜にその名を呼んでください。この一瞥を授かるだけで、あなたは一生辛抱強く待っていられるのですから。

心の中の神

ケニアにおけるダルシャン　２０１０年９月

ここでまた、皆さんに会えて嬉しいです。

前回私は、私達の今世の行いは、それがサーダナにしろ、日常生活にしろ、今世に関係しているのか、それとも前世に関係しているのか、と訊かれました。さて、それは実際その両方に関係しています。あなたの今世の行いの大半は、あなたの前世の行いに左右されています。大きな計画を立てても、それがうまく行かない時があります。幸せになりたいと思っても、今世あなたの知性は、ある決まった方法でしか作用しないからです。ところがあなたには清算しなければならないカルマがあります。これがあなたの計画が、過去のカルマのため、思い通り開花しない原因です。この世でいつまでも存在し続けるものは何でしょう？　そのようなものはありません！　時と共にすべては変化し、破壊されます。それにもかかわらず私達は永遠の存在を忘れ、束の間の出来事に執着します。私達が過ぎ去って行く物事に執着している間は、苦難が存在します。あなたに真の喜びをもたらすのは、永遠なる主に身を委ねることです。あなたがすっかり神様に向かって初めて、神様の方でも完全にあなたを顧みてくださるでしょう。それにはどうすればよいのでしょう？　それはあなたのサーダナによって――あなたがジャパムをすること、神の名を歌うこと、霊的な実習を行うことによって、また、奉仕をすることによって可能となります。

奉仕することによって、あなたはエゴやプライドで仕えるのではなく、心で仕えることがわかります。私達が奉仕し始めると、必ずプライドが伴ってきます。私達はどんなにたくさん奉仕しているかと得意になるのです。そこで「私がどんなにたくさん仕えているか見てください」と言い、「私」や「大きな私」はいつもそこにいて、人を通して仕えているのが神であることを忘れています。でもあなたは奉仕しているうちに、それが自分であるという考えを超越できる時点にたどり着きます。するとあなたは、例え誰に仕えようと、神だけに仕えていること、そして実際に奉仕しているのは、

> あなたがすっかり神様に向かって初めて、神様の方でも完全にあなたを顧みてくださるでしょう。

神様ご自身であることがわかってきます。

こうしてあなたは平和を手に入れます。あなたがこの世で平和を探しても、また、喜びを探しても、それは見つからないでしょう。皆が平和を探しています。誰が平和を望まないでしょう？ 平和に満たされたくない人などいるでしょうか？ 誰もがただ一つのこと、平和であることを求めています。サンスクリットでは世界をジャガットと言い、ジャガットは訳して「絶え間ない動き」の意味です。事実世界は常に動いています。私達がいつ見ても、それは絶え間なく動いています。私達が時間を割いて、静かに自分を見つめたり、人々を観察したりすると、それが休みなく動いているのがわかります。ここに座っている間さえ、思考は遠く離れ、何処か違う所にあります。ここに座って、耳を澄ましていますが、頭は別の場所にあって、他のことに引かれています。まず自分自身と平和のうちにない者が、どうして平和を得ることができるでしょう？ 私達が一ヶ所に座って、身体、思考、精神を集中するのに、5分間もじっとしていられないとは、一体どうしたことでしょう？ それでも人間は平和を求めています。この平和を得るには、まず落ち着きを身に付けなければなりません。あなたにもわかっていると思いますが、これは他のすべてのことに関しても同じです。あなたが子供に勉強してもらいたかったら、どうしますか？ まず子供を座らせて、それから勉強するように仕向けます。そうでしょう？ とにかく子供を座らせて、それから勉強するように仕向けることから始めます。これと同じで、自分で努力しない限り、また、自制心を以って座り、サーダナを実習しない限り、真の平和を見出すのはたやすいことではありません。今日あなたが手にしているものが、明日も手元にあるかどうかわかりません。でもあなたが真の平和を一旦手に入れれば、それはいつまでもあなたの手元にあるでしょう。愛に関しても同じです。私が言うのは、真の愛、純な愛です。あなたが一度これを実現すると、それはいつまでもあなたのもとにあるでしょう。

あなたも知っているように、世の中の人々は、好んで自分の悩み事や心配事に執着します。何故でしょう？　何か問題が起きると、そこには必ず解決法もあるのがわかりますか？　でも人間は概して解決法よりも問題の方に専念したがります。あなたも悩み事の方が好きですか？　もし悩み事の方がよいのでなかったら、何故そちらの方へ引っ張られて行くのでしょう？　それが平和をもたらすわけではないでしょう？　あなたが悩み事に引っ掛かっていると、それだけ悩み事も増えてきます。また、あなたが心配事に引っ掛かっていると、それに応じて解決法も見えてきません。でもあなたがお祈りをするため部屋にこもって、本気で神様にお願いすれば、悩み事も自然に解決するでしょう。悩み事がある時、あなたはいつもどうしますか？　お寺へ行って「神様、こんな問題が起きました」と言ってお祈りします。

そうでしょう？　そして「こんなことも起きて、あんなことも起きて」と祈るのです。それはあなたが心の奥底で、この問題を解決できるのは、神様だけであることを知っているからです。あなたは自分の悩み事を多くの人に話すことができますが、一体彼等に何ができるでしょう？　彼等は「おお、それは気の毒に、大変なことだ」と言うでしょう。ところが表面では「気の毒に」

と言っていますが、心の中では「起きて当然だ」と思っています。

さて、あなたの一番よい友達は誰ですか？　また、心からあなたの面倒を見てくれる、唯一の人は誰ですか？　あなたの言うことに心から耳を傾けてくれるのは誰ですか？　それは彼一人です。神様ご自身だけです。

生きているのが楽しい間は、誰も霊的な実習を重要視しません。

彼等は「私も年を取ったら、暇ができるだろう」と言います。

あなたの歩む道や、あなたの人生に様々な問題が起こって来るのは、あなたが常に神様のことを考えるようにするためです。それはマハバラータでガンダリが言ったことと同じです。ガンダリはカウラヴァスの母親で、クリシュナの伯母にあたります。この戦争でカウラヴァスは皆殺しになり、彼女はクリシュナに大変腹を立てました。何故かと言うと、クリシュナは完全に戦いを終わらせることもできたのに、それをしなかったからです。戦争が終わると、クリシュナは祝福を請うために伯母のガンダリを訪ね、「何かしてあげられることがあるだろうか？」と訊きます。

彼女は答えて言います。「あなたは世界の主です。そのあなたが戦争を続けられたのです。今さら何をお願いすることがあるでしょう？　私がただ一つあなたにお願いしたいことは、決してあなたを忘れることがないように、多くの難題をくださることです」

それほど彼女は主を愛していました！　彼女は「いつもあなたを思い出すように、難題をたくさん与えてください」と頼むほど主を愛していたのです。

私達の人生もこれと同じです。私達がいつも神様を思い出すように、日常生活には様々なことが起きます。でも私達は年中神様のことを思い出すのを好まず、どちらかというと心配事を記憶に止めておきたがります。私達は自分の知性、すべての注意力とエネルギーを好んでこの悩み事に集中し、それによって解決法が見つかるだろうと考えます。でもあなたには限界があるので、それは不可能です。あなたは知性に拘束されています。ところがこの知性は単なる物質に限られているのです。あなたが神様に集中していれば、人生で何が起ころうと、あなたはそれを受け入れるでしょう。それもポジティブなやり方で受け入れることでしょう。

あなたは知性にネガティブになることを許さないでしょう。知性がネガティブになれば、あなたはマイナス思考になり、この否定的な考え方によって、あなたが日頃為すことはすべてネガティブになるからです。でもあなたの知性がポジティブだと、あなたが何をしようと、それはポジティブな成果をもたらすことでしょう。あなたの知性が神様に向けられていれば、それは常に良い方向へ、さらに良い方向へと進んで行くでしょう。

ですから神様に向かって歌ったり、祈ったりしているあなたは幸せなのです。神様はいつもあなたのそばにおられるのですから。あなたのご両親、あなたのお父さんお母さんは、一定の期間あなたと一緒にいますが、神様は永遠にあなたのそばにいます。あなたが自己実現を成し遂げて、神様のもとに達するまで、最初から最後まであなたのそばにいることでしょう。

神様はあなたの最も善き友であり、あなたの最も信頼できる、また、すべてを解決してくださる唯一のお方です。それは人間ではありません。あなたに解決法を与えてくれる人、あなたに解決法を教えてくれる友達は皆密かに何かを期待しています。彼等は「あなたにこれをしてあげるから、私にもあれをして欲しい」と言うでしょう。それはあなたも知っているでしょう？

そうです、これは誰でもすることで、人間的な反応です。ですが忘れないで欲しいことは、この人間的な自己においても、あなたは神に等しく、すなわち神の一部分を供えているのです。私はあえて神の一部分と言います。この部分という言葉を思い出してください。あなたは完全に神ではありません。あなたは神としての部分が覆い隠されてしまうほど、人間としての存在に執着しているからです。そこで過去のカルマが影響を及ぼしてくるのです。でもあなたが自己実現を果たし、主があなたのうちにあることを知り、あなたのアートマがパラムアートマの一部であることを認識すると、あなたはこの人間的な特質を超越するでしょう。

それはあなたがジャパムをするのと同じです。あなたは何故ジャパムをするのですか？あなたは神を実現するために、常に神を思い、その名を歌うためにジャパムをするのです。あなたが神の名を歌えば歌うほど、神の特質があなたにも現れてくるでしょう。あなたが心を込めて歌うと、善、愛、哀れみ、喜びなどの特質があなたのうちに現れてきます。

人間は外部にある物に執着します。内部にある物は目に見えないので、それほど執着しません。それゆえ外部にあって、目に見え、触ることのできる物しか知らないのです。あなたはこの二つの物で満足していると思っていますが、人間には目に見えない物、アートマ（魂）があります。私達はアートマについて話し、「私には精神があり、魂があります」と言うことができます。でもどれだけの人が本当にアートマを知っているでしょう？

人々は死について話すことを恐れます。彼等は「死」というテーマに触れたがらないのです。でも生まれた以上、あなたは死んでいきます。これは避けられないことです。あなたは死を通過しなければなりません。

それは肉体ならぬ、あなたの真の自己が存在し続けるからです。あなたがアートマを実現し、アートマを現わすことができると、何よりも大きな喜びを得て、永久に幸せになることでしょう。例え問題が生じても、あなたは人生の目的（前世での目的も含め）を果たして、この上なく幸せになるのです。それはこの人生だけの目的ではなく、数多くの人生の目的だったのですから。

さあ、それではサーダナの実習にベストを尽くしてください。神様を思い出すために、できる限りの試みをしてください。日頃何かするにつけ、例えそれがセーヴァ(奉仕)でなくても、神様のことを考えてしましょう。日中例え5分間でも時間があったら、静かに座って、配偶者や子供、また、その他の人達のことを忘れて、試してください。あなたの瞑想室に神様とたった2人きりで座って、試すのです。もし5分間の時間がなかったら、たった2分間でも座らないよりましです。あなたは悩み事があると、「おお、神様！」と言うではありませんか？違いますか？するとあなたは神様を求めます。でもあなたは幸せな時「おお、神様、私は幸せです」とは言わないでしょう。何故神様を思い出すのに、悩み事ができるのを待たなければならないのでしょう。

あなたは毎日でも神様を思い出すことができます。一日中と言っても無理でしょうが、少なくとも朝晩1回ずつ、朝に1分、晩に1分というのはどうでしょう？神様はいろいろな姿で現れます。そして私達はそれぞれ神様のある側面に引きつけられます。もともとすべては一つで、神様お一人なのですが。それは一本の木を見つめるようなものです。木には葉も枝も無数にありますが、そのすべては一粒の種から発生しています。一粒の種が巨大な樹木になる所を想像してください。何千枚という木の葉と何百という木の枝、でもたった一粒の種からです。

この調和を認識し、神様との間にもこのような関係を築くように試してごらんなさい。神様との関係が深くなればなるほど、神様ご自身があなたのもとに来られるようになるでしょう。それはまるで恋をしているような感じです。最初私達は「私はこの人に感じるものがある」などと言いますが、まだその人について何も知りません。それではどのようにしてお互いに知り合うのでしょう？その人に近づくことによって、あなたがその相手に近づくことによって、だんだんその人のことがわかるようになります。そうでしょう？あなたがその人に近づけば近づくほど、その人のことがわかるようになり、愛情も育っていきます。

バガヴァン（神のごとき存在）に関しても、全く同じことが言えます。あなたが神様のことを思えば思うほど、また、その名を歌えば歌うほど、神様はあなたのもとに現れて来るでしょう。そして少しずつ神様が感じられるようになります。また、だんだんに神様がそばにいるのがわかってきます。時々は神様の夢を見るでしょう。また、ある時は人間の姿であなたの前に現れるでしょう。そして時が経つにつれて、神様が姿を借りて現れた物体は消えて、神様ご自身だけが後に残ることでしょう。あなたは何処へ行っても、神様だけを見るでしょう。あなたの愛が育っていく一方、あなたは神様を自分の中に、また、自分の外に見るでしょう。あなたがすべては神であることを納得するまで。私達のこのゲームは、大掛かりなゲームです。神様は私達全員とゲームをします。

神様は私達全員を通して行動します。私達全員を通してすべきことをなさるのです。

トゥルジダスとその献身の美しさ

ドイツ、シュテフェンスホーフにおけるダルシャン　2007年8月8日

神を実現するには、完全に信頼すること、そして私達が心から望む物に、すっかり身を捧げなければなりません。私達が生温い気持ちで身を捧げると、神様の方でも半分くらいしか、目をかけてくださらないでしょう。

でも私達が完全に身を捧げ、心を込めて呼び掛ければ、神様は答えてくださるでしょう。

トゥルジダスの愛はこういう種類のものでした。トゥルジダスは16世紀のインドの聖者で、何処を見ても、ラーマの姿しか見なかったほど、彼を愛していました。彼は孤児で、大変身分の低いカーストの生まれでした。かつての時代はさておき、今日でもインドではカースト制度による差別が続いています。カースト制度の最も高い階級に属するのがバラモンで、最も

低い階級に属するのがスドラスです。でもトゥルジダスのラーマに対する愛は大変強く、いつも主ラーマの小さな神像を身に付けていました。両親が死んだ後も、構ってくれる者はなく、何処へ行っても、低いカースト階級の出ということで、誰からも相手にされませんでした。

ある日のこと、彼の師がトゥルジダスをアシュラムへ連れて行き、そこの人達に言います。

「神を知っていると信じている者よ、あなた達は書簡を通してのみ神を知っているが、本に記されている以外のことは何も知らない。しかし主シュリ・ハリはそれ以上の存在である。彼はすべての人を愛し、また、彼にとってすべての人が同じ存在なのである。彼は常に正直な心で呼び掛ける者と一緒にいる」

こうして師はトゥルジダスを自ら保護し、その面倒を見ます。トゥルジダスは成長し、サンスクリット語に熟練します。彼にとって一番の目的は『ラームチャリトゥマナス』、主ラーマの物語を母国語で広めることでした。彼は詩を書き始め、『ラームチャリトゥマナス』をマラティ、彼の母国語で歌います。これは全くバラモンの気に入りませんでした。彼等にすれば、サンスクリット語は神々の言葉だったのです。それはある人達が神様はラテン語しか話さないと思っているのと同じです。トゥルジダスの主な目的は、『ラームチャリトゥマナス』を翻訳して、それをすべての人に平等に行き渡るようにすることでしたが、そのためにたくさんの敵を作りました。

トゥルジダスが結婚する年頃になった時、兄弟の一人が彼に向かって言います。

「いや、僕がこの人と結婚するんだ。おまえじゃない」

でも花嫁の父親はトゥルジダスに自分の娘ラトゥナヴァリをやりたがり、結局トゥルジダスは彼女と結婚して、二人はとても幸せになります。彼等が祝福を請うためにグルを訪ねて行くと、グルはトゥルジダスがまだ小さかった時、アシュラムに持って行った、ラーマの小さな神像を返してくれます。

「私にはこの特別な日にあなたにあげられる物が何もない。でもこのラーマの像を持って行きなさい。決して彼を忘れてはいけないよ」

トゥルジダスは「グルジ、どうして私にラーマが忘れられるでしょう?」と応えます。彼はラーマの神像を家に持って帰り、それを祭壇に置きます。でもこの瞬間、彼はラーマのことをすっかり忘れてしまいます。彼の頭にはもう妻のことしかなかったのです。彼は妻の虜となり、妻が彼のすべてになってしまいます。そして彼は日夜妻のそばにいることを欲します。

ところで妻の父親が結婚祝いに店を寄贈したので、彼等はそれを経営していました。ある日、トゥルジダスは衣類を購入するため、他の町へ行かなければならなくなります。朝彼は妻に別れを告げ、衣類を求めて他の店へ出向いて行きます。それと同時にトゥルジダスの妻は、父親の具合が悪いので、死ぬ前にもう一度娘に会いたいという通知を受け取ります。そこで彼女は父親の家に向かって急ぎます。トゥルジダスが家に戻って来ると、妻がいないので、腹を立てます。見るとベッドの上に次のような書き置きがありました。

「私は父の所へ行って参ります。私は自分のために少し時間が必要になりました。あなたがあまりにも私の虜になっているのに気がついたのと、父が病気のためです」

トゥルジダスはこれには我慢がならず、義理の父親の家へ出向いて行きます。ところが途中で恐ろしい嵐になり、トゥルジダスは川を泳いで渡らなければならなくなります。やっとのことでたどり着くと、門が閉まっていて、トゥルジダスはどうやって入ったものかと考えます。彼が石垣をよじ登ると、人々がそれを見ていて、泥棒だと思い込みます。彼等はその辺りを駆け回り、人を呼んで言います。

「あれは泥棒だ。来て一緒に捕まえてくれ！」

それでもトゥルジダスは家に忍び込むことに成功します。彼を捕まえようとした人達がやって来て、トゥルジダスだとわかると「戸口から入ればいいものを、どうして生垣をよじ登ったりしたんだ？　義理の父親の家ではないか？」と訊きます。彼等はトゥルジダスがまるで狂ったように妻を愛しているのがわかると、彼女の所へ行って言います。

「おまえさんには夫がどんな人かわかっているのかね？　おまえさんを一人で他所へやれないほど愛しているのだ」

トゥルジダスの妻は非常に腹を立て、夫の所へ行って言います。

「よく聴いてください。私はあなたがしてくださることに、すべて大変感謝していますが、これだけは言っておきます。もしあなたがこのような愛をラーマに捧げることができたら、あなたは必ずや永遠の救済を得ることができるでしょう。彼は間違いなくあなたを救済するでしょう。あなたがラーマに対してこのような愛を感じたら、彼はいつもあなたのそばにいるでしょう。でもあなたはそうする代わりに、自分の楽しみのために、物欲しげな目で、いつも私だけを見ています。あなたの求めているのは私の体だけです。ただ骨の一杯詰まった袋に過ぎず、それもほんの一時満足をもたらすだけの物に過ぎません。ラーマをこのように愛してください。そうすれば必ずあなたを救ってくださるでしょう」

これだけ言うと彼女は出て行きます。でもこの言葉はトゥルジダスの頭に刻み付けられ、彼は考えて、考えて、考え抜きます。そしてついにラーマへの欲求が再び彼の心に目覚めて来ます。彼はすべてを後にして、自ら問います。

「ラーマよ、私はどうしてあなたを忘れることができたのだろう？この世の幻影のためにすっかり忘れてしまった。骨の一杯詰まった袋のために何もかも忘れてしまったのだ。ところがこの骨の袋が私のグルになってしまったので、私はこうしてまた、あなたを求めている。ラーマよ、私のもとに現れておくれ」

彼は何日も歩き回って、ラーマの名だけを繰り返していました。そしてついにもう歩けなくなって、森の中で地面に倒れてしまいます。それでも彼はラーマの名を歌っていました。**ラーム、ラーム、ラーム、ラーム、ラーム、ラーム。**彼はラーマの名を歌って、歌って、歌い続けます。しばらくするとある声が聞こえてきます。

「トゥルジダス、あなたは偉大な魂だ。私はあなたが何故ラーマの名を歌うのか知っている。だからあなたがどうやってラーマを見つけられるか教えてあげよう」

トゥルジダスは顔を上げて辺りを見回しますが、誰も見えなかったので、言います。

「何処から聞こえてくるのだろう？　私には誰も見えないが」

するとその声が答えます。

「私はこの木の中に住む霊です。私自身の願いで霊になりました。私は最期の日にガンジス河の水が欲しかったのですが、手に入りませんでした。でも私はとても幸せです。あなたが私のそばで九日間も休みなくラーマの名を歌ってくださったのですから。あなたをラーマに会わせてあげましょう。でもその代わりにガンジス河の水を少し持って来てください」

トゥルジダスは承諾し、ガンジス河の水を鍋に一杯取りに行きます。彼が鍋を持って戻って来ると、木の霊が言います。

「私は祝福され、永遠の救済を得ました。第一にあなたはガンジス河の水を取って来て、私の願いを聞き入れてくださいました。第二に私は聖なるラーマの名を九日間休みなく聞かせていただきました。ですからあなたにラーマを呼んであげましょう。カシへ行ってください。そこであなたはラーマの物語を歌う祭司に出会うでしょう。そしてそこには最初に来て、最後に去って行く一人の老人がいるでしょう。それがハヌマーンです。彼はラーマの召使で、あなたをラーマの所へ導いてくれるでしょう」

こう言って木の霊は永遠の救済を得ます。

トゥルジダスは町へ出て、霊が言った場所を訪れます。彼はそこに座って、祭司がサンスクリット語で『ラームチャリトゥマナス』を読むのを聴きます。それはとても退屈で、人々は居眠りをし始め、次々に席を外して行きます。皆が行ってしまい、トゥルジダスだけがそこに残ると、彼は祭司の所へ行って、話しかけます。

「何故こんなことをなさるのですか？何故『ラームチャリトゥマナス』をサンスクリット語で歌われるのですか？何故ここの人達の言葉、ヒンドゥー語で歌われないのですか？」

するといささか嫉妬心を感じた祭司が言います。

「おお、『ラームチャリトゥマナス』は他の語では歌えません。それは神を冒涜することになります。これはサンスクリット以外の言葉では歌えません！」

それでもトゥルジダスは祭司に言います。

「もしこれがヒンドゥー語だったら、もっとたくさんの人の興味を引いて、誰も席を立ったりせず、耳を傾けて聴いてくれると思いますが」

これを聞くと祭司は大変怒って、トゥルジダスを突き退けます。ところがトゥルジダスが出て行こうとすると、そこに一人の老人が座っているのに目が留まります。トゥルジダスが老人に近づいて行くと、その老人は言います。

「おお、あなたの言ったことは正しい。あなたは『ラームチャリトゥマナス』をそれぞれの母国語で歌った方がよいと言ったが、その通りだ」

トゥルジダスにはこの白髭の老人が、姿を変えたハヌマーンであることがわかっていました。彼はハヌマーンの足元にひれ伏して懇願します。

「お願いです。どうかラーマに会わせてください」

しかし老人は言います。

「私が？　どうして私があなたをラーマに会わせるのだ？」

トゥルジダスは答えます。

「あなたはハヌマーンです」

けれども老人は応じません。

「何？　私が――ハヌマーンだと？　いや、いや、いや、違う」

それでもトゥルジダスは譲りません。

「どうかまた、元に戻って、あなたの本当の姿を見せてください。私にはラーマの召使であるあなたが誰なのか、ちゃんとわかっています」

トゥルジダスが大変強い信念と献身の念をもって頼んだので、ハヌマーンはついに本当の姿を現します。彼はトゥルジダスを祝福して言います。

「あなたはラーマに会うだろう。明日ガンジス河へ行きなさい。そこであなたはラーマに会える。ラーマはあなたの所へ来るだろう」

あくる日トゥルシダスはガンジス河岸に座って、チャンダンの練り物を作ります。そこへ二人の若い王子が近づいて来て言います。

「聖なる人よ、私達にチャンダンを少し分けてくれないか？」

トゥルシダスは相手を見上げもせず、チャンダンを少し取って、それをキンマの葉に包み、彼等に渡します。この人達はごく普通の服装をしていたので、トゥルシダスには誰が目の前に立っているのかわかりませんでした。ラーマに会うのが望みだったのに、いざラーマが目前に現れると、まだそれを見抜くだけの眼力がなかったのです。丁度この時ハヌマーンがそばの木の上に現れて歌います。

「トゥルシダスは何と祝福されていることか、天から降りて来た主ラーマとラクシュマナのダルシャンを受けるとは！」

これを聞くと、トゥルシダスはラーマとラクシュマナが目前に立っているのに気がつきます。トゥルシダスが彼等の足元にひれ伏すと、ラーマは何も言わずに彼を祝福します。トゥルシダスにとっては、ラーマの微笑を見るだけで充分でした。

その後トゥルシダスは『ラームチャリトゥマナス』をヒンドゥー語に翻訳します。すると大勢の人が彼を慕って来ます。そして数多くのバラモン祭司が意見を変えて、ヒンドゥー語で歌い始めます。ところが一人の祭司はトゥルシダスを妬んで、それをやめさせようとあらゆる努力をします。また、この祭司はトゥルジダスが『ラームチャリトゥマナス』をたった一部しか持っていないのを知っていて、それを盗む決心をします。そしてそれを盗るために一人の男をトゥルジダスの家へ行かせますが、この男がその小屋に近づくと、フーマとラクシュマナが家の門を守っているのが見えます。それでも男が敢て一歩前進すると、ハヌマーンが尻尾を使って男を捕まえ、さらにその尻尾で男を殴り始めます。男はあわてて卑劣な祭司の所へ戻って、訴えます。

「ひどいことに私は打ちのめされました。あそこには監視がいて、小屋を守っているのです」

次に彼等は小屋を燃してしまおうとします。でも火は全部『ラームチャリトゥマナス』の本の中へ入って行きます。そして消えてしまいます。このようにして彼等は何回でもトゥルジダスを攻撃します。

ある日のこと、カシの国王の義理の息子が死にます。葬式の行列に連なって、国王の娘が死んだ夫の傍らを歩いて行きます。彼女も同じく火葬される覚悟でいたのです。この時代には夫が死ぬと、妻も生きたまま火あぶりになったからです。これをサティと言います。この習慣はイギリス軍がインドを占領するまで続きます。ガンディーも、この夫の後をついで妻が火あぶりになるサティの主なる反対者でした。この葬式の行列が行進中、彼等はトゥルジダスに出会います。国王の娘がトゥルジダスのそばを通ると、彼は彼女を祝福して言います。

「いつまでもあなたに家族の幸せがありますように」

腹黒いバラモンはこれを聞くと、トゥルジダスに向かって腹立たしげに言います。

「夫が死んだばかりだというのに、どうして家族の幸せがあるようになどと祝福できるんだ？」

トゥルジダスはそれに答えて言います。

「私にはわからないけれど、主ラーマが彼女を祝福するように言われたので、そうしたまでのことです」

するとバラモンの祭司が言います。

「もしあなたの信仰が本当にそれほど強ければ、ラーマの名によって、人を再び生き返らせることができるはずだ。それでは彼を生き返らせてみるがいい！」

トゥルジダスはラーマに祈って言います。

「ラーマよ、もし私が心からあなたを思っているのだったら、この男を生き返らせてください。あなたはたくさんの人を生き返らせます。どうかこの死んだ男にも生命を取り戻してやってください」

彼のラーマに対する愛と信仰は大変強く、また、彼の祈りも大変力強かったので、彼が「**シュリ・ラーム、ジェイ・ラーム、ジェイ・ジェイ・ラーム**」と歌うと、その男は再び呼吸をし始めます。彼は死んでから何日も経って、再び目を覚まし、ラーマの名を歌い始めます。

でもこの奇跡が起こった後も、例の卑劣な祭司は考えを変えませんでした。彼はトゥルジダスが家にいる時を狙って、新たに火をつけようとします。そしていざ彼がトゥルジダスの小屋に放火すると、皆はその火を消そうとしますが、うまく行きません。ところが神様のお恵みにより、また、トゥルジダスがラーマに対して抱いていた愛によって、火は独りでに消えて行きます。そして一つの火の球となって卑劣な祭司を追いかけたので、彼は妻の所へ走って行って、叫び立てます。

「助けてくれ！」

するとと妻は火の球に言います。

「主よ、夫は無知からあなたの崇拝者を攻撃しました。どうぞ彼を哀れんでくださいまし」

それから今度は夫に言います。

「トゥルジダスの所へ行って、謝っておいでなさい。きっと許してくださるでしょうから」

祭司はトゥルジダスに許しを請い、信者の一人になります。そして『ラームチャリトゥマナス』をヒンドゥー語で歌い始めます。

そうこうしているうちに、ある日トゥルジダスの妻が訪れて来て言います。

「私は怒りのためにあなたを行かせてしまいましたが、今はまた、戻って来てくださるようにお願いします。どうか帰って来てください」

するとトゥルジダスは答えます。

「いや、私は戻るわけにはいかない。でもあなたが行かせてくれたので、ラームに会うことができた。ラームは今ではもうすっかり私の心に根付いている。ところであなたは私の師であるから、私はあなたの言うことは何でもする」

すると妻も「私はあなたに従います。あなたの行く所へ行き、あなたのなさることをします。あなたがラーマのために生きるのなら、私はあなたに仕えるために生きます」と言います。

『ラームチャリトゥマナス』が朗読される時には、いつでもトゥルジダスのバクティ、トゥルジダスの献身について語られます。そして人々は『ラームチャリトゥマナス』が朗読される前に、また、ラーマの名が挙げられる前に、その名を世界中に広めたトゥルジダスと、それをトゥルジダスに許したラトゥナヴァリの前に頭を下げます。

> 私達は神様は一人しかいないと言っていますが、それにもかかわらず神様の様々な姿を崇拝しています。それは私達がこの一致(神と一体であること)をすべてのものに認識することができるまで続くのです。

この物語はどのように神に献身したらよいか、自分の道への完全な献身、また、心に感じる神への絶対の献身について教えています。私達は神様がすべての物を超越した場所に在り、すべてを同じように愛していることを知っておかなければなりません。私達には他人の所へ行って、その人の考えを変えようとすることなどできません。

「私の道は正しいけれど、あなたの道は間違っている」

このように考えることは、完全に間違っています。

私達は神様は一人しかいないと言っていますが、それにもかかわらず神様の様々な姿を崇拝しています。それは私達がこの一致（神と一体であること）をすべてのものに認識することができるまで続くのです。トゥルジダスや他の、すでに神を実現した聖者の物語は、私達の知性で捉えることができません。彼等は完全に神と一体だからです。彼等は人間はすべて神と共に生きることを、神の愛に生きることを、そして神は至る所に、人間すべての中に存在することを呼び掛けています。

私達はまず二元性、そして分離、あるいは別離の状態を認識します。神様はこの離れ離れになっている私達を再び一緒にして、神と一体にします。神様は私達に「神であること」を実現させるのです。すると私達はもう神について話すことをやめ、何も話すことはなくなってしまいます。あなたが神を見つけるまで、神実現、自己実現に達するまでは、決して希望を失わないことです。決して神の名を呼ぶのを諦めないことです。決して今実習しているものを放り出さないことです。

ある所に一人のお百姓がいました。このお百姓はある小さな町に住んでいましたが、この町は丁度乾期に見舞われていました。雨が降らなかったのです。お百姓は川から自分の畑へと水路を掘る決心をします。それで畑に水をやり、牛にも飲ませようと思ったのです。彼は自分に言い聞かせます。

「この水路を掘り終わるまでは休みも食べも飲みもせんぞ」

昼間、彼の娘が食事を運んで来て言います。

「お父さん、ご飯。もうお昼よ」

でも彼は娘に言います。

「向こうへ行ってなさい。私はこの水路を掘り終わるまでは食べないから」

娘は家に帰り、母親に告げます。すると母親が彼の所へ来て言います。

「あなた、もう一日中働いていますよ。5分間休んで昼食をあがってください」

お百姓は同じことを言います。

「いや、食べん」

それでも女はしつこく繰り返します。とうとう彼は水路を掘るのを中断し、女の後を追っかけて喚き立てます。

「放っておいてくれ！　水路を掘り終わるまでは、ここからどかないと言ったではないか。帰れ！」

女は夫が本当に怒っていて、意見を変えないことを納得します。そしてもう何も言わずに家に帰ります。男は再び先を掘り続けます。夕方遅くなって、水路ができ上がります。そして水路ができ上がると同時に、川の水が畑に流れ込みます。彼は自らほめたたえるがごとく腰を下ろし、水の音に聞き惚れます。そして水が畑に流れて行くのを見て、大いに満足します。それから家に帰って、妻を呼びます。

「煙草を持って来てくれ。一服やるぞ」

そして大変幸せそうに煙草を吸います。それからシャワーを浴び、大変穏やかに眠りに就きます。彼の隣人もまた、川から水路を引こうとします。彼の妻が昼食に呼びに来ると、彼も同じく食べないと言います。

でも女が譲らずに「来てくださいよ、あなた、５分間ですもの、いいでしょう？」と言うと、彼は仕事をやめて言います。

「そう言われてはかなわんな。行くよ！」

彼は家に戻って、座り、昼食を取ります。そして昼食後例によって少し昼寝をしたがります。昼休みが済むと、その日の残りは食べることと寝ることで終わってしまいます。もちろんこんなことでは、畑に水路を掘ることなどできません。

この物語が言わんとする所は、自分の道は完全に身を捧げなければ達成しないこと、また、どんな邪魔や障害が入っても、それを拒否しなければならないことです。あなたの目的は神の実現、自己実現を成すことです。あなたがこの目的に達するまで、また、自分と神に対する完全な信頼と信仰を得るまで、先を続けてください。絶対にあなたの道を邪魔させないことです！　知性は何度でもやって来て、こう言うでしょう。

「いや、いや、いや、いや、いや、いや、そうするのはやめて、こうしなさい！」

でもあなたは知性がこう言うのを聞くと、やるべきことを放り出して、怠けだすでしょう。あなたがただ心から真面目に自分の道を守り、また、心から望むものに身を捧げれば、自分の目的に到達するでしょう。目的は私達が心に抱いている愛を実現し、完全にこの愛になることです。するとあなたの身体の原子の一つずつが、神の愛を輝かし始めるのです。そしてあなたは、常にこの愛を周囲に広げて行くでしょう。この愛はすべてを超えたもの、知性を超えたもの、肉体を超えたもの、そして精神さえ超えたものです。これこそ私達が達成しなければならない愛です。

献身のヨーガ

ドイツ、ミュンヘンにおけるダルシャン　２００７年９月16日

久し振りにまた、あなた達の所へ来られて嬉しいです。私があなた達に話したいことは、愛と献身についてです。

私達の行いのすべて――日頃の生活において、仕事において、霊的な道において――これらすべては、愛の清らかさを得るため、そして自己実現を全うするためです。あなたは献身なしに、この清らかさを得ることも、自己実現を達成することもできません。それはバクティ、献身を通してのみ可能です。このバクティがないと、すべてはそう簡単に行きません。

シュリ・クリシュナが『ギーター』で言っているように「すべての教義をはねつけなさい。知性から来る物はすべてはねつけなさい。そして私に身を捧げなさい。そうしなければ真の

> 「私はどのヨーガの道よりも、バクティ・ヨーガを優先する。私は弟子が主と一体になる、献身のヨーガを優先する」

愛は実現されない」のです。そうでないとイナナ（知識）はあなたを知性から放しません。私はイナナが良くないと言っているのではありません。いいことはいいのですが、それはあなたをある決まった段階までしか導いてくれないのです。人を助けるためにカルマ・ヨーガを実習するのは大変よいことですが、これもあなたが正しい考え方で行わない限り、やはりある決まった段階までしか導いてくれません。

でもバクティ、献身は——シュリ・クリシュナがウッダヴァ（クリシュナの弟子）に言ったように、「私はどのヨーガの道よりも、バクティ・ヨーガを優先する。私は弟子が主と一体になる、献身のヨーガを優先する。そこにはもう生徒と主の間にいかなる違いも存在しない。一方他のあらゆる種類のヨーガには、この違いが存在する」のです。

私の言う献身は、一ヶ月後に色の褪せる種類の物ではなく、永久に持続する純粋な献身です。最初は皆心に献身を抱いています。皆大変感激して霊的な道に入りますが、しばらくすると、その献身の念は衰えていきます。でも真の献身は、主が言われるように——「私に身を捧げるのだったら、心を開いて言いなさい。私の心をすっかりあなたのものにしてください。私はあなただけを求めています！」――実際には、あなたの求めている幸せ（すべてあなたが外の世界でしていること）は、サッチダーナンダ、至福を得るために役立っているのです。あなたが何処を見ようと、誰を見ようと、すべてはそれに向かって急いでいるのです。祭司は祈ります。何故祈るのだと思いますか？　真の幸福を得るためです。霊的な道にいる人達も同様に、真の幸福を探し求めています。そればかりか、麻薬を飲む人達でさえ――彼等は何故麻薬を飲むのだと思いますか？　それは真の幸福を求めているからです。私達の知性はそうは思わないでしょうが、最終的には彼等も真の幸福を求めています。そしてこの真の幸福はあなたの心の奥深くにあるのです。

献身により、また、神の素晴しさを歌うことによって、すべてのドグマ、教理は取り除かれ、神様がいつもあなたのそばにいるのを感じるようになるでしょう。そして神様の愛が、いつもあなたと共にあるのを感じるようになるでしょう。あなたが神様を感じれば感じるほど、あなたは余計神様の一部になっていくのです。

『ギーター』は次のように言っています。

「神の名を歌う者は、主にすっかり独占される」

あなたが自分を失えば失うほど、また、自分のエゴとプライドを失えば失うほど、それだけ余計にあなたは神を実現します。でもあなたがプライドにしがみついていると、また、自己のアイデンティティにしがみついていると、その分だけ真の幸福を見出せないでしょう。神

知性の力が弱まると、
心の力が強くなります。

様が与えてくださった一番簡単な方法は、その素晴しさを歌うことです。神様の名をどれか一つ選んで、それを歌い、心ですべてを受け止め、頭で考えるのはやめましょう。

特に西洋では、好んで知性を働かせるのがわかります。私達は知性を通して理解しようとするのですが、それには限界があります。知性は心を理解しますか？　決して理解しません。知性が理解するのは、限界のある物だけです。それは壁に向かって突進するようなものです。そしてこれは痛いので、もちろんあなたは苦情を言うでしょう。でもあなたが心に集中し、この神の意識、このより高い意識に目覚めると、あなたは常に自然の流れに身を任せることができます。何が起こっても、あなたは神の法悦に達し、様々なエネルギーが流れて行くのを感じることでしょう。知性は理解せず「わかりたいけど、わからない！」と言って、嘆くことでしょう。知性の力が弱まると、心の力が強くなります。本当に簡単なことです。神様はこれを実現するために、献身を育てるために、そして自己実現を成すために、あなたをここへ送られたのです。

私達がラデ・シャームを歌うと、もちろん頭（知性）でラダとクリシュナを想像しますが、でもこのラダとクリシュナは一体誰なのでしょう？　クリシュナは純粋な愛を、ラダはバクティ、献身をあらわしています。この両者が一緒になって、初めてその存在が可能になるのです。ですから私達はいつも彼等を同時に見て、その名を一緒に呼ぶのです。ラデ・シャームとはプレマ・バクティのこと、その意味は愛と献身です。この純粋な愛と、この純粋な献身があなたに目覚めると、それがあなたを自己実現に導きます。

私達は知性に、何が私達の目的なのか、はっきり示さないといけません。人生はサムサラス、輪廻の大洋を彷徨う船に乗り込むようなものです。船長はサットグルですが、あなたはどのボートに乗り込むのですか？

あなたはまず目的地を確認しなければいけません。何処へ行くのかも知らずに、さっさと乗ってしまっては駄目です。あなたを霊的な道へと導く献身を呼び起こしてください。純粋な愛にリードさせてください。あなたが愛の清らかさを実現すると、知性には全く相違というものがなくなり、あらゆる所に主を見出すようになるでしょう。

かつて南インドのアンドゥラ・プラデシュにアンナマチャリアという名の聖者がいました。彼はナーラーヤナをとても愛していたので、ナーラーヤナがヴェンカテシュヴァラとして生きていたと言われるティルパティへ向けて出発します。この聖者はどうにかして彼に会いたかったのですが、自分の履いていた靴に特別な愛着を持っていました。それで彼が寺院によじ登ろうとすると、墜落してしまいます。彼はどうしてこんなことになったのだろうと不思議に思います。そして心の底からナーラーヤナに懇願すると、ナーラーヤナが答えて言います。「彼の言うことが聞こえて来る。聖母とラクシュミーを地上へ送って、彼に会わせてやってくれ」ラクシュミーが地上へ降りて行きますが、途中で姿を変えて、一人の老女になりすまします。そして聖者の所へ行って言います。

「あなたは主に会いたいと言っているけれど、まだ自分の靴に執着しています。靴を脱ぎなさい。すると見えて来ますよ。主はあらゆる所においでです。どの草にも、どの石にも住んでおいでです」

聖者はしばらく考えてから靴を脱ぐと、辺り一面に光が見えます。すべては光に変わってしまったのです。私達が本当に神様に会いたいと思えば、また、神を実現したい、あるいは体験したいと思えば、神様は私達の所へ来るでしょう。でも神様が現れても、私達がまだあれこれと物に執着しているのがわかると、神様は何もなさらないでしょう。

これはドゥラウパディの物語に似ています。

ドゥラウパディには五人の夫、パンダヴァス（国王パンドゥの息子達）がいました。パンダヴァスはカウラヴァスとダイスゲームをして、すっかり負けてしまいます。

最後にカウラヴァスは「君達の女を賭けるといい」と提案します。

パンダヴァスはオーケーを出して、「彼女は女神だから、シャクティを使って私達の運命を変えてくれるに違いない」と考えます。

　ところが彼等は負けて、ドゥラウパディを失います。パンダヴァスを辱めるために、カウラヴァスはドゥラウパディを中庭へ引きずり出して、彼女の服を脱がせようとします。ところが彼等が服をもぎ取ろうとしても、ドゥラウパディはそれをしっかりと押さえています。彼女はクリシュナを呼びます。

「ゴヴィンダ、ゴヴィンダ、ゴヴィンダ！」

　彼女は大変深い信念と強い力でクリシュナを呼びますが、ゴヴィンダは現れません。ゴヴィンダは彼女を助けに来なかったのです。

　最後に彼女は両手を上げて、「ゴヴィンダ！」と叫びます。すると彼女が両手を上げて、彼を呼んだ瞬間、彼等がまだ彼女のサリーを引っ張っている所へ、何メートルもの布地が次々に尽きることなく出て来ます。従って彼等は彼女のサリーを脱がせることができません。この後パンダヴァスは森に追放されます。そしてある日彼等が森にいる時、ドゥラウパディがクリシュナに訊きます。

「主よ、私はあなたを信じていないわけではありませんが、お訊きしたいことがあって、それが頭を離れません。彼等が私の服を脱がせようとしたのを覚えておいでですか。私は何度もあなたをお呼びしたのに、すぐにはおいでになりませんでした」

　クリシュナは彼女を見つめて言います。

「愛する妹よ、あなたがゴヴィンダと呼んだ時、私は『ゴ』と聞いただけで、宮殿を飛び出し、『ヴィンダ』でもうそこに来ていた。でも来てみると、あなたがどんなに身に着けている物に執着しているかわかった。そういう状態でどうしてあなたを助けることができるだろう？　私に助けを求めるのだったら、あなたは身を捧げなければならない！　ところが私に助けを求めても、心から信頼していなかったら、あなたを助けることはできない」

これが現実の姿です。私達は自己実現と言いますが、その責任は取りたくないのです。そしていろいろな事物を手放せないでいます。私達はすべてを手に入れたいのです。何でも欲しいのです。でもあなたが自己実現に達すると、人生はひとりでに変わってしまうことを、覚えていてください。

また、あなたの人生に新しいことが起きて来たら、その準備ができていなければなりません。すると神様は「そう、この人は準備ができている。私がすべてを与えても、どうすればよいかちゃんとわかっている」と言います。

神様があなたに自己実現を与えても、あなたがそれをどう扱ってよいかわからなかったら、すべてはふいになってしまうでしょう。

第5章

従順

身体と精神をあなたの友である神に捧げよ。
それは格別な喜びである
—— グル・ナナク・デーヴ ——

神の恵みによって

ドイツ、キールにおけるダルシャン　２００６年12月末

あなた達と共にいるのは、大きな喜びです。この盛大な祝祭の時期に集まって、私達は皆幸せです。

クリスマスが終わって、今は新年を迎えようとしています。皆喜びにあふれ、新しい年に向かって準備を整えています。でもこの喜びは今に限らずいつでもあるべきものです。

新年は必ず巡って来ます。あなたは自分を変えるか、また、どのように変えるか、自分に訊いてごらんなさい。人は常に自分を変えていくべきです。外の世界では様々な変化が起こります。常に何か新しいことがあります。ところで私達の中でも絶えず何か新しいことが起こります。そこには年中山があり、谷があります。

あなたが心から「私は前進したい。そして私の霊的な道を発展させたい」と言うべき時が来ています。そしてあなたはこの大いなる変化に、あなたがそれを持って世の中に出ようとしている、大いなる変化に気づくことでしょう。これは外部の変化ではなく、私達の内部の変化です。私がすでに言ったように、外部の変化と共に新しいことが起きて、また、去って行きます。ですから私達が外部の物に執着していると、大抵それを苦痛に感じるでしょう。外部にあるものは期待を携えて現れ、この期待は苦悩と苦痛をもたらします。期待はすべて苦痛の原因となります。真なる期待、また、私達の魂が欲する真なる愛は、神の真なる愛です。

そしてこの神の真なる愛は、献身によってのみ、私達の心に見出すことができます。あなたが師の所へ行くと、師はあなたを導くことができます。でも本当に神を望んでいるか、また、心から神を慕っているかは、あなたから来ています。何故かと言うと、あなたが心から神を慕わない限り、本当に神を望まない限り、あなたはいつまでもただ探し続けるでしょう。あなたはいつも一方の足をある場所に置いて、もう一方の足を違う場所に置いているのです。

この真の愛を見出すには、この神との深い結びつきを、実際に心の中で実現するには、何よりもバクティ、献身を引き起こさなければなりません。あなたが心の底から身を捧げ、心からの愛をもって、「神様、あなたが来られるのを待っています。私の所に来てください」と言ったなら、神様は必ずおいでになることでしょう。神様はあなたに嫌とは言えません。あなたの自己は、あなたから隠れることができないのですから。

あなたにあるこのより高い意識は、あなたの思考が神に集中すると、現れて来ます。ですから神様を思い慕ってください。心の奥底から呼んでください。

「神様、お姿を現してください。あなたは何処か奥の方に隠れておいでです。時々あなたがおいでになるのはわかります。おいでになるのはわかりますが、私はいつも、休みなく、あなたを感じていたいのです」

神の愛をいつも感じていたいのは、あらゆる人の望みではありませんか？　それでは何故そんなに難しいのでしょう？　無条件に愛することが、どうしてそんなに難しいのでしょう？　知性がこんなにも外の世界といそしんでいるからでしょうか？　あなたは一体いつまで外の世界に愛を捜し求めるつもりなのですか？　あなたがこの世で外側を探している限り、あなたは外の世界に拘束されています。あなたは真の愛を心に実現しなければなりません。それにはまず心に感じなければなりません。あなたが第一に神を実現して、それから世の中に出て行くとしたら――それはどんなに喜ばしく、また、平穏なことでしょう！

でも人間はその反対をしたがるのです。まず世の中へ出て行き、それから神を実現したがるのです。いったん世の中へ出てしまうと、あなたはマーヤに捕まってしまい、それから逃れるのが難しくなります。一度彼女につかまれたら、その力は大変強く、あなたが神の名を歌わない限り、決して放してもらえません。

そしてあなたが心から正直に、「神様、私は心からあなたを欲しています。私はあなたにすべてを委ねます。あなたのしなければならないことは、何でもしてください」と言わない限り、放してくれないでしょう。

マーヤが普通の人間にだけ、こうすると思ったら、それは間違いです。彼女は霊的な人間にも同じことをします。私が思うに、霊的な人間は、それ以外の人達よりもっと攻撃されます。でも霊的な人間でもそれがわかっていると、いつマーヤがこのゲームをしているか見破ってしまうので、それから逃れる手もちゃんと心得ています。それはあなた達も知っているでしょう。

私はある小さなお話を思い出します。

昔ある町に一人の靴屋がいました。彼は靴を作りながら、いつも神の名を歌っていました。そして彼はよく町の市場に靴を売りに行きましたが、常に心からの正直者として通っていました。彼は人々を呼び止めて言います。

「見ておくれ、私はこの皮を神様のお恵みで、たったの1ユーロで買った。この針も神様のお恵みで何セントかで買った。だから私は2ユーロもうけたのだ。これは合わせて5ユーロだ――神様のお恵みで」

こういうふうに彼は大変な正直者でした。彼は何をしていても思いを神に向け、すべてを神の恩恵として受けていました。人々は神に対する彼の純真さと愛を見て、値切りもせずに、彼の靴を買いました。

日頃起きることの
すべての裏に、
神様のお恵みがあることを
忘れています。
でも私達がすべてをそのよう
に見ることができたら、
とても幸せだと思います。

ある夜、彼が寝られずに中庭に座っていると、追い剥ぎが現れて、彼を誘拐して行きます。そして盗みを働くために、彼を別の家へ連れて行きます。家主が物音を聞きつけると、泥棒どもは盗み取った装身具と一緒に、靴屋をそこに置いて逃げて行きます。

家主はこの罪のない男が、彼の家の物をいろいろ手に持っているのを見て、「こんなことはないはずだ」と思います。

ところが男が彼の装身具類を、皆抱え込んでいるのを見ると、再び疑いの念に襲われて、「警察を呼ぶぞ」と言います。

家主は警察を呼び、靴屋は牢屋にぶち込まれます。そして翌日、男は裁判官の前へ連れて行かれます。そして彼は裁判官の前で話します。

「神様のお恵みにより、私は夕べ眠れなかった。神様のお恵みで私が外へ出て家の前に座っていると、神様のお恵みで何人かの追い剥ぎが現れ、私を誘拐した。そして神様のお恵みでこの男は私を見つけ、神様のお恵みでこの男は私が彼の家で盗みを働くためにやって来たと思った。そして神様のお恵みで私は今ここにいる」

また、裁判官も彼の無実を認めて「この人は盗んだ男ではない。彼は真実を語った」と判決します。

靴屋は裁判所を出ると、友達に「私が自由の身になれたのは、神様のお恵みだ」と話します。

これは私達がすることは、すべて当たり前だと思うことが多いのを示しています。私達は自分達の行いのすべて、また、日頃起きることのすべての裏に、神様のお恵みがあることを忘れています。でも私達がすべてをそのように見ることができたら、とても幸せだと思います。私達はすべてに平和を見出すでしょう。一番嫌なことが起きたとしても、それを見る目が違ってくるでしょう。

前にも言いましたが、新しい年の初めに際して、献身の念を構え、あなたの心に、また、あなたの知性にバクティの基礎を築いて、それを育ててください。そして何よりもまずあなたの気持ち、あなたの直感を信じて、それに従ってください。

ここであなた達皆に幸福な新年をお祈りします。神様があなた達を霊的な道へ率いてくださいますように。そしてどの道に従おうと、あなた達が育ち、成長して行きますように。

心を開き身を捧げよ

オーストリア、ウィーンにおけるダルシャン　2006年8月2日

あなた達に囲まれてここにいるのは、とても嬉しいことです。あなた達の何人かは好奇心から、他の人達は霊的な道を求めて、また、ある人達はスワミ・ヴィシュワナンダが誰なのか見に来たのでしょう。

実際にあなた達は皆ここに集まって来ました。それはここだけではなく、世界の至る所で(あなた達にそれがわかっていようといまいと)自分の心を開いて、私は本当は誰なのだろうと、それを知るために皆集まって来るのです。

人々はよく私に「どうやって心を開いたらいいのですか?」と訊きます。私はどのようにして心を開くのか知っているので、簡単に答えることができます。それは本人が受け入れるか

どうかに懸かっています。

私の最初の質問は「あなたは愛していますか？」

その答えは大抵「はい、愛しています」

そして次に「ではあなたは自分を愛していますか？」と訊きます。

これは一番大切なことです。私達は自分の愛を外に向けます。

ところが私達は外にある物を愛するのと同じように、外にある物を批判します。愛するのは簡単ですが、批判するのも簡単です。人間は外部に注意を向けるようにできていますが、稀にはそれが内部に向かうこともあります。これが内部への探求です。あなたが批判しなくなると、また、他人の過ちを詮索したりしなくなると、あなたはすべての人を心から愛するようになります。ですから自分の内部を見るように、特に自分が変えなければいけないものを見るようにしなければなりません。私が言うのは、自分を非難するのではなく、あなたのネガティブな部分を正直に見つめるのです。あなたがこのネガティブな部分を見つめると、それは自分が創造したのだということがわかるでしょう。

愛を理解するのは簡単です。それは単に恐れがないということです。無条件の愛は恐れをもって理解することはできません。人々が愛というものを本当に理解したかったら、彼等が真に誰なのかということを本当に理解したかったら、それを理解するでしょう！　でも時々その恐れはとても強く、それが障害になってしまいます。

するとあなたは「私が誰だかわかると、それからどうなるのですか?」と訊きます。未知に対する恐れが、自己実現の欲求を妨げます。

かつてキリストは「あなたの御心がなりますように」と言って私達に教えています。それは神の御心です!そして何が起きようと、神のご意思として受け入れ「神様、あなたのご意思のままに」と言うことによって、神の意思はエゴのないあなたの意思でもあることがわかるでしょう。

神の意思は
あなた自身の意思です。
それは少しもエゴのない
魂の意思であり、
真のアイデンティティです。

神の意思はあなた自身の意思です。それは少しもエゴのない魂の意思であり、真のアイデンティティです。純潔はあなたの中にあり、それはあなた自身です。

ヨギ達には、今の時代は心を開くのに難しいことがわかっていました。今の世の中を変えることはできないからです。今日は少しテレビで戦争の様子を見ました。これは決して終わる様子がありません。私は人類が安全を求めていることを考えました。でもこの世の中を思うと、どんな安全があるでしょう? 各自が自分自身の中で安全でなければなりません。そしてこの安全は神に対する信頼の念にしかありません。あなた自身の信頼の念です! たった一人の人間がポジティブで、実際この状態に達したら、それは素晴らしいことです。

ここであなた達に、ムードラを一つ教えてあげましょう。とても簡単なものです。これはあなたがどの道を歩んでいても、その霊的な努力の助けになるでしょう。このムードラはすべてに愛を引き起こすので、何処でも使用できます。これはあなたの心を開き、ポジティブな思考を促進します。このムードラはハートのムードラ、フリダヤ・ムードラと呼ばれています。ムードラはどれも難しくありません。普通は手を使って行いますが、なかには体を使って行うものもいくつかあります。前にも言ったように、ヨギ達には、世の中がどうなるのかわかっていました。そして人間の心がたやすく開かなくなることも知っていました。それで彼等はヨーガの力を使って、心、身体、魂のためによい訓練法を創ったのです。

あなたは心を開く準備ができていますか？　心を開くには真にそれを望むことが必要です。あなたに心を開く準備ができていれば、それは素晴らしいことですが、これから先も常にその準備ができているようにしてください。あなたがどんな状態にあっても、神様はいつもあなたのそばにいることを忘れないでください！　あなたが神様のことを忘れていても、神様は必ずあなたのそばにいます。

シュリ・スワミ・ヴィシュワナンダはここでフリダヤ・ムードラを実習して見せます。

【編者注】フリダヤ・ムードラ及び他のムードラについてさらに詳しく知りたい方は、アートマ・クリヤ研究所にお問い合わせください。www.atmakriya.org

自己を解放せよ

ドイツ、シュテフェンスホーフにおけるダルシャン　2008年1月12日

私達の人生には、お祈りをしたり、神の名を歌ったりすることがよくありますが、それでも心の平和を見出すことはできません。

何をしても圧迫を感じ「何故だろう？ 何故自由を感じないのだろう？」と自問します。

それは私達が「期待」にしがみついているからです。これでは決して自由を感じることはないでしょう。何をするにつけても、それを意識しようとしまいと、私達は直接に、あるいは遠回しに何かを期待しているのです。どんな種類の期待も、決してあなたを自由にすることはないでしょう。

あなたが霊的な道にあって、すべてを手放し、完全に神様に身を捧げると、その時初めて

あなたは心にこの平和を感じることでしょう。あなたは自分が完全に自由になったのを感じるでしょう。

ところで霊的な人達でさえ、この期待にしがみついているのは、悲しむべきことです。彼等は「私はナーラーヤナを信じている。私は神を信じている」と言っていますが、完全に信じてはいません。そう言ってはいても、心から信じていないのです。あなたは神様があなたの面倒を見てくださることを信じ「主よ、私はあなたに身を捧げます」と言えば、もうそのことは何も考えず、心配もしません。そうでしょう？　ところが私達は自分に問いただし、自分の気持ちを探り、すべてに探りを入れて自分を苦しめます。これでは一体何処に信頼の念があるというのでしょう？　前にも言ったように、私達はすべてにしがみついているのです。私達は期待にしがみついているのです。

すべてを手放し、
完全に神様に身を捧げると、
その時初めてあなたは心にこの平和を感じることでしょう。
あなたは自分が完全に自由になったのを感じるでしょう。

これはミランの話に似ています。

ミランは鳥です。ある時この鳥は湖に飛び降りて、大きな魚を捕まえ、また、上へ舞い戻ります。ところが丁度その時、鳥が群れを成して飛んで来ます。そして魚をくわえたミランを見ると、全員そろってミランを追い始めます。それは何千羽という鳥の群れだったのです。

ミランが北へ向かって飛ぶと、彼等は大騒ぎでその後を追います。ミランが南へ向かうと、彼等も一斉に南へ向かいます。ミランが東へ飛べば、群れも東へ、西へ飛べば、同じく西へ向かいます。ミランはこの鳥の群れが何故追って来るのか不思議に思います。

突然ミランがくちばしを開き、魚は下へ落ちて行きます。魚が落ち始めると、鳥の群れはミランから離れて、魚の後を追います。ミランは木の枝に止まって、下を見ながら言います。

「おやおや、何ということだ。皆この魚のために私を威喝したんだ」

人間の世界もこれと同じです。私達が物事を手放すと、それから解放されるのを感じます。義務は果たすべきですが、期待するのはやめましょう。期待は神様だけにしましょう。私達が抱くべき唯一の真の期待、唯一の誠実な期待は、神様の愛に他なりません。それどころか聖者達は、それすら期待しないこと、また、それを期待するにも値しないことを説くでしょう。彼等は自ら神の愛を抱くに値しないと見なすほど謙虚なのです。

でもあなたが心から望むものがあるなら、自分の期待を抑えて、自由になってください。あなたを苦しめるものを手放してください。自分の心を分析して、あなたを苦しめたり、引き止めたりするものがあれば、それを突き止め、あなたを悩ますものはあなた自身にあることを理解してください。あなたはそれを手放さなければなりません。ミランが魚を手放さなければならなかったように、あなたもその問題を手放してください。そしてそれを手放したら、神様に身を捧げましょう。神様がいつでもあなたのそばにいることを忘れないでください。でもあなたが手放さない限りは、難しいでしょう。

パンダヴァスの妻であるドゥラウパディに関するよいお話があります。

彼女はチャトゥラムという、ダイスゲームに似た遊びに参加します。このゲームでパンダヴァスはすっかり負けて、自分達の妻までなくしてしまいます。これはかつての時代にはよくある出来事です。今日でさえ、賭け事をする人達が一文無しになってしまう話はよく聞きます。そうして彼等は妻を失い、彼女は辱めのために敵方のカウラヴァスの宮廷へ連れて行かれます。カウラヴァスは彼女の服を脱がせようとします。ドゥラウパディは男達に取り囲まれて立っていますが、誰も何も言うことができません。そこに居合わせた王妃も、また、他の人達も、それが王国の法律だったので、何も言えなかったのです。悪人のカウラヴァスはドゥラウパディの服を脱がせようとしますが、彼女はこれに反抗します。もちろん彼女は「ほらこれ、私の服を取って」とは言わず、反対に自分の服をしっかり押さえて、クリシュナを呼びます。

「ゴヴィンダ、ゴヴィンダ、私を助けに来て」

でも答えはありません。すると彼女は服を手放し、両手を上げて、心の奥底でクリシュナの名を歌います。この時彼等はまだ彼女の服を引っ張っていますが、そこから何メートル、また、何メートルという布地がどんどん出て来ます。彼等は時間をかけて服を脱がせようと試しますが、布地が束になって次々に出て来るので、服を取り去ることはできませんでした。

後になってドゥラウパディはクリシュナに訊きます。

「あなたは私の兄さんだから、説明して。私が広場で服を脱がされようとしていた時、私を助けに来るのにどうしてあんなに時間が掛かったの?」

クリシュナはそれに答えて言います。

「ちっとも長くなんか掛からなかったよ。あなたが目を閉じて私を呼んだ時、あなたの言った『ゴ』で私は宮廷を後にし『ヴィンダ』でもうここに来ていたのだから! 私が来た時、彼等が服を脱がせようとしているのを見たけれど、あなたが自分の服をしっかりと押さえつけていたので、私は助けられなかった。でもあなたが最後に服を手放したから、私は助けたんだよ」


人々は私の所へ来て言います。「スワミジ、問題があるのですが……」

そこで私は解決法を教えますが、あなた達の方でもなすべきことをしない限り駄目です。その問題を手放してください! そうしないと、問題は何処へ行っても、つきまとってきます。何事でもあなたがそれにしがみついている間は、そのことで苦しむでしょう。でもあなたが早く手放せば、それだけ早く自由になれるのです。

「愛している」と言うのを恐れないで

ポルトガル、アルガルヴェにおけるダルシャン　２００８年４月10日

スワミは参観者と一緒に歌いますが、そのうちの何人かは歌わないで、ただ聴いています。あなた達の何人かは歌っていないようですね。もしかしたらまだ聴いたことのない歌だったかもしれないし、あるいは言葉がわからないのかもしれません。

ところで誰にでもわかる言葉があります。それは手で語る言葉、手拍子を取って語る言葉です。あなた達は鳥のいる木の下へ行って、手を叩くと、何が起こるか知っていますか？鳥は飛び去って行きます。この場合、木はあなた達の身体、木の葉はマイナス思考で一杯の頭、そして鳥はマイナス思考をあらわしています。それであなた達が手を叩くと、それはマイナス思考に向かって、飛び去るよう言い聞かせることになります。あなた達が手を叩くと同時に、

マイナス思考の鳥は飛び去って行くでしょう。また、手拍子は喜びをもたらします。あなた達はどうやって幸せを表現しますか？手を叩くでしょう、違いますか？

この時観客は皆幸せそうに手を叩きます。

あなた達が皆幸せそうにしているのを見るのは嬉しいことです。霊性は幸せのことで、自己を再び見出す幸せです。ですから神の名を歌う時には、ためらわずに手を叩いてください。手拍子を打つのは、歌の内容がわかっていようといまいと同じことです。そしてあなた達は私のためではなく、他人のためでもなく、ただ神様のために手を叩くのがわかっていますか？神様はそれが大好きなのです！

シュリマート・バガヴァタムには、あなたがどう神の名を歌おうと、また、あなたの声が綺麗であろうとなかろうと、それは神にとって少しも大切なことではない、と書いてあります。大切なのは心から歌うことです。ということは、あなたが腹立ち紛れに神の名を呼んでも、それがポジティブであるうちは、神の名はすべてをポジティブなものに変えるように振動します。ですからためらわずに歌ってください。あなたの隣に座っている人がどう思うかなどと考えるのはやめましょう。あなたのよくない考えを知っているのはあなただけです。もしこの鳥達が飛び去って行くと、自由になるのはあなたで、あなたの隣人ではありません。

そしてあなたが自由になると、あなたの隣人もそれから得る所があります。よくない想念が飛び去った後には、純な愛が現れて来るからです。純なる愛。この純なる愛があなたの真なる姿なのです。

それでは歌いましょう。一緒に試してください。皆で一緒に歌いましょう。自分は歌えないと思っている人も、試してください。どうしても歌えない人は手拍子を取ってください。私がポルトガルへ来ると、いつも歌うバジャンを試しましょう。

これは聖者スルダスとクリシュナの会話です。スルダスがクリシュナに訊きます。

「あなたを喜ばす崇拝の最高の形は何ですか？　あなたを喜ばせ、また、幸せにするためには何をしたらよいか教えてください」

わかりますか、神様を愛するとは、神様を喜ばすことです。あなたは誰かを愛すると、その人が喜ぶことは何でもします。ここではスルダスがクリシュナに訊いています。

「あなたを幸せにするために、どの祈祷を捧げ、どんな奉仕を尽したらいいか教えてください」

するとクリシュナが答えます。

「ジャスト・ラブ！　単に愛せよ。愛は最高の崇拝をあらわす」

至る所で神は愛であると言われています。神は人間の心の中で愛として存在しています。ですから最大の奉仕

ここではスルダスが
クリシュナに訊いています。
「あなたを幸せにするために、
どの祈祷を捧げ、どんな
奉仕を尽したらいいか
教えてください」
するとクリシュナが答えます。
「ジャスト・ラブ！
単に愛せよ。愛は最高の
崇拝をあらわす」

はこの愛を神に捧げることです。

この曲はこの愛について歌っています。簡単に説明しましょう。第一の詩節はドゥリョーダナに関する歌です。『ギーター』を読んでいる人は知っているでしょうが、そこには善人と悪人がいます。悪人はドゥリョーダナとその家族、ネガティブな性格を象徴するカウラヴァス、そして善人はユディシュティラとその兄弟のパンダヴァスです。この歌はクリシュナの生きていた時代を描いています。ドゥリョーダナは彼を自分の家へ昼食に招待します。彼は美味しい食べ物をたくさん、大変見事な、それは素晴らしい、盛大な食事を用意させますが、クリシュナはその招待に応じません。その代わりに、ヴィドゥラという名の大変質素な男（クリシュナの伯父にあたる）の家を訪れ、そこで簡単な食事を済ませます。クリシュナはこの男の愛のために、そこを訪れたのであり、かのプライドの高い男は、全くそのような愛からかけ離れていました。

第二の詩節はシャバリに関する歌です。これは叙事詩「ラーマヤナ」からとった詩です。まだ子供の時から、いつもラーマが来るのを待っていた老女のお話です。彼女は休むことなく絶えずラーマの名を唱えていました。彼女は毎日森へ行き、見つかる限りすべての果物を集めて来ました。彼女は甘い果物だけを選びます。ある日のことラーマが彼女を訪れて来て、シャバリはとても喜び、ラーマに果物を捧げます。彼女はとにかく甘い物をあげたかったので、まず自分で試してから、ラーマに渡します。ラーマの弟はこれを見て言います。

「おお、何てけがわらしい！　おまえは彼女が口を付けた物を食べている。彼女の口を見てみろよ、もう歯なんてないんだぞ」

ラーマは彼を見て言います。

「おまえにはわからんよ。私にとって大切なのは果物ではなく、彼女の愛なんだ」

すべては神の愛に関することなのです。わかりますか？　多くの聖者達、様々な人達が神に愛を捧げ、それがどんなに大切であるか示してきました。そしてそれが大切なことは皆知っています。

では私が**「サブセ・ウンチェ」**と歌ったら、あなた達は**「プレマ・サガイ」**と歌ってください。「サブセ・ウンチェ」は「最高の崇拝は」の意味で、「プレマ・サガイ」は「愛の関係」の意味です。考えてごらんなさい、あなた達は恋をすると、その愛をあらわします。あなた達はそれを告げるために何でもします。神様、この通り私はあなたを愛しています！　これに関してためらうことはありません。神様が「私はあなた達を愛している」と言う時はためらうどころか、すべてを与えてくださいます。

思考を鎮める一番簡単な方法は歌うことです。歌っていれば、考えることができないからです。私達は歌っている内容についてだけ考えます。それであなたが神の名を歌うと、神のことだけを考えます。あなたの幸せのすべては神にあります。

神様は人間に数多くの名を与えてくださいました。あなたは神をアラーと名付け、クリシュナと呼び、イエス様と言います。あなたがどの名を呼んでもいいけれど、それは皆同じ神です。私達は神は一人しかいないと言っていますが、人間は「自分の神様が一番よい」と主張したがります。それが皆同じ神なら、どうしてどちらがいいとか、よくないとか言えるのでしょう？シュリマート・バガヴァタムの中でクリシュナが言っています。

「誰も批判しないこと、いかなる宗教も批判しないこと、人種差別をしないこと、文化によって人を批判しないこと、彼等も私を愛しているのだから。そして私はあらゆる姿で存在している」

キリストも同じことを言っています。

「あなたが裁かなければ、あなたは誰からも裁かれない」

私達の知性は絶えず批判しようとします。そして常にこう考えています。

「私は正しいけれど、あなたは間違っている」

皆が同じ神を持っているのだったら、彼等は何故間違っているのでしょう？何が間違っているのか言ってください。何も間違っていません。道はそれぞれ違うし、聖者達も様々であるし、皆自分に合った道を好きなように行くのです。とにかく誰もがこの永遠の幸せを得て、サッチダーナンダを我が物にし、神実現に至ることを望んでいるのです。

今の世の中がどんな様子をしているか、よく見てごらんなさい。また、人間の知性がどのように働いているか、よく見てごらんなさい。私はそこにネガティブなものしかないとも、また、ポジティブなものしかないとも言いません。両方とも同じように存在しています。でも霊的な人間は神様のお恵みを授かります。

あなたが霊的であれば、あなたは自分の中に神様の愛を目覚ましｍます。あなたは自分が誰なのか知ろうとします。それはあなたが 自分の知性に限界のあること、自分の身体に限界のあることがわかっているからです。ところがあなたの奥深くには、すべてを司るより高度の力が在ります。そしてこの高度の力は、外部の何物によっても満足させることができません。それは神様に対する純な愛、完全な献身によってのみ満足させることができるのです。ところがそれにもかかわらず、あなたは絶え間なく限界のあるものの後を追っています。あなたは自分で頭をぶつけて言います。

「ああ、痛かった」

でもそれで何かを学んだわけではありません。どうしてなのでしょう？　神様はいつでもすべてをくださいます。神様は願いを叶える木のようなものです。あなたがこの木の下で願う物はすべて叶えられます。

ある所に一人の男がいました。この男は森を通って家に帰る途中でした。彼の家はまだ遠く、疲れてきたので、立派な木を見つけて、その下に横になります。彼はこの木の下で横になりながら、願い事をします。

「ここにベッドがあったら、いいのになあ」

でも彼は自分が「望みの叶う木」の下にいるとは知りませんでした。突然脇に立派なベッドが現れます。彼はそのベッドを見ると、すぐに飛び込んで、その柔らかさを満喫します。すると次の考えが頭を横切ります。

「綺麗な女の人がいて、私の足をマッサージしてくれたらなあ」

そこでこの望みも叶えられます。この望みが頭に浮かんだ瞬間、一人の若い女の人が現れて、彼の足を揉んでくれたので、彼はとても喜びます。この時彼は気がつきます。

「私の願いはすべて叶えられるようだ。この辺で少し何か食べる物がもらえないだろうか？お腹が空いてきた」

彼がそれを願い、また、そのことを考えると、彼の周りに食べ物がたくさん現れます。彼はとても喜んで、果物を初め、様々な食物を手に取ります。

そして食べながら考えます。

「私の願いはすべて叶えられた。では私がこの森に座っている間に、ライオンが飛び掛って来て、食べられてしまったら、どうなるだろう？」

すると何が起こったでしょう？一頭のライオンが現れ、男に飛び掛って食べてしまいます！

人間もこれと同じです。私達は毎日のように、このライオンに食べられているのですが、私達はそれに満足しているのです。違いますか？それでは神様にお願いしてください。

「私はあなたを実現したいのです。そしてすべての苦痛から解放されたいのです。また、すべての心配事から解放されたいのです」

それがあなたの望みではありませんか？　しかし誰もが苦痛から解放されたいわけではありません。あなたは本当に苦痛や心配事から解放されたいのですか？　なかには苦痛や心配事を好む人達もいます。ではあなたは本当に永遠の幸福を得たいのですか？

それなら神様にお願いしなければなりません。そしてそれに達するために、あなたにできる限りのことを、あなたのベストを尽くしてください。あなたがベストを尽くして初めて、神様もあなたにお恵みと祝福をくださることでしょう。そして神様は言われるでしょう。

「見てごらん、この者はできる限りのことをしておる。その者の所へ行かせてくれ」

そしてあなたは間違いなく神様のお恵みを授かることでしょう。ですから常にベストを尽くしてください。少し風が吹いたくらいで負けてはいけません。強くなってください。

神様はいつもそばにいることを忘れないでください。あなたが何処にいようと、何をしていようと、ポジティブであろうと、ネガティブであろうと、神様はそばにおられます。あなたが瞑想やヨーガを通して、自分の心の静けさに近づいて行くと、あなたはこの静寂を体験します。あなたには瞑想の経験がありますか？　あなたはこの静寂の中で何を感じますか？　あなたは平和と調和を感じます。そして確かにあなたはいつまでもこの平和と調和の中にいることでしょう。知性にコントロールされながら。私達の一番弱い点は知性です。知性はすべてを理解したがります。でも瞑想やお祈り、ヨーガの実習であなたは何をしますか？　知性をな

> 多くの人達は神様を自分の心の中ではなく、外に捜し求めます。ところが神様は人間の心の中に住んでおられるのです。神様は心の扉を叩いて言います。
> 「戸を開けて、私を出しておくれ」

だめます。するとあなたはもう何も理解したがらず、ただ自分だけを認識したがります。あなたは知性ではなく、知性を用いるけれども、知性そのものを超越し、肉体をも超越して認識するのです。あなたが知性と肉体を超越すると、後に何が残りますか？　精神が残ります。

キリストは「皇帝の持ち物は皇帝に返せ」と言っています。知性と肉体は皇帝の物ですから、皇帝に返してください。でも精神は神様のものです。神様のものは神様に返してください。従って自己実現を果たしてください。

キリストが「神の王国は遠からず、そばにありし」と言ったのは、それがあなたの中にあるということです。

そうです、それはすぐ近くにあります。キリストは自己実現の道を示したのです。でも多くの人達は神様を自分の心の中ではなく、外に捜し求めます。ところが神様は人間の心の中に住んでおられるのです。神様は心の扉を叩いて言います。

「戸を開けて、私を出しておくれ」

ですからあなたの心を開いて、愛を流し出してください。無条件の愛を流し出してください。正にこれがあなたの行く道を助ける愛です。それはあなたがどの道にいようと、どの宗教に属していようと、誰に従おうと、全く同じことです。愛は愛であり、あなたが理解しなければいけないのは、これです。世の中を変えたかったら、世の中に本当に平和があって欲しかったら、まず自分を変えてください。あなたが自分を変えると、何かが動き始め、あなたがこの純な愛になると、何かが変わってくるでしょう。

でもあなたがいつも「後で、様子を見よう……」と言っていると、時はどんどん経って行きます。そして世の中は変わってしまいます。機会が巡ってきたら、それをつかんでください！それを決して手放さないことです！あなたがそれを手放すと、また、新しいチャンスに恵まれることはあっても、それは同じチャンスではありません。

それでは神の愛を呼び起こしてください。世の中を変えることができるのはそれだけです。それによってのみあなた達は自分を変えることができるのです。あなたの人生から苦痛と心配事が消えていくでしょう。――それは愛と献身によってのみ可能です。

それではあなた達と少し瞑想しましょう。これはいわゆる瞑想ではありませんが、あなたが今座っている場所で、内面に注意力を絞ってみてください。そしてオーム・ナモー・ナーラーヤナーヤを歌いましょう。あなた達も知っているように、これはとても力強いマントラです。このマントラを歌うと、知性が静まります。想念が穏やかになります。心配事をなくし、苦痛を取り除きます。そしてあなたにとてもたくさんの富を与えます。それはあなたの霊的な成長に役立つだけでなく、物質的にも成功する助けになります。私には皆が霊的な道だけに集中したがらないのはわかっています。彼等は皆物質的な道も好んでいますが、それは両方とも大切です。

オーム・ナモー・ナーラーヤナーヤは座らないで歌ってもかまいません。

目を閉じて、第三の目に蓮の花を想い描いてください。そして**オーム・ナモー・ナーラーヤナーヤ**をまず声を出して歌い、次にハミングしてください。それからこのマントラをただハミングして、最後に全く声を出さずに唱えてください。そして**オーム・ナモー・ナーラーヤナーヤ**の、あなたの内部での響きに耳を傾けてください。ではまず声を出して歌い、次にハミングし――、あなたは内部の振動を感じるでしょう。あなたがハミングすると、全身にこの振動を感じ、静寂が訪れると、あなたは唱えるのをやめて、自分の中へ入って行きます。あなた自身もう何の響きも出さないのに、あなたは自ら創った響きを自分の中で聴きます。あなたの想念をずっと蓮の花に集中させておいてください。花びらを閉じた蓮の花を想い描いてください。あなたが歌っている間は、蓮の花はまだ閉じられています。そしてあなたがハミングすると、花びらを開き――、それは綺麗な蓮の花として、すっかり開きます。そしてその静けさの中に、蓮の花に漂うコスミック・オームを、または蓮の花に憩う神様のおみ足を、ナーラーヤナのおみ足を見てください。私達はこのようにして**オーム・ナモー・ナーラーヤナーヤ**を歌います。さあ、準備はいいですか？

●目を閉じて、第三の目に花びらを閉じた蓮の花を想い浮かべてください。
●**オーム・ナモー・ナーラーヤナーヤ**を歌ってください。（5分間）
●**オーム・ナモー・ナーラーヤナーヤ**をハミングし、蓮の花がすっかり開くのを見てください。（5分間）
●静寂。コスミック・オーム、またはナーラーヤナーヤのおみ足を、開いた蓮の花の中に見てください。（5分間）
●静けさを保ったまま、目をゆっくり開いてください。
●目を開いたままで、静寂を楽しんでください。

あなたがこの瞑想を15分間実習すると（5分間歌い、5分間ハミングし、5分間静寂を保つ）あなたに平和が訪れることでしょう。歌うことで大切なのは、あなたの思考をコントロールし、ポジティブにすることです。ハミングはあなたの身体のコスミック・エネジーを振動させ、神様が来られる内面の静寂を得るために役立ちます。この瞑想は15分間かかります。

期待から自己実現へ

南アフリカにおけるダルシャン　２００９年６月23日

今の歌にはとても素晴らしい意味があります。それで今日皆で歌うために選びました。これは人生そのものを描いています。あなたにも多くの似たようなことが自分の人生にあるのがわかるでしょう。第一部の「**スカ・メ・サブ・サーティ・ドゥカ・メ・ナ・コイ**」は、あなたが富に恵まれ、幸せで、すべてがうまく行けば、友達もたくさんできるでしょう、という意味です。でもあなたの人生に苦難が訪れると、あなたを何よりも愛していて、いつまでもあなたのそばにいると言っていた人達が、一番先に離れて行くでしょう。

有名な諺に「泉に水があると、蛙がたくさんいるが、泉が涸れると、１匹の蛙もいなくなる」というのがあります。

その通りです。でもあなたが誠実であれば――何よりもまず自分自身に対して、そしてあなたの人間関係において、友人関係あるいは別の人間関係において――何が起こっても、あなたをぐらつかせることはできません。それはいかなる人間関係も、また、あなたが心に感じていることも、外部から影響を受けたり、あなたの期待を裏切ったりすることがないからです。

期待は人生において私達を不幸にする主なる原因です。私達は人に何かしてあげると、必ずその代償を期待します。私達はすべてに期待を寄せます。あなたは自分の人生で、何度無条件で何かしましたか？　覚えていますか？　もちろん誰でもしたことはあります。それがあなた達の天性なのですから。私が言うのは常に何かを期待する外見の天性のことではありません。私達は常に知性に支配されているので、多くの物事を期待しています。多分あなたは無条件でいろいろ尽くしたことがあるでしょうが、その多くは忘れてしまっています。でも期待しながら誰かに何かすると、それはいつまでも覚えているものです。あるいはあなたが誰かに傷つけられると、それは末永く記憶に残るでしょう。でも誰かがあなたにした善いことは、記憶から消えてしまいます。時がすべてを消してしまうのです。

期待は人生において
私達を不幸にする
主なる原因です。

私達がよく繰り返す質問があります。それは、私達は初め神と一緒だったのに、何故ここに再生して来るのかということです。何故神から離れなければならないのでしょう？　これは皆が発する質問です。そうでしょう？　私達は本で読み、多分何人もの師に会い、彼等が「その通り、人生で一番大切なのは、あなたの真の自己を知り、あなたの真の姿を実現することです」と言うのを聞きます。でも同じ質問はまだ頭に残っています。

「私達は何故神から離れているのでしょう？」

実際には神は私達から離れていません。でも私達の知性は、私達が限界のない存在から離れていると感じているのは確かです。それは私達がもっぱら外部の物に支配され、内部にあるものを忘れているからです。私達が歌った最後の部分は「私達は聖地を訪れ、数多く巡礼の地を回るが、今一つ忘れている場所は私達の心である」と言っています。何故私達は離れ離れになってしまったのでしょう？

もちろん神様は顕現体として、あるいは非顕現体として至る所においでです。私達の体の細胞の一つ一つに、そして形を成しているもの、形を成していないもののすべてを貫いています。私達が神様の顕現体を考える時は、聖者とアヴァターのことだけを考えます。でも神様はあなたの中にもおいでです。もちろんこの聖者とアヴァターは神様の素晴らしい顕現体です。神様は人間を助けなければならなくなった時に、来られるのです。

神様はいつも人間を助けるために来られるのですが、実際には自らを救うために来られるのです。私達は外部の物に強く結び付けられているので、カルマを創造します。常に――いくつもの人生を通して――数多くのカルマを創り上げ、それに縛り付けられています。

ある人達は「私達はカルマ清算のためにここにいる。私達は自己実現のためにここにいる」と言うかもしれません。それは確かにそうです。それは人生の目的であり、宗教の目的でもあります。

それはただ神の前で炎を旋回させ、その栄光を讃えるだけではなく――それは一方ではとてもいいことですが――まず何よりも神に達さなければなりません。それにはあなたの方から進んで努力しなければなりません。でもあなたが幻影に捕らわれていると、マーヤに捕まってしまいます。幻影もまた、神の創造物ですが、私達が神を取るか、この世を取るかは、私達の自由です。ある人達は、自分達がとても利口だと思って「私達はすべてが欲しい。この世も、そして神も」と言います。

ところでキリストは聖書の中で「皇帝には皇帝の持ち物を返せ。魂には魂に属するものを返せ」と言っています。また、キリストは、あなたが自分を魂だと思うと、あなたは魂であり、また、ただの人間に過ぎないと思えば――そこで自分を拘束してしまうので――ただの人間に過ぎない、と言っています。

あなたはシヴァとパールヴァァティーを知っていますか？　シヴァは世捨て人です。彼は世を捨て、乞食のように暮らしていました。彼は彷徨い歩きながら、食べる物をもらって生きていました。そしてただ虎の毛皮を一枚だけ身に着けていました。ところでパールヴァティーはシヴァと結婚したがっていました。シヴァと結婚するのは簡単なことではなかったけれど、罪償いを重ね、「タパシャのシャクティ」と言われる自分のタポ・シャクティを使って、シヴァを自分のものにします。パールヴァティーはシヴァを自分のものにすると、言います。

「主よ、いつも私をそばに置いてください。あなたが瞑想なさる時は、隣に座って、ただあなたを見つめています」

これを聞いて、シヴァは微笑むだけでした。時は経ちますが、シヴァはまだ瞑想を続け、彼女はただそばに座っています。でも時が経つと、人を愛するのも当たり前のことになるので、その質が失われます。おまけに私達はいつまでも同じ憧れ、最初の頃と同じ感情を持ち続けたいのです。そしてパールヴァティーにも同じことが起こります。彼女はヒマラヤで、寒気の中にただ座っていたのですから。そこで彼女はある日、シヴァに向かって言います。

「主よ、私はもうかなり長いことここにいます。私は世の中へ出て、あなたのバクタス、あなたの信者達に会ってみたいのですが」

シヴァはそれにはあまり応じないで、ただ聴いています。それでパールヴァティーはさらにもう一ヶ月彼のもとにとどまります。ご婦人達が一度何か思い立つと、それをやめさせるのが難しいことは、ご存知の通りです。これは悪いことではありません。むしろいいことです。

何故かといえば、彼女達が神を求めると、何が起きてもそれを手に入れようとするからです。

それから一ヶ月が過ぎ、パールヴァティーは再び願い事を繰り返します。

「主よ、世の中へ出させてください。私はどうしてもあなたのバクタス、あなたの信者達に会って来たいのです」

するとシヴァが答えます。

「よろしい。では行って来なさい！」

パールヴァティーはとても喜びます。そしてヒマラヤを下り、大変喜んで歓迎する大勢のバクタスに出会います。彼等は大喜びで、彼女に敬意を表する盛大なパーティーや祝祭を催します。パールヴァティーは各地を旅して周り、こうして何年もの歳月が経って行きます。そして最後に南インドを訪れます。これを記念して人々は彼女のために巨大な寺院を建てます。

ところが彼女がこの寺院へ入って行くと、人々がこのように歓迎の意をあらわしたのにもかかわらず、突如として大変悲しくなります。パールヴァティーは愛する人に深い想いを寄せていましたが、あちこち旅をして回っているうちに、帰路を忘れてしまいます。彼女は帰り道を探しますが、見つけることができません。とうとう彼女は主に向かって言います。

「あちこち旅をしているうちに、すっかり惑わされて、家へ帰る道さえ忘れてしまいました。どうやってあなたを見つけたらよいのでしょう？　唯一の方法はあなたが迎えに来てくださることです」

彼女は泣いて、泣いて、泣き続けます。これがシヴァの気に入って、彼女をヒマラヤへ連れて帰るためにやって来ます。

本当にこの通りなのです。あなたが静かに座って、頭が瞑想や歌ですっかり空になり、知性がコントロールされて、すべてが一体であることが明らかになると、主がおいでになるのです。主はいつもあなたの心におられるのですから。私達は神を外部に探しますが、それは悪いことではありません。それどころかそうして探すのはとてもよいことです。私達は寺院へ行って、神様が私達の心の奥から出ておいでになるまで、お祈りを捧げます。

私達は神を望んでいると言いますが、それは私達が頭で望んでいる通りの神でなければなりません。私達は皆、神様に対して独自の関係を持っていますが、神様はいつでも私達がお呼びする姿でおいでになります。神様には限界がないので、何百万という姿でおいでになりますが、私達はそのご意思を尊重しなければなりません。これが献身という言葉の意味です。私達は自分達の方が良く知っていると主張しますが、これは間違っています。私達は誰よりも良く知っていると思っているのです。「賢い者は口を閉じ、愚か者は騒ぎ立てる」という諺があります。賢い者は自分に関する、また、他人に関する真実を知っていますが、愚か者はあまり知りません。それで皆の注意を引きたがるのです。

あなたは一度でも静かに自分と向き合って座ったことがありますか？ 私は瞑想することを

言っているのではありません。瞑想とはまた、少し違います。そうではなく、静かに、物を考えずに、例えば夫が、あるいは妻が何をしているかとか、子供達がどうしているかなどと考えずに、ただ座って、その瞬間を楽しむことです。

それではここであなたと短くて簡単な瞑想をしましょう。

まず座って緊張をほぐしてください。私達がエネルギーの世界に住んでいるのは知っていますか？　私達はすべてエネルギーを使って生きています。私達は食べないと、力が出ません。私達が必要とするエネルギーは常に流れています。ところで私達が常に必要としているさらに大きなエネルギーがあります。そのエネルギーとは何でしょう？　それが愛です。そしてこのエネルギーはいつも流れています。私達がすることはすべてこの愛を得るためです。他の何物でもありません。この愛にあなたは平和を見出すのです。この愛にあなたは探し求めているものを見出すのです。でもこの愛を得るためには、努力しなければなりません。ただその辺りに座って「オーケー、私の中には愛がある」と言うだけでは駄目です。そこでしまいではありません。それはすでにあなたの中にあるけれど、もっと深めることができます。従ってこのエネルギーは自分を目覚ますためにも使うことができます。

それでは座って、何も考えないようにしてください。考えずにいられない時でも、その想念を無理に引き止めないでください。これは難しいことではなく、とても簡単なことです。

瞑想の手引き

●片手を心臓の手前に、胸には触れずに近づけてください。ただ心臓の高さに持ってくればよいのです。目を閉じてください。
●あなたの呼吸、吸息と吐息に集中してください。呼吸は止めずに、吸ったら、また、すぐに吐いてください。
●想念は引き止めないでください。想念が入って来ても、それを手放し、やり過ごしましょう。
●くつろいで、手の緊張、特に心臓の手前にある手の緊張を解いてください。
●次に手でそっと心臓に触れてください。ただ手を置いて、心臓と身体のあらゆる部分を流れる、何億というエネルギーの単位を感じてください。

何か感じましたか？　何を感じましたか？　もし何も感じなかったら、続けて試してください。全く簡単なことです。あなたはただ自分自身とのつながりを感じなければいけません。私達は自分の中でしっかり守っている愛、自分のためだけに維持している愛を呼び起こさなければなりません。あなたは恋をしたら、どうしますか？　相手に与えます。そうでしょう？　あなたはこの愛を相手と分かちたいのです。あなたが目覚めると、神様のお恵みがこれと同じようにあなたに流れます。するとあなたは、いつも自分から進んで入って行く、夢のような状態から抜け出すのです。

　これは私にある物語を思い出させます。


　ある所に一人の木こりがいました。ある日のこと、仕事を終えて家へ帰って来ると、腰を下ろして、そのまま寝込んでしまいます。そして自分は王様で、七人のお妃と大勢の子供がいる夢を見ます。彼が楽しんでこの夢を見ていると、突然一人の友達が訪ねて来ます。それは夢ではなく、友達は実際にやって来て、木こりに呼びかけます。

「おい、起きろよ」

　木こりは夢から覚めて、友達に向かって喚き始めます。

「私は王様だったのに、おまえが来て、邪魔をした」

　友達は「でもただの夢ではないか」と言いますが、木こりは大変怒って「おまえには夢かもしれないが、私には真実だ」と答えます。


　正にその通り、私達は夢の世界に生きています。私達が目覚めると、そこで初めて真実を見るでしょう。でもこの真実は知性では理解できません。それは違うものです。そのために人間は皆ここにいて、私達の真実、私達の実際の姿、言うなれば、ただの袋に入った骨ではないことを知ろうとします。私達はこの真実を愛によって、無条件の愛によって、神様が私達を愛するように、愛することによってのみ、得ることができます。あなたは神様の愛が私達の生み出す、何らかの制約に結び付けられていると思いますか？　例えば私達が神様をどのように理解し、また、どんな姿に創り上げるかなどというように。神様の愛を拘束するものは、信者の愛以外に何もありません。私達がクリシュナの生涯を考えて、彼を拘束していたものが何かあったでしょうか？　彼は常に、そして永久に自由でした。彼は何の拘束もなく生まれて来ました。ただ一つ彼を拘束し、限界づけたものは信者の愛です。先週ヴリンダヴァン出身の一人のスワミが、ドイツにあるアシュラムを訪れました。彼はシュリマート・バガヴァタムにも記されている、まだクリシュナが小さかった時の、この素敵なお話をしました。

クリシュナがとても腕白だったのは知っていますね？　彼は年中バターの入った鉢を割りました。それも皆を怒らせて、全員の注意を自分だけに向けさせたかったからです。他の理由からではありません。ある日ヤショーダが彼を膝にのせて、火にかけた少しばかりのミルクを見ていました。ミルクは煮え始め、火の中へこぼれ出します。スワミはそれがどんなに素晴らしいミルクだったか説明します。ヤショーダは、主がすぐそばにいたにもかかわらず、彼のもとへ行けなかったので、泣き出しさえしたということです。彼女はミルクが煮えたのを見ると、クリシュナを膝から降ろし、あわてて火からミルクを取ります。

多くの偉大なヨギ達が瞑想と罪償いをして神に近づこうとしますが、できません。そしてここでは主がヤショーダの膝にのって遊んでいますが、彼女は外の世界に注意を逸らせて、主を忘れてしまいます。

そこで主は立ち上がって、バターミルクの鉢を割り、バターは猿に与えてしまいます。クリシュナが猿に餌をやってしまうと、ヤショーダが戻って来ます。そしてそこいら中に散らばった鉢の破片と猿を見て、それがクリシュナの仕業だとわかります。彼女はクリシュナを探して、あちこち見て回ります。一方クリシュナはその小さな小さな脚でぐるぐる回って逃げ走り、ヤショーダは捕まえることができません。それでもとうとう捕まって、ヤショーダは綱でぎゅっと縛ろうとしますが、毎回結ぼうとするたびに、綱は指幅2本分短いのです。彼女はもっと綱を取って来ますが、それでも短くて結べません。そこで彼女はさらにもっと綱を取って来て、結ぼうとしますが、またまた短くて結わくことができません。とうとうヤショーダは疲れきってしまいます。

この時クリシュナはヤショーダの愛がどんなに大きいかを見て取ります。

「もういいだろう。これで彼女の注意力をすっかり私のものにすることができたようだ」

そして彼女に縛らせます。

神様の愛を拘束するものは、
信者の愛以外に
何もありません。

私達が神様を自分の中に見出すということは、実際には神様の愛を自分の中に見出すということです。それは神様をすっかり捕まえてしまうことで、私達がしっかり捕まえたら、そこで初めて「神様は私のものだ」と言うことができます。どの宗教的な伝統を担う師匠も（ヒンドゥー教だけではなく）モハメッドも、キリストも、クリシュナも、彼等は皆人類に普遍的な愛を得ること、この無条件の愛を得ることを教えるために、そのことを教えるためにだけ、地上に現れて来たのです。これがあなた達の真の天性です。それ以外の物は何もありません。

あなたが持っている物はすべてここに置いて行くでしょう。あなたがここで取った物は、また、ここに置いて行くのです。あなたがこの愛を一度手に入れたら、そのまま他の人にあげてください。あなたは神の愛の道具になるのですから。そして常にそれを外へ向けて流してください。

人生は移り変わって行きます。あなたは小さかったけれど、成長して大人になり、そのうちに年を取って、死んで行くことでしょう。そしてまた、生まれて来るのです。同じことが何度も繰り返されます。でもいつか「もうたくさんだ」という時がやって来ます。それともあなたはいつまでもこの輪廻転生の法則に縛られていたいのですか？　あなた達の何人くらいがこれを繰り返したいのですか？　わかりますか？　私達が生きているうちは、人生に何か問題が起きるまで、この繰り返しの意味がわからないのです。そこで私達は神様に向かって言います。「おお神様、私を助けてください」

こうして私達はこの輪廻転生の意味を理解します。もし何かうまく行かないことがあると、私達は神様に向かって「助けてください」と言います。でも私達はまず知っているすべての人達に助けを求めます。彼等が助けてくれると思っているからです。そうでしょう？　そして最後には「彼等には何もできない。これからは神様だけにお願いしよう」ということになります。

人生は神の愛を得るためにあり、あなたはその愛を得た時点で、すべてを手にすることができます。あなたの祈りや瞑想、また、あなたのサーダナのすべては、この愛を得て、それを実現するため、あるいは目覚ますためにあるのです。あなたが宝石を金庫の中にしまっておいても、輝き出すことはありませんが、それを外に出すと、だんだんにその輝きを増してくるでしょう。

キリストも「家に明かりがあったら、ベッドの下に隠したりしないで、そこいら中が明るくなるように、高くかざしなさい」と言っています。

これはあなたが自分の中に持っているものと同じです。中に閉じ込めておかないでくださ い。あなたは数多い人生を通して、ずっと閉じ込めてきました。そしてそれを暗くして、何重にもカバーをかけてしまいました。今はそれをもう一度輝かせるチャンスです。

自分自身には誠実に、そしてあなたのサーダナを続けてください。ここで誠実さについて少しお話ししましょう。神様には誠実であってください。あなたは毎日神様の前でお祈りすることができますが、それは心から誠実で、あなた自身の中から出て来なければなりません。

あなたが心からお願いすれば、それがどんなに些細なことでも、聞き入れてもらえます。また、あなたが心からお願いすれば、一番大きな願い事さえ聞き入れてもらえます。

神様は寺院に祭られていますが、外部に私達が集中できる姿があるのはとてもよいことです。神様がその広大無辺な姿を私達の内部に現すまでは。そしてあなたが一度この広大無辺な姿を自分の中に見出すと、それが至る所にいるのがわかるようになります。神はすべての物にあり、あなたもまた、すべての物にあり、最終的には神しかないのですから。私達は自分の知性に、自分のプライドに、そして自分のエゴに支配されています。私達は年中「私、私、私」とか「私がする」と言います。でもあなたのすることが、時々うまく行かないのは何故でしょう？　それはあなたが自分のプライドに縛られているからです。それは本当にちっぽけな存在なのですが、とても大きく見えます。そしてあなたがもう真実が見えなくなるほど、目をくらましてしまいます。でも神様に身を捧げ、常に神様を思い出す、もっと簡単な方法がります。あなたが何処で何をしていようと、それが神様ご自身なのだということを忘れないことです。それが神様のご意思でなければ、何も起こりません。これが人生であり、実際には神であります。そこにはいろいろな道がありますが、最後には誰でも神に達します。私達は皆同じ所から来ていて、再び同じ所へ帰って行きます。この旅は長くもあるし、短くもあります。でも最後に私達は神様の所へ戻って行きます。

手放しなさい

ドイツ、シュテフェンスホーフにおけるダルシャン　２００７年８月５日

あなたは何処にいようと、常に神様のお恵みによって、また、ナーラーヤナのお恵みによって、人生の目的に達することができます。あなたは何をするにつけてもベストを尽くすことができますが、霊的なものであろうと、物質的なものであろうと、それがあなたの心からの行為でない限り、神様のお恵みを授かることはできず、決してうまく行くこともないでしょう。あなたは全力を尽くして試すことはできますが、神様の祝福を得ない限り、完全なものにはならないでしょう。

ですからバクティ、献身はとても大切です。グル・プールニマでもすでに話しましたが、多くの人達が考えているように、献身とは何も重労働ではなく、まず何よりも神に仕える喜び、

そして神を知ろうとする喜びです。私達は神のことを話し、神のことを考えますが、私達の知性は神を理解できず、神の姿を想像することができません。神様はご自分の謙虚な性格から様々な形や姿を取って現れ、私達は自分の知性をこの姿に合わせることができます。また、神様には数多くの名前があり、私達は思考力をこの名に合わせることができます。

ところで人間は知性に餌を与えて現実を忘れるために、知識を深めたがります。人間は知性を養いつつ、知性のレヴェルに止まって、常に知性の意識を保ちます。でもあなたは自分の真実を知性で捉え、それが実現できると、神が実現できると信じたりしてはいけません。あなたは自分の知性を神様のおみ足に捧げることによって、初めて本当に、この鎖から、このすべての苦悩から解放されるのですから。するとあなたは「神様、私はここにいます。私はすべてを捨てて、あなたに身を捧げます。私を助けて、この幻影から引き出してください」と言うことができます。

ドラウパディに関するよいお話があります。

彼女は五人のパンダヴァスと結婚して、その五人を同じように自分の夫と見なしていました。彼女は全員を同じように愛していたのです。ある日彼等は従兄のドゥリョーダナとダイスゲームをしました。パンダヴァスは所有物のすべてを賭けましたが、魔法のさいころを使って勝負をしたため、持っている物をすべて失ってしまいます。本当に何もかも失くしてしまったのです。彼等がそれに気づくと、カウラヴァスが言います。

「君達にはまだ何か残っている物があるのかね？――何もないのだったら、お妃を賭けるといい」

パンダヴァスはこれに同意し、妻のドゥラウパディを賭けますが、また、負けてしまいます。そしてカウラヴァスは、ドゥラウパディを笑いものにするために、宮廷の広場へ連れて来させ、彼女のサリーを脱がせようとします。あなたが嫌がるのに、もし誰かが服を脱がせようとしたら、どうしますか？服をしっかりと押さえます。そうでしょう？ドゥラウパディはクリシュナを呼びます。

「ゴヴィンダ、助けに来て！何処にいるの？」

でもそれと同時にサリーをしっかりと押さえています。彼女は何度も繰り返してゴヴィンダを呼びますが、彼は現れません。とうとう彼女はくたびれて手を放します。彼女は今度は両手を上げて、もう一度「ゴヴィンダ！」と呼びます。この瞬間に主が現れ、そこにサリーの布地が次から次へと出て来ます。彼等はそれを引っ張って、引っ張って、引っ張り続け、何メートルも何メートルもの布地が巻き戻されて行きますが、それでもサリーをすっかり脱がすことはできません。彼等はついにあきらめて、彼女を放します。

後日ドゥラウパディはクリシュナに訊きます。

「クリシュナ、私はあなたを呼んだのに、どうして来るまであんなに時間がかかったの？」

クリシュナは答えて、
「愛する妹よ、あなたが私を呼んだ時、ゴヴィンダの名を口にした時、私は『ゴ』を聞いて宮廷を飛び出し『ヴィンダ』を聞いた時はもうそこに来ていたのだよ。でも私は着いた時、あなたが自分の服をしっかり抑えているのを見て、助けなかった。そしてあなたが抑えていた物を手放した時、あなたが衣服を手放した時、初めて助けたのだ」と言います。

人間の場合もこれと全く同じです。彼等の望むことは自由になること、自己を実現することですが、それと同時に物質に執着し、それを手放そうとしません。彼等は自己実現を望んでいますが、他の物もすべて手放そうとしません。望みを持つのはかまいませんが、正しい方法で望まなければいけません。何かを望み、同時に物事に執着していると、あなたはいつまでも惨めで、不幸せなことでしょう。そしてあなたがすべてを手放し、主とそのご意思に万事を委ねるかどうかは、あなた自身の選択に掛かっています。あなたの知性が物事を批判し「それはこうだ。私は間違っていない。正しいのは私だけだ」と言っている間は、神を実現する段階には達しないでしょう。

ある所に一人の非常に博学な祭司、パンディトがいました。
彼は国王の所へ行って「あなたにバガヴァタムを教えさせてください」と言います。

バガヴァタムを知っている国王は祭司をじっと見て言います。「いや、私はあなたからは習いたくない。あなたにはわかっていないからだ。どうして私に教えられよう？　帰ってもう一度勉強して来なさい。そしてわかったらまた、戻って来なさい」祭司は腹を立てて帰って行きます。彼のエゴとプライドが傷ついたのです。彼は自分の部屋に閉じこもり、本を全部手元に置いて、新たにバガヴァタムを読み始めます。読み終わると再び国王の前へ出て「王様、私はバガヴァタムを全部読んだので、あなたに教えるためにまた、戻って来ました」と言います。

国王は答えて「いや、いや、いや、帰りなさい」と言います。

そういうわけで彼は今度もまた、家へ帰されます。今回は祭司も考えます。

「王様が私を送り返すのには、何か特別の意味があるに違いないもっと入念に勉強しよう」

彼は再び部屋に閉じこもって、今度は本当にすべてを捧げ、愛を込めて自分の心を開き、バガヴァタムを読み直します。こうして彼がバガヴァタムを読んでいると、彼の知性は新しい知識を開拓し、新しい知恵が芽生えて来ます。そして今まで知らなかったことがいろいろと浮かび上がって来ます。すると彼は自分が間違った理由で王様の所へ行ったこと、それは名声や富が原因であったことに気がつきます。それで王様は彼を引き下がらせたのです。それがわかったので、彼はもう王様の所へ行きませんでした。

何ヶ月か経って、王様は祭司のことを思い出し、自分の方から出向いて行きます。

あなたが神様にすっかり
身を捧げると、
神様もあなたにすべてを
くださることでしょう。

「私はあなたが戻って来なかったので、何か起きたのかと思ってやって来た」

ところが王様は祭司が一杯光を放っているのを見て（それ以上は何も問わずに）その足元へひれ伏して言います。

「さあ、私はあなたから学ぼう。私はあなたに従い、この通りあなたを師匠として受け入れるのだ。今でこそあなたがシュリマート・バガヴァタムを理解したのがわかった」


人間はよく間違った動機から物事を行う過ちを犯します。彼等は神に祈り、自己実現を請いますが、それは皆自分のためです。彼等は「神様、あれをください、これもください」とお願いしますが、心から信頼しているからではなく、ただお願いしているだけです。彼等はプライドやエゴから、常に決まった期間だけ満足させてくれるものをお願いするのです。そしてそのささやかな物事を喜んで、その幸せが行ってしまうと、また、元の悲惨な状態に戻るのです。

あなたが永遠の幸せを望むのなら、神様にすべてをお任せして、それで初めて可能です。あなたの身体、知性、魂が一つになって、神様の祭壇に捧げられると、神は喜んですべてをあなたにくださるでしょう。そればかりか神様ご自身さえあなたにくださることでしょう。王様は、祭司が真の教えは書物ではなく、自分の心にあることを認めたのがわかって、祭司にすべてを委ねました。それと同じで、あなたが神様にすっかり身を捧げると、神様もあなたにすべてをくださることでしょう。でもあなたが神様に半分だけ、ということはあなたの50％を捧げ、それに対して神様が１００％あなたにくださることは期待できません。

では心から神様を呼んでください。あなたが心から神様を呼び、あなたの知性がすっかり神様に向けられると、神様の方でも完全に身を捧げてくださるのです。するとあなたは絶えずこの至福に、また、この愛に在ることでしょう。あなたは常に神様とこの愛で結ばれることでしょう。そして常にあなたの周りの人すべて、物すべてとこの愛でつながることでしょう。この愛は知性で把握することはできません。それは愛に関するあらゆる世間並みの考え方を超えているからです。それには神様のこの愛、神様のこの法悦に達さなければならず、あなたが身を捧げる以外の道はありません。

真の幸福はあなたの心の奥底にあります。あなたのプライドが高く、自我の強い知性を手放し、それがあなたにおべっかを使って、あなたが実際は何も知らないのに、何でも知っているように思わせるのを許してはいけません。あなたが神実現に達さないうちは、自己実現をなしたと主張することも、ある物事に精通していると言うこともできません。大切なのは決して希望を失わずに、続けて先を試すことです。神様はいつもあなたのそばにいることを忘れないでください。あなたがどの神様を呼んでも、神様は必ず来られることでしょう。

私達がいつも唱えるマハ・マントラ「オーム・ナモー・ナーラーヤナーヤ」には多くの要素が含まれています。これは最も主要なマントラの一つで、物質的にも、霊的にも神の力、神の権力から生まれたものです。ということは、あなたが「オーム・ナモー・ナーラーヤナーヤ」を歌うと、霊的な特典が得られ、あなたに霊的な利点があると、神様はあなたが物質的にもこまらないように面倒を見てくださることでしょう。神様はあなたを養ってくださるのです。あなたは何処までも神様を信頼しなければなりません。神様に対する信頼心を育ててください。あなたの知性が「いやだ」と言っても、あなた自身が正しいと感じたら、その気持ちに従ってください。あなたの気持ちの方を大切に、そして知性には静かにするように言いましょう。あなたが知性の言うことを聞けば聞くほど、知性はいい気になり「やったぞー、また、もう一人犠牲者が見つかった。よかったなあ」と考えるでしょう。

これは霊的な道を行く人達にも大変よく見かけます。彼等は知性に耳を傾けるのをすっかりやめることはできず、知性が話し始めると、喜んで聴いています。そして充分話を聴いてしまうと、もうそっちのけにすることができなくなるのです。

それはあなたが海に投げ込まれるようなものです。あなたはそこから出ようとあらゆることをするでしょう。あなたは体を動かすでしょう。そしてもしあなたが泳げないとしても、まずそこから出ようとするでしょう。あなたは水が深いのを知っているので、浮こうとします。

あなたはさらに上へ行こうとします。あなたは一本の手があなたを引き出してくれるのを知っています。あなたは助けが来るのを知っています。でもあなたが水におぼれてしまえば、すべてはしまいです。その通りのことを人間はしています。彼等は上へ行って、また、下へ行きます。登ってはまた、降ります。あなたは一体いつまでこれを繰り返すつもりですか？

マハ・マントラ「オーム・ナモー・ナーラーヤナーヤ」があなたをこの妄想から引っ張り出すことでしょう。

主がもう少しで溺れるところだったガジェンドラを引き上げたように。彼は皆に助けを求めたけれど、誰も助けることができませんでした。そこで彼は主に向かって言います。

「主よ、あなたは私を救うことのできる唯一のお方です。友達も家族も皆私を捨てて行きました。彼等はわずかに私を助けることができただけです。こうして私は妄想の中にいます。私はこの妄想に引き込まれ、この鰐、この残酷な野獣におぼれさせられようとしています。あなたは私を助けることのできる唯一のお方です」

彼は心一杯の愛をもって神様を呼びます。そして神様に向かって言います。

「主よ、お助けください。私をこの妄想から引き出してください」

この瞬間にナーラーヤナーヤが現れ、彼を解放します。神の名の力は強大です。ですから歌ってください！あなたはいろいろ試しても、知性を捧げない限り、それを神の祭壇に捧げて「この通り私の知性をあなたに捧げます」と言わない限り、それをコントロールするのは、何よりも難しいことです。

それもただ言うだけではなく、本当にそう思って言ってください。そしてあなたが心からそう思えば思うほど、神様が本当にそばにおられるのが、さらによくわかってくるでしょう。神様にはいつでもあなたをこの妄想から引き出す用意ができていて、あなたに手を差し出しています。神様の手はいつもそこにあるのです。また、あなたがイエス様を見つめると、彼の手はそこにあり、こう言っています。

「ほれ、私はここだ!」

ナーラーヤナーヤも「私はここにいるから、心配しなくていいよ」と言っています。でもあなたの方から手を差し延べなければいけません。ですから例えあなたが何処で何をしていようと、常に心の中で「オーム・ナモー・ナーラーヤナーヤ」を歌ってください。あなたが歌えば歌うほど、知性の力は弱まり、あなたは前にも増して神様の至福に浸り、実際には遥かにそれ以上のものなのに、私達が単に「愛」としか呼ぶことのできない言葉に心を開くことでしょう。

神とは誰か？

アメリカ合衆国、ボルダーにおけるダルシャン　２００７年６月９日

私達は「神とは誰なのか」という質問をよく聞きます。

ではあなたに訊きましょう。「神とは誰ですか？」

あなたが神様を知らないうちは、確かに答えられないでしょう。愛は神です。でもどれほど多くの人達がこの愛を実現するでしょう？　神様は事実どの宗教に属しているのでしょう？　神様はキリスト教徒ですか？　神様はヒンドゥー教徒ですか？　神様はイスラム教徒ですか？　あるいは仏教徒ですか？　どの宗教に属しているのでしょう？　神様は愛に属しています。

あなたが何処へ行っても、神様は一人しかおられないのに、気がつくでしょう。神様は誰の心にもある愛です。でもこの愛はどのように実現したらいいのでしょう？　私達は神様の愛

を忘れるほど、この物質の世界にはまり込んでいます。そして外部の世界に、この愛を見出そうとしています。私達は他の人達にこの愛を見出そうとしています。私達は世界中を旅してこの愛を見出そうとしています。でも私達はそのために旅をしなくてもいいこと、また、この愛を他の人達に見出そうとしなくてもいいこと、そしてこの愛は私達自身の中に見出だせることを忘れているのです。私達は自分達の心の中にある神様への愛が、私達にとってどんなに身近な存在であるかに気がつかなければなりません。ある人達はそこまで行くのはとても大変だと言うでしょう。でも私に言わせれば、それはとても簡単です。あなたはただそれを望めばいいのです! 人間は楽な道を探そうとするので、愛が買えるものなら、買おうとすることでしょう。でも愛は買えません。誰かがあなたの所へ来て、こう言うかもしれません。

「ちょっと、君に神様の愛を実現させてあげよう」

でもこれができるのは師匠だけです。それは師匠の恩恵によってのみ可能です。

あなたの心の奥底にある神様の愛は金のようなものです。自然の中で見つけられた金は埃にまみれています。自然の中にある金もダイヤモンドも、ひどく汚染されています。生のダイヤモンドから綺麗なアクセサリーや宝石を得るには、どうしますか? 磨きます。それは金と同じです。生粋の金を得るためには、まず磨いて、汚れはすべて取り除かなければなりません。人間もこれと同じです。

あなたが腰を据えて知性を磨こうとしない限り、その愛は決して輝くことがないでしょう。

また、その愛は決して実現することもないでしょう。例えあなたがそれについて読んだり、誰かから聞いたり、あるいはスワミがそう言ったから、知っていると思っても、あなたが自分の知性を磨かない限り、自分自身を磨かない限り、この愛を実現するのは難しいでしょう。

ところで知性はどのようにして磨くのでしょう？　一番簡単な方法は歌うことです。絶え間なく神の名を歌うことです。ある人達はマハ・マントラの「ハレ・ラーマ・ハレ・ラーマ、ラーマ・ラーマ・ハレ・ハレ、ハレ・クリシュナ・ハレ・クリシュナ、クリシュナ・クリシュナ・ハレ・ハレ」を歌います。ただこのマントラを歌うだけで、解放を得るとされています。でももちろんそれを信じて歌わなければ駄目です。ただ歌うだけでは駄目ですが、心を込めて歌うと助けになります。でもどのように心を込めて歌うのでしょう？　また、知性を静めるにはどのように訓練したらよいのでしょう？　そう仕向けるのです。

自分を躾けるように「では今日から歌いましょう」と言ってください。そしてあなたのジャパマラかロザリオを手に取ってマントラを歌いましょう。このやり方でマントラに注意を絞り、知性をマントラに向け、マントラそのものに注目します。そしてこれを繰り返しているうちに、だんだんジャパマラも要らなくなるのに気がつくでしょう。マントラが心の中で自然に繰り返されるようになり、ロザリオも要らなくなるでしょう。あなた自身がこのマントラになって、あなたは自己実現のある段階に達し、心身向上のある段階に達しますが、それはまだ最終段階ではありません。それにはまだ先があります。でもどのようにしてそこへ行き着くのでしょう? それはもうただ神様にすべてをお任せすることによってのみ可能です。

あなたが「主よ、私はあなたに身を委ねます。私の身体、私の知性、私の魂をすっかりそのまま捧げます」と言うと、あなたはそこに行き着くことでしょう。うわべだけではなく、誠実に捧げてください。でも誠実にとは、どのようにすることを言うのでしょう?

まず自分に対して誠実に、そして「はい神様、私はあなたを望んでいます。あなたにすべてを委ねます」と言ってごらんなさい。

これが心から出て来ると、正にその通りになるでしょう。

でも今の人間は何でも「速いもの」を求めます。ジャパマラを10回繰り返して唱えるように言うと、彼等は「スワミ、ジャパマラを10回というのは長過ぎます。一体どのくらい掛かるのでしょう?」そして歌い始めると、もういつ終わるのだろうと考えているのです。

㊟マラは108粒あるので、10回繰り返すと1080回唱える計算になります。

彼等の知性は現在実際にしていることではなく、その後で何をするかについて考えています。あなたが落ち着いて、自分に集中し、祈り、神の名を唱えると、その瞬間はあなたと神様の間だけのものになります。

キリストは「お祈りがしたかったら、あれこれ考えるのはやめて、あなたが父上と、神様と二人だけでいられる、そしてあなたが神様と二人だけでお話しできる、一番暗い隅っこへ行きなさい」と言っています。

そしてあなたが静かにしていれるその片隅とは、あなたの心のことです。知性は決して静かにならず、いつも想念といそしんでいるので、あなたが歌ってなだめるのです。

あなたが歌うことによって、知性を心の中の奥深い場所へと誘うように訓練すれば、そこに座っている神様を実現することができます。それはあなたが頭でわかっているからでも、それについて本で読んだからでもなく、それを実現し、心で感じるからです。

私達は皆探し求めています。もちろん人間は真実を求めてあちこち歩き回ることでしょう。でも自分の霊的な道を見出さない限り、私達は決して満足しません。――それは行く先の定まらない列車のようなものです。この列車と同じように、人々は右へ行ったり、左へ行ったり、様々な方角へ向かって歩いています。でも行く先のわかっている人は、その目的へ向かって真直ぐに進みます。自分の道を知っている人は、回り道をしません。ではとにかくその道を行きましょう。そして自己を実現してください。

インドにある聖者がいました。彼は世捨て人として、藁葺きの小さな小屋に住んでいました。ある日のこと、一組の夫婦が彼を訪れて言います。

「グルジ、私達はあなたをとても愛しているので、あなたにもっと綺麗で、頑丈な小屋を建ててあげたいのです。どうぞ一緒にいらしてください」

すると聖者はこれに答えて言います。

「いやいやいや、私はここで満足している。だから一緒には行かない」

ところがしばらくすると、彼は再びその夫婦を呼んで言います。

「あなた達と一緒に行こう。ただ一つお願いがあるのだが」

夫婦はとても喜んで言います。

「あなたのお願いとあれば、何でも致しましょう」

すると聖者が言います。

「あなた達について行ったら、そこのトイレに住まわせて欲しいのだが」

夫婦は驚いて「私達はあなたのために綺麗な小屋を建てようと思っているのに、あなたは一緒に来て、トイレに住みたいとおっしゃる」と言います。

すると聖者は「私には名声や栄光を追い求める信者やその他の人々といるより、あなた達のトイレにいる方がよいのだ。この人達は、どうしたら苦難から逃れることができるかを訊きに、私の所へやって来るが、心から神様を探しているわけではない。どうせトイレで生活するのだったら、この不誠実な人達を耐えているより、トイレの匂いを嗅いでいる方がいい…どっちみちトイレの匂いを避けて、近寄って来ないだろうが」と言います。

これはこの夫婦に、人間がどんなものであるかを認識させます。人間は確かに探し求めているけれど、自分自身に対する誠実さに欠けています。あなたは自分自身に対して誠実になって初めて、自分の道を見出すのです。あなたが自分自身を受け入れ、神様のご意思と、神様がくださるすべてのものをありがたく受け入れると、あなたはそれに身を捧げ、また、神様の愛に身を捧げて、こう言うのです。

「神様、私はあなたを信じています。そしてあなたのすべてを信頼しています。私はあなたの愛を信じ、あなたを疑いません」

でも私達が神を疑い、あれこれ問い正すようでは、それは誠実と言えません。そんな時私達は「神様、あなたのなさったことは間違っています」などと言いますが、神様はこれほど完璧なのに、どうして間違いなどなさるでしょうか？　私達の清らかな真の自己である愛が、どうして間違いなどするでしょう？　間違うことなどありえません。間違うのは疑っている時、恐れている時だけです。ところがすべてこういったものが磨かれ、何千とある神の聖なる名によって取り除かれると、あなたは神の栄光を体験するでしょう。そして神の愛を感じるでしょう。私達が歌っている間に、踊っている人もいます。あなたが神のために踊ることは、一種のヨーガ・ダンスをすることです。あなたは自分の身体を忘れ、知性を忘れます。あなたはただ神の栄光を歌い、神の名を歌います。こうしてあなたは知性の力を弱めるのです。あなたが身体を動かした後、座って緊張をほぐすと、ただ座った時より、ずっと集中できるのがわかります。ただ座った時は、想念があちこちへ飛び跳ねます。あなたが心を込めて踊ると、身体にエネルギーが生じ、あなたは真なる自己が現れてくれるよう呼びかけます。

そしてあなたは手を上げて主を、神を呼びます。

「私はこの幻影にはまっています。そしてこの幻影におぼれそうです。私は今あなたに向かってこのように手を差し延べています。私をこの幻影から引き出してください。私は身を捧げます」

あなたはあらゆる聖なる文書に、次の句があるのに気がつくでしょう。

「主よ、私はあなたに向かって手を上げます。私を助けに来て下さい」

この句は聖書の詩篇にあり、コーランにあり、また、『ギーター』にもあります。

神の栄光を歌うと、それは宗教を超え、文化を超え、人種を超え、知性が創造するすべてのものを超えて、あなたは自分の中に神を見出すでしょう。

人間は何も知らずに生きています。そこから抜け出すには、もちろん神に関する少しばかりの知識が要ります。でも最終的に、あなたは完全に身を捧げなければなりません。あなたを自己実現へ導くのは、知識でも無知でもなく、それはあなたの真なる自己であり、あなたが身を捧げることです。

それはあなたが裸足で歩いて、足に棘を刺すようなものです。あなたはその棘を取るのに、もう一つ別の棘が必要です。あなたの足に無知の棘が刺さっていると、その棘を取るのに、さらにもう一つ別の棘が必要になります。でもあなたは結局どうしますか? あなたは二つの棘をポケットにしまって「オーケー、これを宝物のように大切に取っておこう」と言うのですか?

いいえ、あなたはそんなことはしないで、棘は二つとも捨ててしまいます。ある決まった段階までは、知識があなたを導いてくれますが、後は神の愛にすっかり身を任せなければなりません。まず完全にあなたの知性を捧げ、次に身体を捧げ、それから魂を捧げなければなりません。

神の名を歌う力は、知性を磨くだけではなく、それは身体を磨き、魂を磨きます。知性は磨かれて、健康になります。知性が磨かれて前向きになると、身体も健康になります。病気の人間がすっかり身を捧げ「もう充分です。神様、私はあなたに祈り、身を捧げます。あなたのなさりたいようにしてください」と言うのは、よくあることでしょう？　また、そうすると何が起きるでしょう？　奇跡が起きます！　信仰による奇跡です。愛の奇跡です。そして献身の奇跡です。

でも今日の人間は献身することを大変恐れています。彼等は「私が身を捧げると、何が起きるのだろう？　私が身を捧げたら、一体どうやって生きて行くのだろう？」と言いますが、この疑いはすでに存在しています。このように不確実な状態で、どうして信頼できるでしょう？　神に対する完全な信頼の念があって初めて、また、自分自身に対する信頼の念があって初めて、あなたが神様にお願いすると、神様はあなたのもとへ来てくださるでしょう。神様がなさることは、例え知性にそれがわからなくても、すべて正しいと信じてください。神様のなさることは決して間違っていません。

ある所に一人の王様がいました。この王様は大変気前がよく、また、愛情の深い方でしたが、一つ欠点がありました。それは自分を抑えられないことでした。王様はそれが原因で、多くの人達から恐れられていました。ところでこの王様の領土には、とても王様に愛されている一人の大臣がいました。この大臣は大変信心深く、毎日お祈りを捧げていました。

ある日王様は森へ狩りに出掛けます。途中、馬で行く王様の目前に1匹のコブラが現れます。馬は怖がって、王様を投げ出します。王様はコブラのそばに墜落し、コブラは王様の人差し指に噛み付きます。王様にはこの指を切り落としてしまわないと、体に毒が回って死んでしまうことがわかっていました。そこで刀を抜いて、指を切り落とします。それが大変痛んだので、大臣は急いで王様の所へ行って、一片の布で王様の指を縛ります。指を縛ると、大臣は王様に言います。

「王様、ご心配なさいませんよう。あなたが指を切られたのは神様のご意思で、また、それが痛いのも神様のご意思です」

王様はしばらく我慢していましたが、大臣が同じことを何度も繰り返して言うので、ついに我慢ができなくなり、兵士達に言い渡します。

「この男を捕らえて、牢屋へ入れてくれ。私は我慢がならんし、もうこれ以上聞いてもおれん。彼は『神様のご意思、神様のご意思』とそればかり繰り返しておる。私は痛くて仕様がないのに、それも神様のご意思と言うのだ」

するとう兵士達は大臣を牢屋へ連れて行き、そこに閉じ込めてしまいます。ところが大臣は喜んでこう言います。

「神様、ありがとうございます。ここは静かで、いくらでもあなたの名が歌えます。私の人生はとても忙しいので、暇な時にしかあなたの名が歌えません。でも今はここにいて、好きなだけあなたの名を歌っていられます」

それから何日か経って、王様はまた、狩りに行きます。そして今回はその一帯を縄張りしている狩人の一族に襲われます。彼等は王様を捕まえて、族長の所へ連れて行きます。

族長は王様が縛られているのを見て大変喜びました。

「王よ、あなたはこの上ない幸せ者だ！　今日はあなたをカーリー母神に捧げよう」

王様は密かに考えます。「さて私は幸せ者どころか、殺されてしまうのだからな！」

すると族長が一族の者に向かって言います。

「母神はいつでも王様の血がいただけるというわけではない。連れて行って、体を洗い、綺麗な服を着せてやれ。そして最後に母神に捧げるのだ」

ところが彼等が体を洗うために王様の衣服を脱がせると、一族の者達は王様の指が一本足りないのに気がつきます。彼等は急いで族長の所へ行って報告します。

「親分、親分、王様を母神に差し上げることはできかねます。王様には欠陥があります。指が一本足りないのです」

神様のご意思にお任せすることを恐れる必要は全くありません。また、心を開いて愛することを恐れる必要も全くありません。


族長は一瞬考えてから言います。

「よし、放してやれ。王よ、あなたは運がいい。あなたには指が一本足りないから、母神には差し上げられない」

それを聞いて王様はとても喜びます。彼は急いで宮殿へ戻り、そのまま真直ぐ牢屋へ行きます。そして牢屋の戸を開け、そこにいた大臣を抱きしめます。王様は大臣を抱いたまま言います。

「ありがとう。あなたが言ったことは正しかった。神様のお恵みがあって、私には指が一本欠けていたので、助かったのだ」

そして彼は大臣に訊きます。

「でもわからないことが一つある。私は何故あなたをここに閉じ込めたのだろう？ あなたはとても善い人間なのに。あなたは絶えず神様をほめたたえているではないか」

すると大臣は答えて言います。

「簡単なことです。私はあなたにすべては神様のお恵みで起こるのだと言いました。もし私が二度目もあなたのお伴をしたとしたら、そしてあなたが私を牢屋に入れなかったとしたら、そうしたら何が起こっていたでしょう？ 彼等は私達を二人共捕まえたでしょう。そしてあなたには欠けている物があり、私には何も欠けていないことがわかったら、私を捕えて、女神様に捧げたことでしょう」

より高い存在、あなたがそれを何と呼ぼうとかまいませんが、神様のなさることはいつも正しいことです。何か良くないことが起きて、あなたに今その意味がわからなくても、後になって、神様のなさったことは、すべて良かったのだということがわかります。神様のご意思にお任せすることを恐れる必要は全くありません。また、心を開いて愛することを恐れる必要も全くありません。今この瞬間に愛し始めてください。心を開いて愛してください。愛を送ってください。あなたが心を開けば開くほど、あなたの知性が清くなればなるほど、そしてポジティブになればなるほど、あなたはより愛情深く、また、より多くの愛を与えるようになるでしょう。あなたがこの愛をもってすることは常に完璧であることを理解してください。あなたは瞑想し、瞑想を楽しむようになるでしょう。あなたはヨーガを行い、ヨーガを楽しむようになるでしょう。あなたは神の名を歌い、それを楽しむようになるでしょう。人々は瞑想し、神の名を歌いますが、そこに愛が欠けていると、時と共に色あせて来るでしょう。限界のある愛情も色あせて来ます。でも真の愛、純な愛、無条件の愛は決して色あせません。それではこの愛、この無条件の愛を養い、神様に身を捧げてください。

秘訣は私が空になること

ポルトガル、リスボンにおけるダルシャン　2008年4月12日

神様以外に何があるでしょう？　何もありません。そうでしょう？　私達が望むのは神様です。それにもかかわらず私達はすべてを任せたがりません。神様にすべてを捧げないのです。それで私達の心は完璧ではありません。

でも神様に身を捧げるということは、神様に向かって「主よ、私は自分自身を、私の身体を、私の知性を、私の魂を、すべてあなたに捧げます」と言うことです。霊性とは正にそれではありませんか？　これはあなたが家庭を捨てたり、すべてを断念しなければならないということではありません。でも人に頼ることなく生きてください。そして神様をまず第一に考える生活を送りましょう。すると神様があなたを通して行動されます。

私達は皆誰かでありたがり、自己実現をしたがり、自分が誰であるか知りたがっていますが、この知性と一緒では、その実現は絶対に不可能です。私達は知性を落ち着かせなければなりません。神様に達するには、確かにある程度の知識が必要です。でも何より必要なのは献身、バクティです。私達の中にバクティが目覚めて来ると、すべてを捧げることができます。バクティ、献身とは自分自身を捧げること、豊富な愛に生きることです。私が何日か前アルカルヴェで話したように、あなたは恋をすると、何が起ころうと、いつも愛する人のそばにいたがります。あなたは父親を、母親を、すべての人を置き去りにします。そして愛する人のために戦います。そうでしょう？でも真の愛人は神様です。神様は一人だけ常に生き生きとした存在だからです。神様の愛は絶えず新しく生み出されます。それに引きかえすべて他の愛は、初めこそ綺麗な花のように生きいきとしていますが、他のすべての花と同じように枯れていきます。それはあなたにもわかっているでしょう。あなたは何度恋をしましたか？人は言葉通り恋に落ちます！それから立ち直るのは大変困難なことです。

献身に関してはクリシュナのフルートについていいお話があります。クリシュナがいつもフルートを手に持っているのは知っているでしょう？その背後には素晴らしい物語が隠れています。

クリシュナは毎日庭へ出て、あらゆる植物に向かって言います。

「僕は君達を愛している」

植物はとても喜んで応えます。

「クリシュナ、私達もあなたを愛しているわ」

ある日クリシュナは大変興奮して庭へ出て行きます。彼が竹の所へ行くと、竹が聞きます。

「クリシュナ、一体どうしたの？」

クリシュナは言います。

「君にお願いがある。でもこれはとっても難かしいことだよ」

すると竹は「言ってください。あなたにしてあげられるものなら、何でもします」と言います。

クリシュナは「君の命が要るんだ。君を切らなきゃならなくなってしまった」と言います。

竹は少し考えてから訊きます。

「あなたには他の方法、他の可能性はないのですか？」

クリシュナは「そうなんだ。他の方法はない」と答えます。

すると竹は「わかりました。私はあなたに身を捧げます」と言います。

そこでクリシュナは竹を切って、それにいくつか穴を開けます。クリシュナが穴を開けるたびに、竹は痛がって悲鳴をあげます。それはとても痛かったのです。クリシュナは素晴らしいフルートを作り上げます。それからはこのフルートはいつもクリシュナと一緒にいました。ゴーピー達までそのフルートにやきもちを焼いたくらいです。

彼等はフルートに向かって「ちょっと、クリシュナは私達の主なのに、私達が彼と一緒にいれる時間はとても少ない。でもあんたは一緒に寝に行って、また、一緒に起きるし、いつも彼と一緒じゃないの」と言います。

ある日、彼等は竹に訊きます。

「あんたの秘密を教えてよ。主があんたをこんなに大切にする秘密は何なの？」

すると竹は答えて言います。

「私の秘密は、心の中が空っぽなこと。だから主は、私に対して何でも好きなことを、いつでも好きな時に、好きなようにしているの」

「私の秘密は、心の中が
空っぽなこと。だから主は、
私に対して何でも好きなこ
とを、いつでも好きな時に、
好きなようにしているの」

これは完全な献身をあらわしています。神様があなたに対して、いつでもしたい時に、好きにできるのですから。あなたは何も恐れることはありません。ただ献身を捧げればいいのです。

あなたの本当の姿は何なのでしょう？　それは神以外の何物でもありません。クリシュナは『ギーター』の中で「私はすべてだ」と言っています。聖書ではキリストが「皇帝のものは皇帝に、神のものは神に返せ」と言っています。

でも神のものとは一体何でしょう？ それはあなたの魂です。それはあなたの真なる自己です。あなたが自己実現を成したかったら、フルートのように「主よ、あなたのなさりたいことを、なさりたい時に、なさりたいようになさってください」と言いましょう。そしてこれをあなたのお祈りの言葉にしてください。そして知性を通して質問するのはやめましょう。

知性は常に疑っているので、このような質問は毒にしかなりません。知性はいつでも自分が一番よく知っていると思っています。従ってあなたが知性を神に捧げると、バクティが生まれ、献身が目覚めて来ます。そして献身と一緒に、純粋な愛が生まれて来ます。

私達が単に「私は愛している。私は愛している」というのは愛ではありません。私達が「私は愛している」と条件なしで言えるのが愛です。「私はあなたの何々を愛しています。あなたの身体を、あなたの富を、あなたがとても綺麗だから――あなたが綺麗でなかったら、愛しません」などというのでは駄目です。そうではなくて、あるがままの相手を愛するのが本当の愛です。それが純粋な愛であり、無条件の愛であり、神が愛するような、また、あなたの心がどのように愛するか知っている愛のことです。それはあなたがこの愛を感じる原因です。でもあなたがこの愛に条件を付けると、その瞬間に愛は色あせてしまいます。

あなたがこの純粋な愛を保ち、育てて行くと、それは成長することでしょう。愛は人間の心にある種のようなものです。種は育ち、花を咲かせなければなりません。それは芽を出し、大きくならなければなりません。種はそのままにしておけないということです。それはキリストも言っています。（ヒンドゥー教とキリスト教には大変似た点があります）

「あなたが石の上に種を蒔いても、決して育たないが、人間の心に蒔いた種は育つ」

そしてこれが人間の心にある愛です。真の愛が感じられ、本物の愛が育ち始めると、それは6段階に渡って発展します。これはそれぞれ「スネハ・プレム」「プラヤナ・プレム」「マナ・プレム」「ラガ・プレム」「アヌラガ・プレム、そして「マハ・バフ」と呼ばれています。これ以上詳しく説明しようとは思いませんが、私達に神に対する完全な献身に導く純粋さがあると、この愛のはしごは育っていきます。でも普通の生活においてまず必要なのは、知性を落ち着かせ、心に愛を育てて行くことです。この愛によってのみ、あなたは自分が誰であるかわかるのです。でもそれをあなたに言うのは私の役目ではなく、あなたは自分でその第一歩を踏み出さなければなりません。知性を落ち着かせる一番簡単な方法は、神の名を歌うことです。神の名はあなたが何処にいようと、いつでも歌うことができます。

私は好んで「**オーム・ナモー・ナーラーヤナーヤ**」を歌います。このマントラはとても力強く、あなたを高め、あなたの霊的な意識を大変高い段階へ導きます。それはあなたの物質的な生活の助けになり、また、知性をなだめます。これは神の名の一つですが、あなたが歌って、同じように幸福を感じる神の名はもちろんたくさんあります。この三つの言葉「**オーム・ナモー・ナーラーヤナーヤ**」をただ歌ってください。毎日これを歌ってください。

あなたが何処にいようと、何が起ころうと、ただ「オーム・ナモー・ナーラーヤナーヤ」を歌ってください。すると神様がどんなに近くにおられるかがわかるでしょう。神様はあなたの心の中にいます。わかりますか？ あなたはただ神様を誘い出し、その愛をあなたの中に目覚めさせればよいのです。怖がってはいけません。怖がらずに身を捧げてください。あなたは何も失わず、すべてを獲得するでしょう。

私が献身について話すと、人々は「それは大変だ。私は一体何を失うだろうか」と訊きます。私達は何かを得るという考えが好きなのに、「私達は何を得るだろうか」とは決して訊きません。そうでしょう？ 私達は年中神様に祈り、願い事をします。また、瞑想し、ヨーガを行います。常に何かを得るためです。人間として私達は絶えず願い事をします。常に何かを得るためです。私達が神様を望めば、神様は私達の所に現れます。私達はすべてを獲得するでしょう。今日私達はヨーガを修行する者のように、洞窟に座って瞑想する必要はありません。私達の知性は洞窟のように真っ暗です。そして私達は常に私達の知性である洞窟に座っています。そう、ではヨギ達がいつも洞窟に座って瞑想しているように、私達も神様の名を歌いましょう。全く簡単なことです。

【編者注】「愛の6段階」はアートマ・クリヤ・ヨーガを通して体験することができます。さらに詳しく習得したい方は、アートマ・クリヤ研究所にご連絡ください。www.atmakriya.org

第6章

グル

グルとは自分と異なった存在ではない。
それは疑いのない真実であり、
絶対的な真実である。
―― シヴァ神 ――

あなたの手を取って導いてくれる人

ドイツ、シュテフェンスホーフにおけるダルシャン　２００８年５月２日

私達の質問によく「誰が私のサットグルか」というのがあります。いい質問ではありませんか？　何人かの幸せな人達にはわかっています。そして他の、将来この幸福を得るであろう人達は、それを知る時が来るのを待ちあぐねています。事実これを探し求めるのにもう何生涯もかけています。私達は常にこのサットグルを探し求めています。サットグルだけが私達をこの世の幻影から引き出してくれます。ただサットグルだけが私達に祝福を与え、導き、真の自己を実現させてくれます。

ところがこのサットグルを見つけるのは大抵とても難かしいことです。私達は山を越え、谷を通って進みます。私達は探し続け、サットグルが見つかることを信じています。そして

神に「サットグルに巡り会わせてください」と祈ります。ところが多くの場合、サットグルが目の前に立っても、それが誰だかわからないのです。それは人が頭で想像するグルと、実際そこにいるサットグルの姿があまりにもかけ離れているためです。それはマハヴァター・ババジを見ても同じです。ここに素晴らしいムルティ、デイティがあり、私達はジャガト・グルを想い描いています。ところであえて言いますが、ババジは見かけとは違います。

彼は厳しく見えます。必要とあれば、とても厳しくなります。でも彼は静けさをあらわしています。何が起ころうと常に物静かで、これはサットグルの特質と言えます。

サットグルだけが私達をこの世の幻影から引き出してくれます。
ただサットグルだけが私達に祝福を与え、導き、真の自己を実現させてくれます。

ある所にいつもサットグルを探している一人の男がいました。彼は至る所へ出掛けて行きますが、心の落ち着くことはありませんでした。これはまた信者の特質ですが、もしサットグルに出会ったならば、それを心で感じなければなりません。そういうわけでこの男は探し続けますが、サットグルは見つかりません。ある日のこと彼は一人の聖者に出会って「聞いてください、ご親切なお方。私はサットグルを探しているのですが、教えていただけますか？」と訊きます。

聖者は目を閉じて少しの間瞑想してから答えます。

「息子よ、私の言うことを聞きなさい。ここから見えるあの山の上には多くの聖者が住んでいる。明日はとてもいい日だ。だからあの人達を皆家に招待してあげなさい。昼食に呼んだらいい。彼等を愛と献身の念をもってもてなし、あなたの尊敬の気持ちをあらわしなさい。そして彼等が食事をしている間に、質問してみなさい。どの木でもいい、一本の木から一枝折って、その枝から2本の小枝を取り、彼等に訊きなさい。『皆さん、この枝はどの木から取ったのでしょうか？』そして彼等が何か言ったら、それに反対しなさい。例えば彼等がマンゴーの木と言ったら『違います。イチジクの木です』と言うのだ。そして彼等が気を悪くしたら、それはサットグルではない。でももし彼等の一人が落ち着いて『そうかもしれない。イチジクの枝ということもあるかもしれない』と言ったら、それは多分サットグルだろう」

そこで男は聖者に言われたようにします。彼は聖者達を招待し、愛情と尊敬の念をもって食事を勧めます。そして食事中、彼等に枝を見せて訊きます。

「皆さん、この枝はどの果樹に属するか言ってください」

皆は彼を見て答えます。

「それはマンゴーの木の枝だ」

そこで彼は聖者が言ったように言い返します。

「いや、これはイチジクの木の枝です」

これを聞くとグル達は不満をあらわし、ある者は腹を立てて訊きます。「何でこれがマンゴーの木の枝に見えないのだ？　何故これがイチジクの木の枝だと言い張るのか？　私達がマンゴーだと言っているのに！」

皆はとても怒りますが、彼等の中にとても簡素な感じの男が一人いて、大変静かに食事を取っていました。そこで彼はこの男の方を見て訊きます。

「あなたはどう思われますか？」

するとこのグルは微笑んで、静かに落ち着いて「それがイチジクの木の枝ということはありえると思う」と答えます。

さてこれで落ち着いた性格がどんなに大切なものかわかるでしょう？

もしマスター自身に落ち着きがなかったら、どうして弟子を導いて行くことができるでしょう？　そこがサットグルの偉大な所です。何が起ころうと、彼は決して落ち着きを失いません。それではあなた達はサットグルの所へ行き、彼を試して見ますか？　私はグル・プールニマでも話しましたが、一番よいのはサットグルやグルに直接訊くことです。もしあなたが自分のサットグルを見つけたら、彼にすべてを捧げ、もう何も訊かないことです。私がいつも言うように知性は年中疑っています。ですからサットグルがあなたの手を取って、マーヤから引き出してくれるチャンスを拒んだら、あなたはサットグルから離れて、永遠にそのチャンスは失われてしまうでしょう。ですからサットグルに手を引いて導いてもらいなさい。

サットグルがあなたの前にいると感じる喜びはあなたに跳ね返ってきます。彼にはわかっていますが、サットグルはこの気持ちを決してあらわさないけれど、あなたはそれを感じます。サットグルはすでに神を見出した人、神を実現した彼はあなたにもわかって欲しいのです。サットグルはすでに神を見出した人、神を実現した人ですが、彼はあなたにも実現して欲しいのです。それであなたは彼を探すのです。

あなたは常に心で感じるように、内面の自己に耳を澄ますように努力してください。あなたの内部の自己が何か啓示すると、知性は必ず「おお、いやいやいやいや、そんなことはない！それはこうでなければ」と言ってあなたを道から、現実から逸らせようとします。ですからあなたは自分がマスターであることを示さなければなりません。知性があなたのマスターなのではありません。

ところでどのようにして知性をマスターしたらよいのでしょう？　それにはナーラーヤナの名を唱えてください。私は昨日皆で集まった時、ナーラーヤナの名の力について、またこのマハ・マントラがどんなに力強いか説明しました。あなたが神に達したかったら、このマントラを歌ってください。あなたは歌えば歌うほど、神様を近くに引き寄せるでしょう。あなたは誰かを呼ぶ時「ちょっと来てくれ！」とは言わず、ちゃんと相手の名を呼びますね。神様にもたくさんの名と姿があり、神様はあなたが呼んだ姿で現れることでしょう。

私はよく「ではシヴァに祈る代わり、ナーラーヤナに祈った方がいいでしょうか？」などと訊かれます。その必要はありません。変えることなどありません。ただあなたの愛はだんだんに育っていかなければなりません。あなたがシヴァを呼べば、神様はシヴァの姿で現れ、聖母様を呼べば､聖母様の姿で現れることでしょう。でも実際にはあなたは神様を心の奥深くに、愛として、純なる愛として、無条件の愛として見出します。それはあなたが見出すべき所にあります。知性には期待という限界があるので、愛情が何であるかわかりません。でもあなたがこの限界を超越すると、それがわかって来ます。

人間の生涯には、神様のお恵みがあっても、それに気づかないほどいろいろなことが起こります。彼等は理解しようとしても、理解できないのです。私に出会った人達がよく言っていました。

「おお、わかってくださいますか？　私は神様を愛していますが、わかりません。私には神様がわかりません。私は何故こんなに神様を愛するのかわかりません」

あなたはこういう状態、わかりたいけれど、わからない状態にならなければ駄目です。あなたは目の前に神様を見て、把握しようとするけれど、それができないのです。

そうすると何が起こるか想像してご覧なさい。それはあなたを狂ったようにし、またあなたは狂ったように神様を求めます。これは最高の状態です。それは深い憧れで、その憧れにはさらに甘美が加わるのです。私達の魂は常に神様に憧れます。常に！　私達がそれを意識しようとしまいと、魂が愛する人に憧れない時はありません。でも私達の真なる自己、魂の意識は常にそれに気づいています。

キリストは常に「目ある者には見せ、耳ある者には聞かせよ」と言っています。常に心の目で見るよう、また自分の心に深く耳を傾けるように心掛けてください。あなたが感じる物が心から来るか、知性から来るかを知るのは全く簡単なことです。何故なら心の奥から来る物は、全く疑う余地のない物ですが、知性から来る物は数多くの質問を投げ掛けます。

例え知性が同じことだけを考えても、質問は後から後から出て来て、知性は決してそれから解放されることがないでしょう。これが何故あなたが瞑想で自分の静かな心を訪れ、深くその心に訊いてみようとする理由なのです。あなたは自分の中にあるこの静けさを、この愛を得ようと努力するのです。

キリストと共に新しい生に目覚めよ

シュリー・ピータ・ニラヤの礼拝堂における復活祭の日曜日
ドイツ、シュプリンゲン　　2009年4月12日

今私達が読んだ福音書の箇所には、洗礼のヨハネがその供述の初めに、自分は光ではないが、光を証言するために来たのだと記されています。これは私達の場合も同じです。私達は自己を実現するために、自分達を元来の姿に戻すためにここにいるのです。あなたも知っている通り、キリストは現れても、人々は彼を受け入れようとしませんでした。彼は自分の民族の中に現れたのに、彼等は認めようとしなかったのです。それは世間で言われている通り「自国では誰も預言者として通用しない」のです。それはいつも後になってからわかることです。

マスターの場合もこれと同じです。マスターがいる間はそのありがたさがわからず、彼が行ってしまうと、人々は「私達がそこにいられたら、どんなによかっただろう」と言います。

キリストは彼と共に復活するように、そしてあなたの中の古いあなたを死なせ、新しいあなたを彼と共に復活させるように呼び掛けています。

これがキリストの復活です。


マスターについて書かれたものはすべて後になって確かに役立ちます。もちろん誰でもその場にいたかったと思いますが、マスターが実際そこにいる間は、誰も一緒にいたがりません。それはいつも同じです。10年、20年と経ってから人々は言います。

「私達がそこにいられたら、どんなに良かっただろう」

人間の知性はこのように作用するのです。

ですからマスターのそばにいられる機会があったら、将来「何故チャンスがあった時、それを利用しなかったのだろう」と自問しないで済むように、それを利用してください。

私はキリストの復活について、彼が私達全員に復活すること、また彼と共に復活するように、そしてあなたの中の古いあなたを死なせ、新しいあなたを彼と共に復活させるように呼び掛けています。これがキリストの復活です。ただ「そうです、彼をほめたたえようではありませんか、彼は復活したのですから」などと言うだけでは足りません。確かにキリストは2000年前に復活しました。例え彼が復活しなかったとしても、キリストはいつの世にもキリストです。キリストは人間が復活できることを示しました。彼は自己実現ができること、神が実現できること、あなたの真なる自己が実現できることを示しました。キリストはその道を教えたのです。

それで彼は「私は道であり、真実であり、光である」と言い、あなたが本当に神を望めば、それをただの一生涯で得られることを教えたのです。でもあなたは自分に対して誠実でなければなりません。本で読んで、その振りをするだけでなく、心から正直に「私は神を自分の物にしたい！」と思わなければなりません。

あなたは「それを実現することは素晴らしい」とか「私は神を拝みたい。神を感じたい。神実現を果たしたい」などと言い、「それを聞くのは素晴らしい。何と言っても心地よい響きをしている」などと考えます。

ところが問題はそれではありません。大切なのは自分自身に対して誠実なことです。あなたが心からそれを望みさえすれば、どんな人間であろうとかまいません。例えあなたがどんなに危険な犯罪者であっても、誰より偉大な聖者になることができます。「ラーマヤナ」を書いたヴァルミキを例に取ってご覧なさい。彼は悪辣な犯罪者でしたが、ラーマの恩恵によって何が起こったでしょう？　彼はいろいろな時代を通して最も偉大な聖者となるために自分を変えたのです。あるいはマリア・マグダレーナ（マグダラのマリア）を例に取ってご覧なさい。彼女に関しても全くいろいろなことが言われてきました。それでも私達は彼女をほめたたえ、最終的に彼女は女性にとって一番よいお手本となり、献身の最も大きな模範となりました。

それは外側に見えるものではありません。それは外側で私達の知性が批判するものでもありません。でも一度自分の心の言うことをよく聴いてください。あなたの心が真に呼び掛ける声を聴いてください。あなたの心が呼ぶ声は、あなたの魂が呼び掛ける声を再現しています。注意深く聴いてください。知性の言うことを聴いても駄目です。知性がわけもわからず「自己を実現したい」などと言っても、それに「オーケー」と応える必要はありません。知性にはわからないことがいろいろあるのです。知性には愛が何であるかすらわからないのです。

ですからどうして愛より大きいものが理解できると思いますか？

私達は神を言いあらわすのに「愛」という言葉を使います。それは私達の言語に神を言いあらわすのに、これ以上適切な言葉がないからです。そして私達がさらに深く自分達の心の中を見つめても、私達が心に感じるものにはいかなる名前もつけることができません。「愛」という言葉はただの言葉に過ぎず、神はそれよりもずっと大きな存在です。あなたが自分の中に持っているものは、あなたが考えているよりずっと大きなものです。

もし神様があなたの中にそれを呼び出せば、そしてあなたが自分に対して誠実であり、それによってあなたの知性からすべての汚れを取り除くと、あなたは神様を手に入れるでしょう。あなたはたったの一秒間で神様を手に入れることができます。神様はあなたの人生を一秒間で変えてしまうことができます。それはあなたが何を実習するかに掛かっているのではありません。

私達は何故実習するのでしょう？　私達は神様に一生懸命であることを示すために実習する

のです。私達は確かに神様を得ることに一生懸命であり、それは素晴らしいことです。私達は尊敬をあらわし、献身をあらわし、また神様が与えてくださったものを感謝して受けています。でもすべては神様の恩恵次第であることを忘れてはいけません。そしてこの恩恵はあなたの中にあるのです。もしあなたが知性から来るもの、外から来るものをすべて成長させ、真にあなたの心の奥底に達すれば、あなたは神様にすっかり身を任せ、神様は完全にあなたのものとなるでしょう。他の福音書にもあるように、息子なくして父はなく、父なくして息子はないのです。息子と父なくして精霊は存在せず、精霊と息子なくして父は存在しません。ですから父と息子、精霊はすでにあなたの中にあり、あなたから離れた存在ではありません。キリストが言っているのはこのことです。

「神の息子、また神の娘となるために、そしてあなた達の真のアイデンティティを実現するために、私を呼びなさい」

そしてあなたが自分は神の子であるという真のアイデンティティに気がつくと、聖霊がすべての血管を流れ始め、その血管は神の光、また宇宙の光を放ち始めるでしょう。そしてあなたはすべてのアトムを同じ光として見ることでしょう。

私達は本当によく外側だけを見ます。私達の知性は外に向かっているので、私達が見るのは外部のデュアルティ、二元性です。あなたとＡさん、Ｂさん、Ｃさんはそれぞれ異なっていますが、実際には私達は一体なのです。私達がいくつもの生涯を通して創り上げたアイデンティティを取り去り、また私達が魂の周囲に創り出したすべてのカルマを取り除くと、私達はその光が皆同じであることがわかるでしょう。あなたの周りを見ると、いろいろな種類の電球の光がたくさんありますが、そこにはすべてを照らすただ一つの電源があるのみです。同様にあなた達は異なった身体、様々な色の髪の毛、顔、そして服装をしていますが、あなた達の中で輝いている光、あなた達の本当の姿である光は同じものです。あなた達は皆一体であり、このような見方をすれば、知性を超越することができます。

キリストは「子供のように従順な者は、神の国へ入るであろう」と言っています。見ていると、子供は全く何も気に掛けていないのがわかります。あなたがいつまでも子供のようにしていられないのは、人生でいろいろ経験することのためです。心を閉ざさず、すべてを超越してください。するとあなたは神様を目の前に見るでしょう。あなたは自分自身を目の前に見るでしょう。

そして常に慎ましく、神様を手に入れようなどと考えず、あなたが傲慢でプライドが高かったら、なおさら自分はいつか自己実現を成すだろうなどと考えてはいけません。そうでないとあなたは生涯実習し続けても——私が言うのは一生涯だけではなく、数多くの生涯——あなたがそうしたければ、何千回という人生を繰り返し練習しても、それを実現することはないでしょう。あなたは決してこの時点に達することがないでしょう。でもあなたが心からへりくだって、真に清らかな心でいれば、そしてあなたの知性をすっかり磨くと、神様はあなたのカルマをすべて簡単に取り除いてしまうことができるのです。神様はあなたの人生を変えることができます。神様は人間の人生をたった一秒間で変えてしまうことができます。でもあなたは自分の人生を一秒間で破壊することもできます。それはあなた次第です。それを選択するのはあなたです。あなたが自分を変えることを望めば、あなたは変わります。あなたが望まなければ、変わりません。あなたが自分で選ぶのです。神様はあなたのためにはしてくださいません。マスターも決してあなたのためにすることはないでしょう。でもマスターはあなたにその道を教えてくれるでしょう。キリストが「私は道であり、真実であり、光である」と言ったように、マスターはあなたにその道を示します。でもあなたはその第一歩を踏み出さなければなりません。もしあなたがその第一歩を踏み出さないのだったら、全く何の意味もありません。他人を評価するのは簡単だと言われていますが、あなたは自分の目に梁があるのを忘れています。それはよくあることです。あなたは他人を評価しますが、あなたが他人にするこの評価は何を意味しているのかわかりますか？　それはあなた自身を反映しているのではありませんか？　それでは神様と同じように謙虚になってください。

今日はキリストの復活を祝う日です。キリストをあなたの中に誕生させてください。

キリストをあなたの中に復活させてください。

栄光は父と子と聖神に帰す、今もいつも世々に、アーメン。

神を見出すとはどういうことか

ドイツ、シュプリンゲン　２００９年６月４日

今日は霊性についてお話ししたいと思います。私達は皆霊的な人間です。そうでしょう？違いますか？あなたにはどうしてそれがわかりますか？あなたのどの特性が霊的であることを示していますか？あなたはどうして自分が霊的だと知っているのですか？

霊的であるという肩書きは、とても私達の気に入っています。私達は皆自分は特別だと感じたいのです。ところで私達は実際に皆特別であり、誰も皆またとなき存在であり、誰も皆霊的なのです。それはどの道を行こうと、何をしていようと、全く関係ありません。霊性が神を実現すること、愛を実現すること、神と一体になること、そして神に達することを意味するのは事実です。でも私が霊的な人間を見ると、彼等は常に自分達の方がすべてをよく知っ

ていると思っています。彼等は自分が他の誰より素晴らしい人間だと思い、また一番優れていると考えています。それはいいとして、とにかく一番大切なのは他人を評価しないことです。

クリシュナが言うように、一番よいのは善悪を超越することです。霊的な道では皆がそれぞれ自分を磨く努力をしています。私が純粋さについて話すと、あなたの知性は何を感じますか？　知性はよいことだけを考えています。そしてあなたが霊的で、自分を磨くと、すべては大変よくなると思っています。あなたが何をしようと、知性はあなたがすることは常に正しいという気持ちを与えてくれます。あなたはこれを完璧と言っていますが、この完璧とは一体なんでしょう？

『ギーター』の中で、クリシュナは完璧について説明しています。

「あなたが正しいとか、間違っているとかいうことを乗り越え、つまり善悪を乗り越え、二元性のすべてを乗り越えると『私はその完璧さを手に入れた』と言うことができる」

知性はあなたに評価させます。でもあなたが神に対する夢を達成しない限り、また自分自身を磨かない限り、すべてを二元性でなく一体として見るように知性を訓練したことにはならず、霊性はまだまだ手の届かない所にあります。あなたが学校へ行くのも同じです。あなたは何故学校へ行くのですか？　それは勉強するためでしょう？　学校には先生がいます。あなたは先生よりもっといろいろなことを知っているのですか？　それとも先生から何かを学ぶために学校へ行くのですか？　学校へ行くのは本当に何かを学ぶためですか？　それは私にもわかりません。西洋ではその反対のように思われますが、違いますか？　あなたは先生のようにいろいろ知らなくても、だんだんに学んで、多分あなた自身もいつか教える身になるのでしょう。

霊的な道もこれと同じです。あなたは師匠を見つけて学びますが、自分は師匠より優れているとか、物知りだなどと主張したりしません。あなたは師匠から学ぶために行くのですから。あなたがどのような流儀で教えられようと、それはあなたのためになり、あなたの成長に役立ち、あなたが神に近づく助けになります。あなたの努力が実れば、いつかはあなた自身霊的な道にいる人達を導く教師になるでしょう。するとあなたも「このように、あるいはそのようになさい」と教える身になるのです。

霊的な道では皆が学びます。私達は神に達することを学びます。でもまず最初に学ぶことは、知性を超越することです。そしてあなたが真に霊的でありたかったら、前向きの姿勢をとってください。常に前向きであることを学んでください。マスター、教師、グル等は弟子を集めるためにやって来たのではありません。彼等はこんなことを言う人達もいるように、人間を奴隷にするために来たのではなく、また利用するために来たのでもありません。彼等は人間を助けるために、そしてその人達をいつかマスターにするために来たのです。でもそのために、あなた達は心から身を捧げなければなりません。

ある時、誰かがマスターに質問します。

「神を見つけるというのは、どういうことですか？」

教師は生徒の手を取って、川へ連れて行き、彼を水の中へ引き入れます。川の中で教師は生徒の頭をつかんで、水の中へ突っ込みます。しばらくして教師は生徒の頭を水から引き上げて訊きます。「どうだったかね？」

生徒は答えて「私は息をしようと思ったけど、もう少しで窒息しそうになり、喘ぎながら息をするのに、必死でした」と言います。

教師は微笑んで「君は神を見つけたいのではないかね？」と訊きます。「正にその通りのことが起きるんだよ、これと同じに必死の欲求があるとね」

とにかくベストを尽くすことです。あなたの神への欲求が、あなたが神を実現することへの欲求が（何とでもあなたが好きなように名付けてかまいませんが）あなたがもう息もできず、正に窒息しそうであれば、あなたはそれこそ「私は確かに神への道にいる」と言うことができます。ところがあなたの欲求がそれほど強くなければ、それはまだ遠い先のことです。事実その通りです。あなたも知っている通り、西洋では霊性を全く違うように受け入れています。すべては彼等が望む通りでなければいけないのです。それはクリスマスツリーのような物で、あなたは好きな物を吊り下げ、好

> あなたの神への欲求が、あなたが神を実現することへの欲求が（何とでもあなたが好きなように名付けてかまいませんが）あなたがもう息もできず、正に窒息しそうであれば、あなたはそれこそ「私は確かに神への道にいる」と言うことができます。

きなように飾り付けます。あなたは同じことをマスターや教師にしています。あなたは教師の弟子であるより、教師があなたの弟子であり、生徒であることを望んでいます。人間がしているのは正にこれです。

教師には学ぶことに終わりがないのがわかっています。私達は常に学び、学び尽くすということはありません。生まれた時から死ぬまで、人生から人生へと、常に新しいことを学ぶのです。そしてこれは創造主が絶えず新しい物を生み出しているからなのです。すべての被造物は新しい特質をもたらします。私達はお互いに離れ、異なった存在であるにもかかわらず、全員がそれぞれ定められた長所を持っています。真の教師は一人の弟子が他の弟子より優れているとは考えません。教師は全員に同じ価値があることを知っていますが、生徒にはそれがわからないのです。

教師は生徒自身がいつか教師になるのを楽しみにしています。それはあなたが、いつか幼年時代の教師に出会って、あなたも教師になったことを告げると、彼が喜ぶのと同じです。ラーマクリシュナは「良い教師を持つのは素晴らしいことだが、真の弟子はごく稀にしか見つからない」と言っています。これはその通りです。

かつて一人の聖者がいました。

彼の名はマッイェンドラナートといいます。彼にはゴラクナートという名の弟子がいました。彼は大変高度な霊性を得、何処にいても、知りたいことはすべて教師の恩恵によって知ることができました。ある日のこと、マツイェンドラナートは弟子に試練を与えます。ゴラクナートは教師が何処にいるか知りたくなり、座って瞑想を始めます。すると約５０００キロ離れたアサムにいる教師が見えます。彼は盛大な祝祭に参加して、大いに楽しんでいます。そこには女の人もたくさんいて、彼はお酒なども飲んでいます。ゴラクナートはそれを見て、落ち着きを失います。そこでその場へ急いで、自分の教師を救おうと考えます。彼は歩いて歩いて、５０００キロメートルの道を歩いてアサムにたどり着きます。そこへ着くと、ひょっとして人に殴られたりすることがないように、変装して教師の所へ行きます。そして歌い始めます。

「ちょっと、マツイェンドラナート、あなたはナートであることを忘れないでください。ナートの主がこのような娯楽に耽っていてはいけません。私はあなたの弟子のゴラクナートで、あなたを救うためにやって来ました」

教師は「わかった」と言って、弟子について行きます。でも途中でマツイェンドラナートは、ちょっとの間ガンジス河に浸かります。彼は自分の鞄を弟子に渡して言います。

「私はちょっとガンジスに入って来るから、これを持っていてくれ」

ゴラクナートは鞄を持つと、それがとても重いのに気がつきます。

そこで彼は考えます。

「すべてを捨て去ったこの老人が一体何を持ち歩いているのだろう?」

彼は好奇心をもって鞄を開け、中を覗いてみると、そこには2本の大きな金の棒が入っています。彼は考え込んでしまいます。

「この人は石を金に変えることもできるのに、どうして金の棒など持ち歩いているのだろう?」

そして「彼を救い出そう」と考えます。そして2本の金の棒を取り出して、思い切り遠くへ投げ捨てます。

するとマツイェンドラートが河から上がって来て「私の鞄は何処にある?」と訊きます。彼は鞄を受け取って、何事もなかったように、旅を続けます。そしてついに自分達の町へ戻って来ます。ゴラクナートは教師に言います。

「あなたは自分が誰だか覚えていますか? 私はあなたを救い出したのです」

マツイェンドラートは微笑んで、ただゴラクナートの頭を叩きます。するとゴラクナートは再び家で瞑想している自分に気がついて、すべては単なる妄想であったことを知ります。教師は弟子にとても満足して、マツイェンドラートはシャンカール・バガヴァンの直弟子だったことから、シヴァのビジョンを用いてゴラクナートを祝福します。

ゴラクナートは、いつもシヴァを拝観することを熱望していたので、教師の祝福を得ると、目前にシャンカール・バガヴァンの姿を見ます。シヴァは彼を祝福して言います。

「今後人々はあなたを私の顕現体の一つとして思い出すであろう」

これであなたにもどういうことだかわかるでしょう。

あなたは物事には、いつも何か決まったやり方があると思っていますが、実際にはすべて神様のやり方なのです。

アムリットの甘味

シュリー・ピータ・ニラヤにおけるダルシャン
ドイツ、シュプリンゲン　2010年7月24日

あなた達皆に会えて、嬉しいです。

あなた達も知っているように、明日は特別な日、グル・プールニマを祝います。私達は「何故グルが必要なのか?」と考えます。多くの人達は「私には必要ない。教師は要らないし、私を導いてくれる人も必要ない」と言います。ところであなたは教師も要らず、導いてくれる人も要らないのに、どうして学校へ行くのですか? 何故行くのですか? 必要ないではありませんか? 違いますか? 霊的な道もこれと同じです。神様はこの世に二つの世界を創られました。一つは霊的な世界で、もう一つは物質の世界です。

皆が後を追い回している物質の世界は、いくつかのわずかな物からでき上がっています。

それは富、名声、権力などです。人々はこの世だけに存在し、物質の領域に限られているものを追い回しているのです。でも皆が後を追っているものが取られてしまったら、一体何が残るでしょう？　何も残りません。全く何にも！　そしてこの人達は「あなたが人生から得たものは何ですか？」と訊かれると、多分「何にも」と答えるか、あるいはこの限界ある世界で起きたことについて何か話し始めるでしょう。

それに反して霊的な人生、霊的な世界はこれとは正反対で、神を知ることを切実に願い、神を理解することを熱烈に欲し、一筋に神を求めるのです。でもこの気持ちが充分でないと、また、目的もなく、何処へ行くのかわからない状態だと、それは難しくなります。今日では皆がこのことについて何も知らないからです。ただ教師だけが、パラムグルか、サットグルだけが、あなたにこれを教えることができます。そうでなければ、あなたはある時点、ある決まった境界線までしか行くことができません。そしてその後何が起こりますか？　あなたはこの輪廻の法則、生と死の繰り返しから抜け出すことができません。

ここで神様が与えてくださった恩恵について考えてみてください。まずあなたが人間として生まれて来たこと、あなたが霊的で、人生の目的を探していること、そして神様に達することを求めていることなどです。何と並外れたことではありませんか？　地球に存在する、８４０万種にも上る生物の中で、唯一人間の身体を授かったのです。ということは、８４０万にも上る生物の中で、人間は最も高い位置にいるのです。何故でしょう？　それは人間が理性を持っているから、理性に至る素質を持っているからです。そう言うのも悲しいことですが、人間は今日それさえ失くしています。この理性に至る素質は、人間にのみ与えられた物だからです。ここで一頭の牛を例に取ると、それは最も高度な動物の一種として見られています。そしてそれが牛であった後、今度は人間として生まれて来ることができます。でも牛は神様に達することができません。私が言いたいのは、一頭の牛はどんなにバクティ、献身があっても、もっぱら牛としての義務を果たす域から出られないということです。それで理性への素質を持っているのは、人類だけなのです。

あなたがこの理性を使って、自分を分析すると、人生の目的がわかるでしょう。あなたは何処へ行ったらよいかわかるでしょう。そうでなければ、あなたはただのマリオネットに過ぎず、まるで小さな人形のように、他の人達があなたから望むことをするだけでしょう。人間の社会はこのように動いているのです。人間社会の奴隷となれば、あなたはそのマリオネットになってしまいます。その社会が右と望めば、あなたは右へ行き、左と望めば、あなたは左へ行くでしょう。でもあなた自身はどうなるのでしょう？ 最終的にあなたは自分を見失ってしまうでしょう。

あなた達が皆でここに座って、バジャンを歌っていると、外を行く人達はきっと「この人達は気が狂っている」とか「彼等はすっかり気が違ってしまった」などと言うでしょう。あなたが霊的な道に入ると、人々はあなたを指差して「何故あなたはこんな道を行くのか」と訊くでしょう。そして「私達と一緒に来ない？ そして外での生活を大いに楽しんだらいいじゃない」などと言うでしょう。あなたが外の世界にいる間は、友達がたくさんいるけれど、一旦霊的な道に入ると、その友達がどれだけ残るかわかるでしょう。何故でしょう？ それは霊的な道にいる人間は、少し気がおかしいという定評があるからです。彼等は霊性を四番目の位置に置きますが、実際には全く反対です。霊性は最高の位置にあります。ですからわずかな人達だけがそこへ達することができます。わずかな人達だけが祝福されます。他の人達は理性を備えていますが、それを利用しようとしません。ヴェーダは、理性を使用しない人間は、動物に等しいと言っています。彼等は人生を無駄に過ごし、せっかく人間として生まれて来たのに、その人生を浪費することになります。でもこの人達に「あなたは幸せ？」と訊くと、彼等は「いや、私は不幸だ」と答えます。

それは彼等が本当に何を欲しているか、知らないからです。彼等は人の言うことを聞いて、それに従っただけだからです。あなたはどのように噂が立つか知っていますか？ あなたが霊的な道に入ってまもなく、誰かが来て、噂話をたくさんし、おまけにあなたの道は間違っていると言ったとします。こういった瞬間にはもちろん知性が大いに幅を利かせます。

ここでカンダルセーナという王様のお話をしましょう。

ある日のこと、王様は戦争に出掛けます。戦争の最中に、副大臣が大臣の所へ来て、突然こんな話をします。「王様が亡くなられました」

当然のことながら大臣は大変心配します。そこへ宮廷から一人のリシが出て来て、次のように公表します。「王様が亡くなられました」

三日の間人々は王様の死を悼みます。彼等は泣いて泣いて、泣き続けます。ところで三日目に王様ご自身が戻って来られます。帰って来た王様は、皆が白い服を着ているのを見ます。

㊟ヒンドゥー教の伝統では、人が死ぬと、白い服を着るのが習慣である。一方霊的な道でも古い「私」が死ぬと、白い服を着る。白い服を着ることは神に近づくことを意味している。

王様は皆が喪服を着て、嘆き悲しんでいるのを見て「君達は何故泣いているのか?」と訊きます。そして大臣が王様は死んだと言ったことを聞きます。

そこで王様は大臣の所へ行って、「あなたが私は死んだと言ったことを聞いた。ところで私はこの通りまだ生きている。誰が私は死んだなどと言ったのだ?」

すると大臣は「副大臣です」と言ったので、今度は副大臣が呼ばれます。

副大臣は「私はある村で人々が群がって、カンダルセーナが死んだ、と言っているのを聞いたのです」と説明します。

そこで彼等はその村へ行って、人々にことの成り行きを尋ねます。そして次々に村人を訪ねて回り、最後に、泣き悲しんでいる、ある陶工の家へ行きます。彼等はその陶工に、王様の宮廷へ来てくれるように頼みます。彼は王様の前に出ても、まだ泣いています。

王様は「おまえは何故私が死んだなどと、思い切ったことを言ったのだ？」と訊きます。

「でも王様、私はあなたが死んだなどと言っておりません」

「しかし皆の話では、おまえはカンダルセーナが死んだ、と言ったそうだ」

陶工はこれに答えて「そうです。私は確かにカンダルセーナが死んだ、と言いました。ところがカンダルセーナは私の驢馬で、つまり死んだのは私の驢馬だったのです」

すると王様が訊きます。「何故おまえは驢馬をカンダルセーナと名付けたのか？」

陶工は答えて「それは長いお話です。ある日私がジャングルを歩いていると、この驢馬が現れて、人間の言葉で私に話しかけたのです。『私はカンダルセーナと言います。私はあなたについて行きたいのです。あなたのお家へ連れて行ってください。あなたの望みなら何でも叶えてあげます』」

そこで陶工が驢馬を家へ連れて帰ると、驢馬は死んでしまいます。王様と驢馬は同じ名前でした。陶工は驢馬のことで泣いていたのですが、人々は「カンダルセーナが死んだ」と聞いて、王様だとばかり思ったのです。


これは噂やゴシップがどんな誤解を引き起こすか示しています。真実を知らないのに、また、自分が何をしたいのかもわからないで、それこそ自分自身を馬鹿者扱いにして、判断力まで失ってしまいます。あなた自身の心に耳を傾ける習慣をつけてください。何故かというと、人々

> マスターがアムリット、
> ネクタール（神酒）を
> 授けるのを知っていますか？
> 例えわからなくても、
> あなたは必ずそれを受けています。

の話すことには、ある程度の偽りが含まれています。でもあなたが内部の声に耳を傾けると、そこには間違いなく、ある程度の真実があります。ですから霊的な道では、自分の直感に従うことがとても大切だと言われています。この直感の能力を自分の中で育てて行くことは、とても大切であり、それが人生の目的に向けて、あなたを導いて行くのです。この素質を育てるためには、すでにこれをマスターした人の指導が必要です。あなたには常に教師が、サットグルが必要です。誰か一人の神様を例に取って見ても、それがラーマでも、クリシュナでも、皆それぞれに彼等を導く教師が、グルがついています。彼等は神の完璧な顕現体ですから「私達は教師など要らない」と言うこともできるのに、彼等も生きている限り、グルの祝福が必要なことを教えています。

そしてこれを保って行く道はサットサンガ、話し合いのような形式で行われる、霊的な討論です。何故人々は師匠が与える物を受けに行くのでしょう？ マスターがアムリット、ネクタール（神酒）を授けるのを知っていますか？ 例えあなたにわからなくても、必ず受けています。サットサンガから、私達の話し合いから、あなたは必ず何かを受け取ります。そしてあなたが受け取る物は、あなたの成長に役立ちます。あなたが授かる物は、あなたにそれとわからなくても、アムリットなのです。

それは遠くから飛んで来る蜂が、蓮の花やその他の花から集めるネクタールです。すべての花が同じ量の蜜を持っているわけではなく、また、すべての花が同じ量の甘味を持っているわけではありません。それを知っているのは誰だかわかりますか？ それを知っているのは蜂だけです。蛙でもありません。蛙ではなく、また、何でも知っていると思い込んでいる、無知でもありません。蛙は花を上に飛んだり、下に飛んだりしますが、中にどんな甘味があるか知ることはないでしょう。それを知るためには、自分の内部を深く掘ってみないとわかりません。何処までも深く、さらに深く掘って、このアムリットを手に入れるまで。

あなたは教師やグルの助けを借りてアムリットを授かり、人生の最期に至って「私は人生の目的を達成した」と言うことができます。自分を変えるということに関して、人々はよく「私は自分を変えられない」と言います。そして「もっと後になったら、自分を変えよう。私はまだ若いから、今は人生を楽しみたい」と言います。

でもそれでは駄目です。人生はどんどん走り去ってしまいます！ あなたはいつ死ぬかわからないではありませんか？ そうでしょう？ もしかしたら隕石が落ちて来て、それですべてはしまいになるかもしれません。ですからあなたが自分を変えるのは、正に今のこの瞬間です。これは大きな贈り物です。もし自分を変えたかったら、明日とは言わず、今すぐに変えてください！ 私はもう自分を変えたから、これでよいのだと言っていては駄目です。過去のことは過去のことです。過去は過ぎ去った物で、もうしまいです！　あなたは何かしたかったら、それができるのは今だけです。それを将来へ持ち込むことはできません。あるのは「今」だけです。

あなたが自分を変えたかったら、今が自分を変える時です。あなたがある決断を下したかったら、今それを下しなさい。あなたが「今」にあることは大きな贈り物です。現在のこの瞬間にあることは何よりのプレゼントです。ですからこのネクタールを満喫してください。そしてこの甘味を楽しんでください。さっきも言ったように、あなたがその授かり物に気がつかなくても、必ず受け取っています。あなたの意識を満たし、あなたの成長に役立つ何かを、主の「蓮のおみ足」に達して、人間としての生活を満たすために、また、何故あなたがここに生まれて来たか知るために役立つものを授かるのです。さもなければ人生は無駄に終わってしまいます。物事を理解するために判断力を使用してください。人を非難するために判断力を使ってはいけません。あなたが非難することは、あなたの愚かさをあらわすからです。

あなたが愛の道を行き、自分の心に従って進めば、あなたは成長するでしょう。そしてあなたもマスターのようになることでしょう！　あなたもこのネクタールの一部分となり、それを他の人達にも、さらに多くの人達に分け与えることができるようになるでしょう。これはキリストが弟子達に言った言葉です。

「行って、弟子を取り、成長して、人々を助けなさい」

同じようにあなたも人々を助け、成長して行くのです。

すべてを受けよ

グル・プールニマ
ドイツ、シュプリンゲン　２０１０年７月25日

今日はヴヤサ・プールニマとも呼ばれているグル・プールニマをお祝いしましょう。これはあらゆるグルや教師を偲ぶ日です。ある教師にはその価値があり、また他の教師にはその価値がありません。何故私がこのように言うかというと、それは学校で教えているシクシャ・グルと霊的な教師の間に違いがあるからです。これは二種の異なった教師です。学校の教師は、あなたが人間として成長するように、ある決まった知識を与え、あなたがどのように生きていったらよいか、教えてくれます。ところで霊的な教師、グル、サットグルは人生の規則を教えるだけでなく、人生の方向、また何処でどのように人生を築いたらよいか教えます。それが違いです。人間にとって最初のグルは母親で、次が父親、これはまず間違いないでしょう。

ヴェーダは、グルは母であり、父であると言っていますが、そこには母親と父親が子供に与えるのは、肉体だけであると記されています。彼等が与えるのは身体ですが、グルは第二の誕生とも言える、霊的な生命を与えます。それはどのようにして行われるのでしょう?

霊的な道にいない人間から、プライド、物質の世界に生きることの意義、富や娯楽などを取ってしまうと、残る物は何もなくなります。すべては意味を失ってしまいます。これに引き替え、霊的な人間から、その特質を取ってしまうことはできません。霊性は永久的で、知識も同様です。あなたに知識があったら、それを知識に留めず、知恵に変えてください。

これらすべてのことは、恩恵によって起こります。あなたは自分でも、ある種の物事を行うことができますが、あなたが何処に生まれて来るか、誰があなたの師匠になるか、またいつ神様が、あなたが神に達することを可能にしてくださるかは、あなたがこの世に生まれて来るよりずっと前に、もう決まっているのです。あなたはそれは自分だと言いますが、それは全くあなたではないのです。それは「神様」に他なりません。何故かと言うと、すべてのものの一番奥にあるもの、あなたのアートマ(魂)は「神様」に他ならないからです。この過程で、私達が手に入れたいのは神様の恩恵であり、神様の愛であり、また自分自身を鍛えることなのです。

でも人間にとって、それを自分一人で勝ち得るのは、大変難しいことです。ただこの霊的な欲求が目覚めると、神様はあらゆるものを提供して、人間一人一人がその恩恵を授かるように、準備してくださいます。

ある所に、こんなことを言ったスーフィー聖者がいました。

「私が悟りを開いた時、私は三つの過ちを犯したことに気づきました。第一の過ちは、私はいつも神様へ向かって第一歩を踏み出したと思っていたことです。ところが悟りを開いてからは、第一歩を踏み出したのは私ではなく、神様ご自身が（私が第一歩を踏み出す前に）私に向かって何歩も近づいて来られたのに気づいたのです。第二の過ちは、私は神様に対し、計り知れない愛を抱いていると思っていたことです。ところが後になって、私は神様を非常に愛していると思っていたのが、彼の大洋のごとき愛に比べると、私の愛はその一滴にも値しないということがわかったのです。そして第三の過ちは、私が神様を得て、神様を実現した時、実際には神様ご自身が自らを実現されたのがわかったのです」

この三つの事項を理解するよう試みてください。この三つは、すべてが神様の恩恵であることを示しています。そしてもちろんのこと、この恩恵を得るためには、ただ無駄に座っているだけでは駄目です。サーダナを実習して、あなたにその準備ができていることを実証してください。

ある人達は「教師は要らない。グルも要らない」と言いますが、本を読んで知識を得ても、知恵は書物から受けられません。知識が知恵に変わるのは、恩恵が教師から弟子に移り渡って行く時だけです。もしあなたにその心構えができているのだったら、ここに人間として生まれて来てください。もちろん人間として存在するだけでは、普通の人間として存在するだけでは、ちょっとつまらないのではありませんか？違いますか？でも他の状態を知らないのに、どうしてつまらないとわかるのですか？あなたは感じるのです。あなたはこの不満足な状態を感じるのです。あなたは何をしても、幸せになれません。そこには何かを探し求める気持ち、あなたを真に幸せにするものを待ち焦がれる気持ち、ただ普通の幸せではない、純な幸せであるシュッダ、あなたの心の中の幸せがあるのです。そしてこの気持ち、この欲求が起きると、間違いなくグルがやって来ます。

それにはいくつもの人生が掛かります。1回の人生だけでなく、いくつもの人生が掛かることがあるのです。

そしてどの人生にも同じ欲求があるというわけではありません。それに何千という人生が掛かることもあり、何千という年月が掛かることもあります。

まず第一に、あなたがこの世に生まれ、心に探し求める欲求があると、神様がプレカ・グルとして現れます。それはあなたがグルに出会うと、まず心の中に愛が燃え上がることを意味しています。それは教師のそばにいたいという欲求です。それは一度ネクタールを試したようなもので、世の中のものはもう何もこれほど美味しくなくなってしまうのです。それと同じように、あなたが一度グルに近づくと、世の中が変わってしまいます。ですからあなたは霊的になると、世の中を手放します。また、世の中の人はあなたを違った目で見ます。ある人達は、あなたは気が違ったと言います。あなたの心奥深くに愛が目覚め、あなたの行為は彼等にそぐわなくなったのです。グルとの最初の出会いはプレレカと呼ばれ、これは生徒の心に神の愛が目覚めることを言います。このようにしてあなたは自分のグルを見分けることができます。これは磁石のように引き寄せる、抵抗できない力です。

第二に、グルはサチャカとして働き掛けます。その意味はバクタ、弟子を鍛える人のことです。この期間にあなたはグルは間違っている、グルは良くないと主張します。グルについて良くないことをすべて言えますが、でもこれだけは頭に置いてください。誰がマスターを理解するでしょう？　あなた自身がマスターになるまで、マスターというものはわかりません。ですからマスターを見て「おお、このマスターは良くない」とか「おお、このマスターは良い」とか言うのです。でもあなたにどうして良いとか、良くないとかわかるのですか？　あなたは外側の行為だけを見て、その後ろに何があるのか知りません。これがグルの磨きをかける仕事の一つで、サチャカと言い、生徒を鍛え、すべての不純物を取り除くのです。この取り除き作業は、時として大変残酷で厳しいことがあります。こうしてあなたはグルがグルであることに気がつきます。もしグルが優しかったら、あなたがどうしようと、すべてに関して優しく、ただ「いいよ、いいよ」と言うだけだったら、何も意味がないでしょう。

あなたが自然の中でダイヤモンドや金を見ると、ダイヤはただの石に見えます。ところが専門家がこの石を手に取って、磨くのを見ると、その磨き方は決して手柔らかなものではありません。それを磨くのはとても大変な仕事ですが、最終的には素晴らしい石になります。金もこれと同じです。金は非常に汚れていると、それを火に通さなければなりません。火に通すのは大変残酷なことです。金から綺麗な装身具類を得るには、それを溶かして磨くのに、1000度で燃やす必要があります。これがいわゆるサチャカです。多くの人がこのプロセスの途中で去って行きます。それに堪えられないからです。でもこのプロセスが済んで、それがバクタ、信者に植え付けられ、またそれに加えて、強い信仰と堅い決心があれば、それは輝き出すことでしょう。

このプロセスの後で、グルはヴァチャカの姿を装い、これは生徒に神の栄光をもたらすことを意味しています。グルは生徒に主の物語を、主の様々な姿を示します。主の素晴らしい物語を話し、すべての不純物が取り除かれると、バクタは神性と栄光と神の光で満たされるのです。もちろんこれは単なる知識です。

しばらくすると、グルはボダカの姿を装います。ボダカの意味は、知識を知恵に変えることで、それによってバクタ、信者はすべてを理解するのです。世の中の人達は多くの知識を備えています。でも魂に関する知識、またあなたは本当は誰なのかなどということに関する知識は、知識とは言わず、知恵と言います。知恵を身に付けると、世の中は全く違って見えてきます。これをボダカ、ボダカ・グルと言います。知恵を身に付けると、最後に現れて来るものは、純な愛です。知恵を身に付けた者は知恵者になります。そしてもう無知ではなくなります。そして知恵者になると、主が至る所におられるのがわかります。

その次にグルはダルシャカの姿を装います。ダルシャカの意味は、グル自身が神の姿で現れることです。グルは弟子の前に神として現れます。これでわかるように、このプロセスには五つの段階があって、それはゆっくり進んで行きます。グルはあなたを試します。あなたはプレレカ、サチャカ、ヴァチャカ、ボダカを通って、最後にダルシャカに達します。あなたがダルシャカに行き着くと、あなたは神の姿を至る所に見出します。あなたは完全に自己を実現します。あなたの探すものはマスターの足元にあります。彼はあなたにそれを授けたのです。シヴァプラナの中でシヴァはパールヴァティーに言っています。

「この世の知識をすべて得ても、師匠の値打がわからなかったら、何にもならない」

クリシュナも『ギーター』で同じことを言っています。

「私が人間の姿をしているため、無知な者は外見しか見ないで、私をただの人間だと思っている」

誰がサットグルを理解するでしょう？　誰も理解しません！　生徒に心の準備ができると、サットグルは姿を現し、生徒の所へやって来ます。彼は何かを得るためにやって来るのではありません。何故かというと、グルはすでに神と一体化しているのです。わかりますか？　ではサットグルがこの世で必要としているものがあるでしょうか？　何もありません。彼は与えるために、例え彼が受け取っているように見える時でも、ただ与えるためにやって来るのです。

事実あなたが授かるものは、すべて彼が与えるものだけです。

彼の与え方には3種類あります。まずサンカルパ、想念で与える方法、次にドリシュティ、これはビジョン、視覚で与える方法、そしてスパルシャ、触覚で与える方法の3種類です。グルはこの三つの方法によって与えます。第一のサンカルパは想念、知性、シャクティの伝達によって与えられます。それは亀の母親のようなものです。亀の母親は砂に卵を産んでも、その上に座っている必要がないのです。彼女は卵を産むと、その卵が雛にかえるよう、離れた所から、暖かい波のような想念を送ります。このように波によって、想念の波によって成し遂げられるのが、サンカルパです。シルディのサイババはこのようにして人々を祝福しました。

第二の形はドリシュティで、これは視覚を通して与えられます。視覚による祝福は、水に卵を産む魚のようなものです。卵は透き通った水の泡の中にあって、母親の魚は常にそのそばを離れず、卵に集中します。ただ集中して見つめているだけで、卵はかえります。これをドリシュティと言います。

最後の形はスパルシャで、これは触覚によって行われます。あなたはマスターの所へ行って、頭を下げ、サハスララを差し出します。するとマスターはあなたの頭に触れて、何も心配することはない、神様が守っていてくださるから、という意味の祝福を与えてくれます。そしてあなたがそれを信じれば、神様の祝福を受けます。また、信じなくても、祝福は受けますが、その効果が現れるまで、多少時間が掛かります。それでシルディのサイババは第一の形、サンカルパによって、祝福を与えたと言うことができます。ラマナ・マハリシはドリシュティ、視覚によって祝福しました。彼は目を通して、ダルシャンを与えました。また、シュリ・ラーマクリシュナはスパルシャ、触れることによって、ダルシャンを行いました。

この3種類のやり方で、マスターはエネルギーを伝達します。彼の中にある神のエネルギーをバクタ、弟子に伝えるのです。私が何故弟子と言い、信者と言わないのかわかりますか？それは人がこの浄化のプロセスをすべて通って、バクタ、真の弟子になるからです。ただの信者ではなく、弟子になるのです。弟子というのは、マスター（師匠）の恩恵を授かった者で、マスターの恩恵とは、神の恩恵のように、心の中にある物です。私達が小さな草木に接ぎ木をしようとして、例えば2種類のバラの一株を、もう一株のバラに接ぎ木して、いざそれに水をあげようという時、私達は当然親の株の方に水をあげるでしょう？教師は親の株で、そこを通って行くものはすべて、教師につながっている弟子が受け取ります。それで私は昨日、あなたもアムリットで満たされた器になると言ったのです。あなたはもう今のままのあなたではなくなり、人生の真の目的に到達します。このようにして、グルに神の恩恵が現れるのです。

そこで私達は「**グル・ブラムハ、グル・ヴィシュヌ、グル・デヴォ・マヘシュワラハ。グル・サクシャト・パラムブラムハ、タスメイ・シュリ・グルヴェ・ナマハ**」と唱えます。

ヴェーダではグルをブラフマー、ヴィシュヌ、そしてシヴァと呼びます。『ギーター』の中でクリシュナは「私は私を求める者の所へグルとして現れるだろう」と言っています。

グルは信者に
自分を与えます。
そこで信者がすべきことは、
空の器のようにすべてを
受け入れることです。

マスターの偉大さ、マスターを知ることの素晴らしさ、シクシャ（ヴェーダを朗読する学問）を受け、マスターの祝福と恩恵を授かるのは、稀なことです。ところが一度これを授かると、それは身に付いてしまいます。その祝福は永久にあなたの身に付いてしまうのです。でもこれは「私は今日はこのマスター、明日はあのマスターの所へ行く」というのではありません。グルからグルへと渡り歩く人はたくさんいます。探し求めている段階ではよくあることです。私達はこの愛を感じるまで、この引力、この魅惑を感じるまで、いつまでも探し続けます。そうでしょう？ そして一度それを感じて、それに馴染んで来ると、「ああ、ここが私の家だ」とわかるのです。私達は「私はこのグルの所へ行く」とは言わず、「私は家に帰る、私は自分の家に、私の憧れの地に戻る」と言います。私達は神の愛を心に感じる所へ、そして人生の目的を達する所へ行きます。

そう、これが簡単に述べたグルの仕事の内容です。グルはこの3種類の形、想念、視覚、そして触覚を通して与えます。グルは弟子に自分を与えます。そして信者に自分を与えます。そこで信者がすべきことは、空の器のようにすべてを受け入れることです。

考えてご覧なさい。雨は至る所に降ります。雨は選り好みをしません。雨は山に降り、丘の斜面に降ります。ところで山は雨水を食い止めることができますか？　いいえ、できません。それは流れて行ってしまいます。それでは山はいつ雨水を食い止めることができますか？　もし山に穴があれば、この雨水を食い止めることができます。神を探し求めず、人生の目的を探し求めない人達はこの山のようなものです。神の恩恵が彼等に向かって流れて来ても、それはまた、流れて行ってしまいます。それとは逆に、あなたに神の恩恵があると――神の祝福と言った方がいいかもしれません――、まだ神の恩恵とはいかないまでも、神の祝福があると、あなたにはそれを探し求めたいという欲求が出て来て、神様が何処におられるかを知りたいという欲求、サーダナを実習したいという欲求、世の中の人達が考えているよりもずっと大きな愛を感じたいという欲求が出て来ます。ですからこれ以上時間を無駄にしないでください。人間が皆無駄にしているのが時間です。彼等は後になって時間ができたら、何でもしようと思っています。でもあなたが今そのために時間を費やさなかったら、もう決してそのために時間を費やすことはないでしょう。「後で」ということは決してないのです。

誰かが「明日という日は決して来ないだろう」と言ったのは本当です！　あなたにはサーダナができないという言い訳はいくらでもあります。でもあなたが今していることはとても大切なことで、それによってあなたはいろいろ貢献することができます。恩恵を得るためにマスターに近づくチャンスがあったら、必ずそれをつかんでください。これは人生における一つの義務です。前にも言いましたが、あなた達は皆大きな幸運に恵まれています。

マハヴァタァー・ババジがあなた達に恩恵を与えたからです。神様があなた達が求めている道へ入るように、あなた達がより高い人生の目的を探し求めるように、皆に恩恵を与えたのです。私はあなた達がその義務を果すことを信じ、またあなた達が探すものを見出すことを信じています。私はあなた達にただ一つのことをお願いします。自分には誠実に、自分の心をしっかり開いて、後は神様にすべてを任せてください。あなた達は、私達が愛と呼ぶネクタールで満たされるのに気づくでしょう。例えあなた達の知性がこれを知覚しなくても、自分達を見てそれを感じなくても、事実あなた達の身体は、どの部分もそれで満たされるのです。あなた達はここに座って恩恵を授かり、神の名を歌い、神の栄光を歌って、祝福を受けます。あなた達がそれに気づかなくても、あなた達はそれを授かっています。

ある所に一人の犯罪者がいました。彼はグルにマントラが欲しいとせがみますが、神の名を歌うのは嫌だと言います。

「私は神など信じない。だが考えを落ち着かせるよう、何か歌うものが欲しい」

するとグルは大変喜んで言います。

「ではマラマラマラムを歌うといい」

犯罪者は喜んで歌います。

「マラマラマラマラマラマラマラム」

彼が何を歌っているかわかりますか？「ラマ、ラマ、ラマ、ラマ、ラマ、ラマ、ラマ、ラマ」彼は知らずにラーマの名を歌い、最後には完全に神を実現します。彼は神に達し、ラーマに達します。あなたがサットサンガに行ったり、巡礼の地を訪れたりすると、あなたはそこで常に何かを授かります。それは必ずあなたのためになります。ですからグルの足元に自分を捧げてください。グルに巡り会うと、この世がグルの足元になると言われています。グルの足はすべてです。それでヒンドゥー教の伝統ではヴィシュヌ・パダムを崇拝しています。私達は何故マハ・ヴィシュヌのおみ足を拝むのでしょう？私達が足と言うのは、足の上側ではなく、足の下側のことです。グルが床に足をつける時は、足の上側ではなく、足の下側で床に触れます。何故かと言うと、マスターの足の裏にはヴィシュヌ・パダムがあるのです。足の下にはすべてがあり、マハ・ヴィシュヌ自身のおみ足があります。それで『ギーター』では「グル・ゴヴィンダ」と言い、クリシュナ自身がグルとして姿を現します。グルはゴヴィンダ、クリシュナです。グルのおみ足への奉仕は、千という巡礼の地にも等しいものです。ですからマスターのおみ足に奉仕して、自分を捧げ

アディ・シャンカラチャリア（初代シャンカラチャリア）は「私はグルのおみ足への献身を通して、すべてを授かった」と言っています。

てください。

アディ・シャンカラチャリア（初代シャンカラチャリア）は「私はグルのおみ足への献身を通して、すべてを授かった」と言っています。

今日私達が「言うことを聞いてこうしなさい！」と言うと、生徒は何と答えると思いますか？「何故そうしなければいけないのですか？」

それが普通です。昔と今の違う所は、今日ではもっぱら知性が指導権を握っていることです。そして知性が指導権を握ることによって、当然多くの質問、また多くの疑いが出て来ます。知性に無分別な考えがたくさんあると、そのために大切な機会を逃してしまいます。

そしてこれが人間はただの一生ですべてを得ることもできるのに、生と死の間を行ったり来たりする原因です。ですから「蓮のおみ足」にすべてを捧げてください（チャラナスパルチャ）。

それではあなた達皆に幸せなグル・プールニマのお祝いをお祈りします。神様はあなた達の心にあるのですから、神様がその「蓮のおみ足」をあなた達の心に置かれますように。そしてすべての聖者、すべてのマスター、そして神を探し求めるすべての霊的な人々と同じように、あなた達もまた、常に神の愛と共にありますように。あなた達が常に神を感じていられますように。あなた達が何をしていようと、何処にいようと、今までもそうであったように、神様はいつもそばにおられることを知ってください。

ヒンドゥー教の伝統では、私達は次のようなお祈りを唱えます。

「カラーグレ・ヴァサテ・ラクシュミー、カラマジェ・サラスヴァティー・
カラムーレ・トゥ・ゴヴィンダ、プラバーテ・カラダルシャナム・
サムドラヴァサネ・デヴィ・パルヴァタ・スタナマンダーレ・
ヴィシュヌパトニ・ナマストゥビャム
パーダスパルシャム・クシャマスヴァ・メ」

「おお、大地の母よ、大洋を衣とまとい、山と森を身に抱く、
主ヴィシュヌの妻であるあなた、
私はあなたの前に身を投げます。
足であなたに触れる私をどうぞお許しください」

このお祈りを知っていますか？　このお祈りは寝床から起き上がる前に唱えます。私達は指先が軽く触れるようにして手を合わせます。これは女神ラクシュミーがそこにいるという意味で、手の平の真ん中にはサラスヴァティー、そしてその下にはゴヴィンダ、マハ・ヴィシュヌがいます。これは人々が寝床を離れる前に、まず行うのが習慣でした。このようにして、彼等は手中にラクシュミー、サラスヴァティー、ゴヴィンダがいることを思い出し、神様がいつもそばにおられることを忘れなかったのです。でも今日では、人々が起きてます言うことは「今

日は何をしようか?」ということで、神様のことを考える代わりに、神様以外の、他のあらゆることについて考えます。それであなたが朝目を覚ましたら、まず最初の想念として、神様のことを考えるよう、あなたが身近に感じる神様のことを考えるよう、習慣づけてください。もしあなたのイシュタデーヴァがわかっていたら、そのことを考えてください。もしあなたのグル・マントラがわかっていたら、それを唱えてください。もしあなたのグルが、誰があなたのイシュタデーヴか教えてくれたら、その神様への結び付きを見つけてください。このようにしてマスターはあなたが何処にいても、その勤めをなすことでしょう。例えあなたがそばにいなくても、遠く離れた所からでも、その勤めをなすことでしょう。

神様は一方では姿のある、また一方では姿のない存在であることを忘れてはいけません。彼はニルグン・ブラフマーであると同時に、サルグン・ブラフマーでもあります。ニルグンは姿なく、至る所に存在し、サルグンは姿がありますが、それに集中しなければなりません。グル(私が言うのはサットグルです)もこれと同じです。グルにはいろいろあって、サットグルとの違いは、グルがいつも同じ場所にいることです。彼はそこに座って講演していますが、彼に遍在的な面はありません。これに引き換え、サットグルやパラムグルは、遍在的な特質を備えています。生徒の考えていることはサットグルにわかります。それはさっきも言ったように、マスターに誠実に心を捧げていると、それはマスターに接ぎ木として結びついているような感じです。それはバラの灌木と同じように、灌木が恩恵を受けて水をもらうと、接ぎ木された部分にも水が行き渡ります。ですからグルに身を任せていると、これと同じことが起こります。グルを通して流れるエネルギーはすべて、またグルを通して流れるシャクティはすべて、生徒が何処にいようと、同じ恩恵が与えられます。あなたは何処にいるとか、どんな人間かなどと考えず、ありのままのあなたであってください。

ジェイ・グル・デーヴ！　サットグル・マハラージャ・キー・ジェイ！

キリストの出現

シュリー・ピータ・ニラヤのチャペルにおける礼拝式
ドイツ、シュプリンゲン　２０１０年10月２日

このキリストの変容に関する福音書は、事実最も美しい部分の一つです。他の師匠達と同じように、キリストも大抵自分の真の姿を現しません。人々は常にマスターが誰なのか知っていると言ってみたり、また事実知っていると思っています。例えマスターが度々それを口にしても、皆彼が誰なのか聞いていないし、知性は常に評価すること、また自分にはわかっているという考えを弄んでいます。

キリストは「私を理解しようとしないでよい。あなた達にはわからないだろうから。私が何処から来たかは考えてもわからないだろう。それは心でしか理解できないのだから。私は上の世界から来た。私はこの世の者ではない。でもあなた達は皆この世の者である」と言ってい

ます。それは幼稚園の子供のようなものです。

主は「大学やそれ以上の所から来る者を理解しようとするな。あなた達にはわからないのだから」と言っています。あなたはマスターを理解しようと最善を尽くしても、わからないでしょう。マスターはマスターで、あなたはあなただからです。

ここでイエス様は弟子達に言っています。

「私が理解できないのに、何故理解しようとするのだ？」

ただ一つあなたにできることは、それを受け入れることです。あれこれ想像するのはやめましょう。あなたに理解できるものは、目に見えるものに限られています。でもあなたにも心があるので、それを感じることができ、また知覚することができます。キリストは弟子達に「私は神の所から来た」と言っています。でもあなた達にもわかるように、人間は自分の聞きたいことを聞き取ります。彼等にとって都合のよいことだけを、また聞き心地のよいことだけを聞きます。ですからキリストが神から来たというのは聞いていません。彼がはっきりと言ったのにもかかわらず、彼等は聞きたいことだけを聞いたのです。いつものごとく、人間とはこうしたものです。

２０００年以来というもの人間は変っていません。また、私の考えではこれから先の２０００年も大して変わらないでしょう。それでキリストは言ったのです。「聞く耳がある者は聞くがよい」と。

成長なさい!
世の中は動いています。
自分を変えなさい!
成長して前進なさい!
力を出して、
立ち上がりなさい。

人間には確かに耳がありますが、常に聞くまいとしています。彼等は限界ある世界に固執し、それに満足しています。それ以外の物は見ようとせず、独自の世界を創り上げて、そこに腰を降ろし、「これが私の世界だ」と言っています。

これは池の中にいて、池の存在を知らない魚のようなものです。彼は大洋がどんなに大きいか、また湖がどんなに大きいか知りません。彼はいつも自分がいる限られた場所しか知らず、それについての記憶しかありません。

「あなた達の知性は魚のようだ」、あなたはこんなことを言った聖者を知っていますか?何故でしょう?それは魚がたった今起こったことを忘れてしまったからです。

人間もこれと変わりません。彼等は自分の限られた片隅、限られたイメージ、また自分の実際の姿に限界を加えて創り上げるのが好きです。彼等にとってその方が居心地が良く、また安全に感じるので、それに執着するのです。そして何か新しいことが起きても、それを理解しようとしません。知性は挑発されたと感じて、理解しようとはせず、何をすると思いますか?自分の中に引っ込んでしまいます。それは知性の方針にそぐわず、彼等が自ら組み立てた、小さな世界に釣り合わないのです。彼等は何もわからずに意見したり、評価したりします。例え彼等が理解しようとしても、それはできないでしょう。彼等は無知なのですから。彼等は無知のまま、その限界ある世界にいたいのです。彼等は素晴らしい心のあることを忘れていいます。それを見たくないのです。そこで盲でいる方を、また聾でいる方を選ぶのです。

ところがこの幕がお祈りや奉仕によって取り除かれ、心の愛が目覚めると、彼等は真実を見ます。そして愛が永遠であることを知ります。例えあなたが「私は充分愛した」と思っても、そうではありません、愛に終わりはありません。あなたは絶えず成長し続け、それが終わるということはないのです。そしてこれがキリストの言った言葉です。

「私はやって来て、あなた達に私が誰であるか告げた。それでもあなた達は盲でいることの方を選び、聾でいることの方を選び、この限界ある世の中にいる方を選んだ。あなた達は自ら創り上げたこの世の中の方を選んだのだ」

成長なさい！　世の中は動いています。自分を変えなさい！　成長して前進なさい！　力を出して、立ち上がりなさい。下にいるだけでなく、上へ登りなさい。神を心から「父」と呼べるように立ち上がりなさい。神を「父」と呼んで、それでも限られた世界にとどまりたいのでは、意味がありません。そう、これが福音、キリストの教えです。

暗闇から光へ

グル・プールニマのリトリート
ドイツ、シュテフェンスホーフ　2007年7月29日

皆さんも知っているように、今日は特別な日です。グル・プールニマというのは、世界中のマスターやグルの栄誉が讃えられる日です。当然のことながら、それはグルの価値がわかっている所で祝われます。教師やグルの重要性は神を求める気持ちが強くなると示されます。マスターや教師は、私達が真に神を知ろうと欲し、心から自己実現を励むと、その魂を救済しに現れます。

でもまずそこへ至る前に、私達には何人の教師が付いているか調べて見ましょう。あなたが見てもわかるように、教師はかなりたくさんいます。最初に神がまだ身体を持たず、人間にも知られず、またその名もなかった頃、偉大な聖者達、そしてリシ達は皆、神を自然の中

に見出しました。自然の中には24人の教師がいると言われています。

ある人がマスターを訪ね、そのマスターが至福状態にいるのを見て「あなたの先生はどなたですか？」そしてまた、「どうしてあなたはそんなに光を放っているのですか？」と訊きます。するとマスターは「私には1人の教師ではなく、24人の教師が付いている」と答えます。

そして次に「ではその24人の教師というのは誰ですか？」という質問に答えて、「私は何よりもまず、どの先生よりも多くのことを親から学んだ。母親からは一番たくさんのことを学んだ。彼女は私の手を取って、歩くことを教えてくれた。どうやって足で立つか教えてくれたのだ。次に私は父親から規律を守ることを学んだ。彼は私に規律を身に付けさせ、私を強め、自分の身を保つことを教えてくれた」と話します。

彼は決して両親以外の何者のことも口にしませんでした。他に彼が話したことといえば、自分が見たという植物に動物、またどんなに小さな昆虫からも学び、合わせて24人の教師がいたということです。彼は謙虚さ、忍耐、喜び、幸福、これらすべての特質を自然を通して学びました。あなたも注意深く自然を観察すると、たくさんのことが学べるでしょう。かつてはまだ今日のように神に名もなく、また特別な形もなかったのです。もちろん自分の心の真ん中にいて、自分と自分の心を信じ、いつか心の中のグルが現れることがわかっている人には、必ず現れることでしょう！

しかし世の中が進歩すると、人間は低下します。ですからこのように、より高い意識を持つ人間が、繰り返し現れるのは必要なのです。昨日も言ったように、これは主が人間を助けるために何千回も生まれて来る原因となるものです。例え私がこの上で、こうして椅子に寄り掛かって座っていても、グルというのは祭り上げるだけの存在ではありません。こうして高い位置に上げることには、また別の意味があり、それは信者の愛情によって起こることなのです。しかし実際にはグルは信者達に奉仕する従僕です。彼等は人間に仕えるために、また人間を助けるためにやって来たのです。彼等が助けられるのではありません！

人々はよく私に訊きます。

「スワミジ、何かあなたのためにできることがあるでしょうか？」

私は誰からも何も必要としていません！　私が何か必要とする時は、神様がくださいます。私はあなた達を助けるためにやって来ました。私に必要なのは、あなた達が成長することです。天界の大洋、ミルクオーシャンが波立って山が沈んだ時、ナーラーヤナが霊的な道を行く人間を支援しに来たのと同じように、神様も来られて、あなた達を助けるでしょう。マスターはこうして人間を助けます。マスターは霊的な道であなたを助ける指導者です。でもそれは、すべてをマスターに任せて「オーケー、彼が皆やってくれるから、私は何もしなくていいんだ！」という意味ではありません。

今日のキリスト教全体の考え方は、これを土台に築かれています。イエス様が「あなた達の重荷は私が背負ってあげよう」と言っているからです。

人間は自分を変えようとはしません。彼等は「私はすべてを神に任せよう！　もしたくさん悪いことをしたら、懺悔をして許してもらおう！」と言っています。これでは自分を変えることが、何のためになるのでしょう？　あなたは霊的な成長のためにここにいるのです。あなたは自己を実現するためにここにいるのです。立ち止まって、いつまでも同じレベルにいるためではありません。

これは世間人のしている過ちです。人々はキリストの言った真の意味を理解していないのです。それは確かです。キリストはあなたを助け、ここから救い出すでしょう。でもそれから先は自分でしなければなりません。彼はそこまであなたのためにしないでしょう。でも彼が「あなた達の罪のすべてとネガティブなものすべてを私に投げ掛けなさい！」と言ったので、人間はキリストが何でもしてくれると思っているのです。従って彼等は「オーケー、今まで通りにしていいよう。自分を変えるのはよそう」と考えていますが、これは間違っています。マスター達はそのことで苦しみ、キリストは人間のカルマを背負って、苦難の道を行きます。

マスター、霊的な指導者、その他何とでもあなた達のよいように呼んでかまいませんが、西洋の人達は「グル」という言葉が心から好きではありません。どちらかと言うと「マスター」とか指導者と呼ぶ方を好むようですが、これはどちらでも皆同じことです。言葉は移り変わって行きますが、表現の仕方が違うだけで、指導する人であることに変わりはありません！

前にも話しましたが、誰かがマスターの指導に従うということは、マスターがその人を導く責任を取るということです。そこでいつ生徒がよくないことをしても、生徒が苦しむと考えることはありません。苦しむのはマスターで、生徒ではありません。生徒はマスターの指導下にあるのですから。それは子供の場合も同じです。子供が痛がると、誰が苦しみますか？両親の方です。母親です。子供が病気になると、一番苦しむのは両親です。もちろん子供は痛がりますが、両親はもっと苦しみます。マスターの場合も同じです。生徒がへまをしたり、好き勝手なことを始めると、当然のことながら、本当に苦しむのは霊的な指導者、グルです。

霊的なマスターの指導を受け入れ、彼の言うことに従うと、この世の妄想から引き出されますが、マスターの指導を受け付けずにいると、引き続き無知のままでいることになります。あなたにもわかっているように、それはどの宗教でも同じです。キリスト教、ヒンドゥー教、イスラム教、仏教、あるいはどれか他の宗教を例にとってみてご覧なさい。すると至る所に階級制度があるのがわかるでしょう。そんなに遠くまで離れて見なくてもわかります。天使の間の階級制度を例に取ってみてご覧なさい。あなたも気づくように、そこには服従があります。もちろん皆、神に服従していますが、この服従は天使の階級制度にもあるのです。天使は大天使の言うことを聞き、それに従わなければなりません。服従はとても大切なことなのです。

もし誰かが自分は何か知っていると言ったら、それは全くの無知から出た言葉です。「グル」という言葉の表現は二つに分かれています。「グ」は追い払う人の意味で、「ル」は暗闇のことです。ですから「グル」は暗闇を追い払う人、人間の無知を追い払う人のことです。ということは、生徒が霊的なマスターの指導に従うことになると、マスターは生徒の無知を追い払う責任を引き受けます。「無知」とはすべてネガティブな物事を指します。

グルという言葉には、さらに次の意味があります。「グ」は願望、期待などの最高の実現、ルの「r」は罪を取り除き、無知を取り去る人、そしてルの「u」はナーラーヤナ、マハ・ヴィシュヌです。グルは霊的な知識を授け、生徒の知性を解明します。グルは最高の存在です。すでに神との一体化を実現し、上に挙げた三つの特質を持っています。

グルは霊的な知識を授け、
生徒の知性を解明します。
グルはすでに神との一体化
を実現した最高の存在です。

ですからもし生徒がマスターと知り合ったならば、生徒は忠実でなければなりません。マスターに対してだけでなく、自分自身に対しても！　あなたは自分自身に忠実であってこそ、マスターにも、外部の者にも忠実でありえるのです。また、生徒は従順でなければなりません。従順ということは、奴隷のように仕えるということではありません。人々はよく、従順であることを、ただマスターの奴隷になることだと思っています。そうではなく、それは全く反対です。前にも話したように、あなたがマスターの奴隷なのではなく、マスターがあなたの奴隷なのです。でもあなたの知性にはまだ無知、プライド、エゴがあるので、すでにこれを克服した人の言うことを聞かなければなりません。

あなたが職場で社長から仕事をもらい、次のように言うとします。

「わかりました。でも私のやり方でやらせていただきます」

よく知っているのは一体誰ですか？　あなたですか、社長ですか？　もちろんどのようにして欲しいかわかっているのは、社長の方です。あなたのやりたいことが問題なのではありません。それはあなたがマスターの指導下にあるのと同じです。問題はあなたのことではなく、マスターがあなたに何をすればよいのか言ってくれることです。彼はその道に通じているので、あなたがそれに従うと、彼の言うことは、すべてあなたの仕事に役立つでしょう。あなたはそれで仕事を辞めさせられるわけではありませんが、あなたが自分のやりたいように仕事を始めるとしたら、従順さの意味は何処へ行ってしまうのでしょう？　これはあらゆる所で見かけられます。

私がいつか読んだことのある「砂漠の神々」について書かれた本には、従順に関する原則が記されています。それはキリスト教的な考え方で、私達が住んでいるのは、キリスト教国家ですから、キリスト教のやり方でお話しできるのは喜ばしいことです。でも実際には、それはキリスト教とも、ヒンドゥー教とも、イスラム教とも、また別の宗教とも関係ありません。従順ということは、従順に他ならないのですから！　それは知性を締め出して、身を捧げることです。私はそこに記されている五つの項目について読みますから、ヒンドゥー教とキリスト教の間に違いのないことを自分で確かめてください。人々はその大いなる違いを呼び掛けていますが、儀式や神は違っても、その最高の目的は何処でも同じです！

霊的な指導者に対する信仰について砂漠の神々は言っています。

「生徒は霊的な教師に完全な信頼心を持たなければならない。神に対するのと同じ信頼心、キリストに対するのと同じ信頼心である。最年長者、マスターの言うことが正しかろうが、間違っていようが、それが神の掟に反さない限り、心の中に（マスターの言うことに対する）何の疑いも、何の懸念もあってはならない」

この箇所には、霊的な指導者が何を言おうと、決して逆らっても、疑ってもいけないこと、自分の利己的な考えを伏せて、マスターの言うことを受け入れるようにと書かれています。ところで今日では皆どんな態度をとりますか？

例えばマスターが「右へ行きなさい」と言うと、あなたは「いいえ、私は左へ行きます」と応えます。

そして彼がもう一度「右へ行きなさい」と言うと、あなたは再び「左の方がいいような気がするので、左へ行かせてください」と応えます。

彼はおそらくもう一度同じことを繰り返すでしょうが、それからこう言うでしょう。「オーケー、左へ行きたいんだね？　それならそうしなさい！　その代わり自分でその責任を取ることだね！」

もちろんマスターは悩むことでしょう。――すでに話したように、でもあなた自身も彼の言うことを聞かなかったことで、悩むでしょう。

彼等の言う第二の原則は、真実に関することです。

「生徒は物事を曲げることなく、すべてのことに関して真実を語るべきである。そして自分の考えを隠すために、霊的な指導者に作り話をしたりしてはいけない。事実はそのまま真実として伝えることが必要である」

ですからあなたは霊的な指導者にありのままを伝えなければいけません。あなたがマスターに身を捧げず、誠実でなければ、自分自身に対しても誠実になれません。あなたがマスターに自分をつくろって見せるということは、自分自身にも常に何かをつくろって見せているということです。そしてあなたが自分自身に対して誠実でなければ、神様はもちろん来られないでしょう。

第三の原則は「生徒は自分の意志を除外して、霊的な師匠の意に叶った行いをなすべきである。彼は自分の願望、傾向、着想、才能等を犠牲として捧げ、霊的な指導者の意見に一致することをすべきである。生徒は自分の意見を持たないでよい。霊的な指導者は問題をどのように扱ったらよいかを判断する。生徒は自分の判断を押し殺し、指導者の判断に従うべきである」

ここでもまた、、あなたは自分の意見、自分の判断を引っ込めて、それを押し殺すように言っています。それを手放してください。あなたは霊的な指導者が要求すること、また与えられた指図を決して疑ったりせずに、ただ実行してください。これはヒンドゥー教の教えの全体をあらわしています。あなたが教師やマスターに指導を任せたら、それからは自分の意志ではなく、マスターの意志に従うべきです。あなたが何をしようと、またマスターが何と言おうと、すべてはマスターを喜ばせるためです。でもあなたがまず知っていなければならないことは、あなたが喜ばせるのはマスターだけでなく、神様をも喜ばせるということです。マスターはあなたの好意を必要としていません。神様でさえあなたの好意は必要としていません。でもあなた自身は愛情から、献身から、喜びをもってすべてを捧げます。

第四の原則は、「生徒は争っても、口答えをしてもいけない。生徒は霊的な指導者に対して畏敬の念を保つべきである」。ここでも同じことが言われています。

第五の原則は、「生徒は霊的な指導者に対して、自分の過ちをはっきりと認めるべきである。何故なら生徒が過ちを隠すことは悪しき者、また悪魔にとって喜びだからである」

いつも言うように、霊的な指導者は常に人間と一緒にいます。ですから生徒に答えられない質問が出て来た場合は、マスターに「助けてください」とお願いしなければならず、またいつもマスターの言うことを聞かなければなりません。霊的な指導者は、生徒から遠く離れた所にいるわけではありません。

あなたがまだ真に霊的にも、内面的にもマスターに結ばれる段階に達していない場合は、マスターのそばを離れないでください。そしてあなたが霊的な指導者のそばで、彼の振動に触れ、さらにそれを深めて行くと、それだけあなたのためになるでしょう。そしてあなたが深く入って行けば行くほど、その暗い幻影から解き放たれることでしょう。でもあなたがマスターから離れてしまうと、あなたは無知の状態に落ち込み、その分だけ余計難かしくなるでしょう。これが霊的な指導者の役割です。これがマスターの役割です。

砂漠の神々は言っています。「この五つの強大な武器は生徒に欠かせないものである。生徒は常に自分の良心に従い、注意深くこの戒律を検討すべきである」

彼等はこの原則に従うことは、とても重要だと言っています。霊的な指導者の言うことに従うのはとても大切です。ただ何の見境もなく「オーケー、私にも感じられる」と考え、マスターにも訊かずに、それが正しいと思っていると、それは間違っていることもあります！あなたには自分の感情が正しいなどと何故わかるのでしょう？人々は大抵自分の願いに叶ったものを感じます。プライドとエゴは、自分の欲するものがいつでも一番先に来るほど、強い力を持っています。従って真実は覆い隠されてしまいます。グル、霊的な指導者、教師、マスターは、生徒が完全に身を任せると、初めてこの妄想から、すべての妄想から解放してくれるでしょう。でも生徒が完全にマスターに従い、完全に身を任せ、霊的な指導者の教えを聞かなければ、いつまでもこの無知の世界にとどまることでしょう。

ある所に１匹の虎が、雌の虎がいました。この虎は身ごもっていて、ある時羊の群れを追って行きます。そして１匹の羊に飛びかかった時に、小さな雄の虎の子を産みます。そして自分の子を産んだ途端に死んでしまいます。その後どうなったと思いますか？

虎の子は羊の群れの中で大きくなり、巨大な虎になります。ところがこの虎は他の羊と同じようにめえめえと泣き、同じように草を食べます。

ある日のこと、もう１匹別の虎が飛び跳ねるようにして現れ、羊の群れを追って来ます。この虎は近寄って来て、もう１匹虎がいるのに気がつきますが、この虎は羊と同じように逃げて行きます。

虎は追うのをやめて、不思議がります。

「どうしたんだろう？　どうしてこの虎は私から逃げるのだろう？」

そこでこの虎は速度を増して、めえめえと泣く虎に飛び掛って訊きます。

「何をやっているんだ？」

するともう１匹の虎は、羊のように草を食べ始めます。そこで森に住む虎が言います。「おまえは草を食べている！　おまえは羊ではないんだぞ！　おまえは私と同じように虎なんだ。草なんか食べるな。ほら、ここに肉が一切れあるから、これを食べろ！」

草を食べていた虎は応えて「嫌だ、嫌だ。僕はそんな物は食べない」と言います。

そこで相手の虎がその肉片を彼の口に押し込むと、その血を味わった虎は、とうとう自分が羊ではなく、虎であることに気がつきます。

この物語の裏に隠れているものが何だかわかりますか？　人間は皆ただの人間であり、いずれは死ぬものと思っています。でも教師が現れて「それ、もう目を覚ましてよい時だ」と言うと、知性は「いやいや、彼の言うことは間違っている。正しいのは私だ」と言って反抗するでしょう。

グルは「あなたは人間であるだけでなく、神に等しい存在なのだ。あなたがそれを実現したかったら、私について来て、私の言うことを聞きなさい」と言うでしょう。

知性は「私についておいで！」と言うでしょうが、教師は「しっかりしなさい！　あなたは羊ではない、あなたは虎だ！」、グルは「あなたは人間であるだけでなく、神に等しい存在なのだ。あなたがそれを実現したかったら、私について来て、私の言うことを聞きなさい」と言うでしょう。

でもあなたが羊でいたい限り、また、ただの人間でいたい限り、今のままでいることでしょう。あなたはマスターに身を捧げ、霊的な指導者に従うことによってのみ、この妄想から解放されるでしょう。でもこの妄想の世界に生きていたい人は、霊的なマスターから離れ、規律に従った生活をすることもないでしょう。これはマスターの役割です。生徒に尽くすこと、彼等がより高い状態に達するように尽くすのです。

今日はあなたがマスターに、あなたの母親に、あなたの父親に、学校の先生に、あなたが従って来たすべての教師達に敬意の念を示す日です。彼等は皆それぞれすべきことをしました。学校と同じように、あなたは様々な段階を通って、最終的に大学へ行きます。そして大学の後で、あなたは仕事を始めます。あなたが大学へ行き、勉強を終えて、試験に合格すると、世界はあなたの前に両手を広げて立っています。あなたはよい仕事、そしてすべてを手に入れます。あなたを導いてくれるマスターを見つけ、あなたを無知の世界から、妄想の世界から引き出してくれる霊的な教師に出会って、あなたが試験に合格すると、彼は「行って、仕事を始めなさい！　あなたが手に入れたこの光、この愛を他の人達に持って行って、彼等を助けてあげなさい」と言うでしょう。これもマスターの恩恵を通して起こるのです。

あなたが神様に憧れ出すと、あなたが神様を求め始めると、神様は初めてあなたに相応しい人を送ってくれるでしょう。神様はあなたをこの妄想から救ってくれる、霊的な指導者を送ってくれることでしょう。あなたがこの妄想から救い出されると、神様がそのお姿を現されることでしょう。あなたの中にある無知の兆候、プライド、エゴのすべてが消えてしまうと、残るものは神様への献身と大いなる自己への献身だけです。

先週、私はある人からブラマチャリについて話して欲しいと頼まれました。ブラマチャリというのは、それが修道士であろうと、あるいは修道女であろうと、その言葉の意味は聖職者の独身制度のことです。これはブラマチャリャという言葉の公式な訳です。ヴェーダはブラマチャリにまた、別の説明をしています。ブラマチャリャとは「内面性」のことで、独身制度のことではない、というものです。独身制度はその一部分であり、それは内面性を意味しているのです。ブラムとアチャリャの二つの語から成っていて、ブラムとは最も大なる自己、そしてアチャリャはその中に住む人の意味です。ということは、ブラマチャリャは最も大なる自己と一体でそこに住む人、そして自分の真なる自己への到達を目的に生きる人のことで、これがブラマチャリです。

もちろん独身制度はとても大切です。これは自分に対する規律への道だからです。この規律がないと、あなたは右へ行き、左へ行き、また右へ行き、また左へ行き、これをいつまでも繰り返すだけです。でもあなたに自分に対する規律があると、あなたは「これが私の道だ。私はこの道を行く。私は神を実現するのだ。私は自己を実現するのだ。私は自己実現を果たすのだ」と言って、この道に身を捧げるのです。

それがヒンドゥー教であろうと、キリスト教であろうと、イスラム教であろうと、どの宗教であろうと同じことです。あなたが一つの道に身を捧げ、迷いなくその道を進めば、あなたは人生の目的を全うすることでしょう。

そしてそれはこうです。あなたの自制心、あなたの規律が、落ち着きのない知性を静め、無知の状態から抜け出る助けになってくれるでしょう。その一方、この規律がないと、五感に対する自制心や自主規制がないと、どうなるでしょう? あくまでもこの世に、この妄想の世界に結びつけられたままでいることでしょう。もう一度繰り返しますが、この世にいるということは、間違っていません。神様は私達がそれを喜び、また意義あることに使うように、この世を与えてくださいました。でもそれにしがみついているためではありません。私達に必要なのは規律で、それは何をしてよいか、また、いけないかをはっきり知ることです。さもないと自分をより深い妄想の世界へ引き込むようなことをすればするほど、あなたは現実の世界から離れて行きます。ですから神の名を歌うことが、神に身を捧げ、あなたの思考を鎮めるのに役立つのです。あなたが神の名を歌い、(さっきも言ったように) 神様に「どうぞお導きください！」とお願いすると、神様はあなたが必要としている、また、あなたに相応しい教師を送ってくれるでしょう。

15世紀の人、主チャイタニヤ・マハプラブは、絶えずハリの名を歌っていました。彼は休むことなくクリシュナの名を歌っていました。でも誰も彼の言うことを聴こうとしませんでした。誰も彼の言うことに心から従おうとしませんでした。皆彼は気が狂っていると思っていました。皆彼とその弟は頭がおかしくなったと思っていました。ところで彼は何をしたと思いますか？

彼は人々に「皆来たまえ、愛する者よ！」と呼びかけます。

彼には人々が食べ物と女の後を追っているのがよくわかっていました。男はいつも食べ物と女の後を追っています。インドでは女は夫に従いますが、夫はいつも女の後を追っているのです。

そこで彼は「愛する同志の者よ、ハリの名を歌いなさい。クリシュナの名を歌いなさい。神の名を歌いなさい。あなた達は魚のスープを一皿もらい、女に抱いてもらえるだろう。あなた達が神の名を歌えば歌うほど、女を抱く回数も、魚のスープを食べる回数も増えて行くだろう！」と言います。

彼等はそれを聞いて大変喜びます。そこで知性は考えます。

「私達はスープをいっぱい飲んで、女もたくさん手に入れるだろう。では大いに歌おうではないか！」

彼等は早速ハリの名を、神の名を歌い始めます。もちろん彼等はスープをもらい、ネクタールを授かります。彼等が授かったスープはネクタールで、至福です。女とは大地のことで、神の法悦の中に恍惚状態となり、大いなる愛に抱かれて大地を転げ回ります。従順な態度で彼等は地面をのたうち回ります。それは女達、女達の抱擁、大地の抱擁です。あなたにもわかるように、マスターは生徒に正しい道を教えるため、何かしなければなりません。わかるでしょう？

前にも言ったように、決して疑ってはいけません。マスターには何が一番よいかわかっています。いくら知性が「嫌だ嫌だ！」と言っても、単に従うのが一番です。人間は謙虚になって初めて、つまりこの謙虚さを通して、自分から頭を下げ、尊大でプライドの高い知性の言うことを退けてしまうと、初めて本当に身を捧げることができるのです。そしてあなたが一度身を捧げてしまうと、神様はあなたにあふれんばかりの愛を注いでくださるでしょう。神様は恩恵と愛を山と与えてくださり、あなたは絶え間なく神の愛を感じ、絶え間なく神の喜びを感じるでしょう。それは限界のない喜び、そして限界のない愛です。

そしてあなたが一度この愛を実現すると、それを心の中に持ち続け、あなたの体のあらゆる部分、あなたの知性、あなたの心、あなたの魂に持ち続けると、今度はあなた自身もマスターになります。あなた自身もこの愛を広めて行くのです。あなた自身も神の名を広めて行くのです。神の名とはこれです。神の愛とはこれです。あなたの中で神の愛が大きくなればなるほど、そしてそれが広がって行けば行くほど、あなたはもうそれを手元に止めて置くことができなくなります。あなたの心はその愛であふれんばかりとなり、外へ出さなければならなくなります。一方あなたがそれを自分の中に閉じ込めて置こうとすればするほど、その愛を限界づけようとすればするほど、そしてあなたの想念があちこち飛び回れば飛び回るほど、また、あなたの献身が少なければ少ないほど、あなたには問題が起きて来るでしょう。そして神様に達する道がますます遠くなり、神様を自分の物にする道からますます遠く離れてしまうでしょう。あなたは神様の法悦に浸っている人を見ると、こう言うでしょう。

「ちょっとあの人を見て、狂っている！」

あなたは自分の周りの物をすべて批判するでしょう。これが知性というものの本質です。でもあなたがこの愛を実現すると、人間は皆あなたにとって同じになります。あなたが神様に対する喜びのために泣く人を見ても、神様に対する喜びのために笑う人を見ても、あなたの想念は乱されることがないでしょう。あなたの知性は何事に関しても、何の批判もしないことでしょう。キリストは言っています。

「人を裁くな、あなた達が裁かれないために！」

批判するのをやめない限り、人はネガティブになり、このネガティブな性質を育てて行くことでしょう。あえて言っておきますが、このような態度はキリスト教の美徳なのではありません。あなた達も知っているように、昔のキリスト教では、聖者達は自らの信仰に身を捧げ、自らの信仰に大なる信頼を抱いて、死をもって対することもあったほどです。彼等は決して反抗せず、神様がついておられることがわかっていたので、喜びをもってそれを受け入れました。彼等は神の道に服従したのです。あなた達にわかって欲しいことは、これがかつての時代にだけ有効だったのではなく、それはいつの時代にも有効であるということです。何千年もの間ずっとそうであり、また今日も同じだということです。必要であれば、いつの時代にも、神様ご自身が師匠としておいでになると言われています。私は前にも神様の様々な姿について説明しました。でももしあなたが、このようなことをすべて克服し、どのようにして人間をそこから導き出せばよいのか知っている教師、真なる教師の生徒になったならば、その人にはすべてを任せなければいけません。そしてそれが確かにあなたの教師であるかを知るためには、それを心で感じ取り、心が感じるままに従わなければなりません。そして自分の心に従って、すべてを任せなければなりません。

今日では教師やマスターが大勢います。誰もがマスターになりたがっています。さっきも言ったように、誰でもマスターになれるのです。誰でも霊的な指導者になれるのです。そこにエゴがない限り、その指導者、霊的な教師が、自分は生徒の従僕であること、信者の従僕であることがわかっている限り、彼は真のグル、真のマスターであると言うことができます。

でもそれがわからないで「オーケー、私はグルだ！」と考え、誇らしげに反り返っているようであれば、それはやめた方がいいです！　その教師がどんなに立派であっても、どんなに素晴らしくても、何百万という弟子を抱えていても、そのマスター、その指導者が堕落した人間であったら、何の意味もありません。

もしあなたがいつかマスター、教師になったとしたら、このことをよく覚えておいてください。あなたは信者の従僕であるということです。そして生徒がどんな過ちをしても、あなたはそれを後で神様と解決しなければなりません。それはあなたの責任で、生徒の責任ではありません。すると神様はあなたに訊くでしょう。

「私はこの人達を導くためにあなたを地上へ送ったのだ。この人達を私の所へ連れて来るように、この人達を自己実現に導くように。あなたは一体何をしたのだ？」

マスターは何と言うでしょう？

「生徒よ、よく考えなさい。皆さん、じっくりと考えてください！」

あなた達がマスター、あるいはグルを選んだら、そのグルを傷つけるようなことをしてはいけません。また、グルに口答えをしたり、苦しめたり、悲しめたり、その他諸々のことをしてはいけません。これが生徒とグルとの関係です。それは実際に一種の恋愛関係です。そしてこの関係に生徒が身を捧げるのです。

あなたが恋をすると、あなたが恋に落ちると、それよりもっとよいのは、あなたが恋に起き上がると(こんなふうに言うことにしましょう)、やはりこういう状態になります。

㊟英語では to fall in love 恋に落ちると言います。

あなたが恋に落ちると、転んで、正気を失います。世間の人達は年中恋に落ちて、また、そこから立ち上がります。でも神の愛はあなたを高めます。神の愛は落ちることがなく、起き上がるのです。これが教師に身を捧げ、グルに従って、育んで行く愛なのです。

私達はこの神の愛を人間的なものから、神性なものへと高めて行くことができます。

あなたがこの多くのグルの中から自分の霊的な教師を見つけて、マスターにあなたのすべてを捧げると、マスターはあなたにとって、その存在のすべてとなることでしょう。マスターは母親となって、あなたに母親の愛を分け与えるでしょう。また、彼は父親となって、あなたを躾けるでしょう。彼はすべてとなります。すると周りの世界は消えてしまい、彼がその世界となるでしょう。マスターが道になるのです。それであなたも知っているように、アシュラムや修道院ではすべてを手放すのです。家庭を手放し、子供を手放し、夫や妻から離れ、母親や父親を手放して神のために生きるのです。

それは何処でも同じです。『ギーター』にも似たようなことが記されています。クリシュナは、神を実現し、事実自分は誰なのかということを実現するためには、すべてを手放さなければならないと説明しています。

また、キリストも「私は平和をもたらすために来たのではない。娘を母親から引き離すために、また息子を父親から引き離すために来たのである。人に頼らず、人から離れて、誰が本当の父親で、誰が本当の母親かを知るためである」と言っています。そうでないと、いつまでもこの妄想にとどまることになります。

人が霊的な人生に足を踏み入れると、いつでも「ああ、大変だ、あれもこれも手放してしまわなければならないとは！　手放してしまわなければならないものはこんなにたくさんある。面白くない、これは多すぎる！」ということになります。でもこれとは逆に、本当にすべてを手放し、自分の身を捧げると、今度はすべてを、そのために私達がこの地上にやって来た「真実」を得ることになります。自己実現を得、神実現を得ることになります。そして神の愛へと白分を高めて行くことになります。

あなたが霊的な道にいるのなら、これがあなたの最高

> 本当にすべてを手放し、自分の身を捧げると、今度はすべてを、そのために私達がこの地上にやって来た「真実」を得ることになります。自己実現を得、神実現を得ることになります。そして神の愛へと自分を高めて行くことになります。

の目的であるべきです。自己実現をし、神の愛を絶えず自分の中に実現することです。そしてあなたの落ち着きのない知性が、飛び跳ね出したら、神の名を歌って、なだめてあげてください。神には何百万という名前があります。何千とある神の名を歌ってください！　神の名を歌い、有頂天になって歌ったり、踊ったりしてください。

そして歌いながら、神を心に感じてください。ただ座って歌うだけでは、退屈です。あなたがただ座って歌うだけだと、せいぜい1、2週間、もしかしたら1、2ヶ月続くかもしれませんが、多分その後はやめてしまうでしょう。何故かというと、ただ座って歌うだけだと、あなたは何かを期待し始めるのです。ですからいつでも歌ってください。歩いている時も、仕事をしている時も、シャワーを浴びている時も、歌ってください！　あなたが歌えば歌うほど、知性は妄想の世界から現実の世界へと移り変わって行くでしょう。

海、ボート、甲板長

グル・プールニマ・リトリート
ドイツ、シュテフェンスフォーフ　２００７年７月29日

人間がよく尊大な態度を取ることはあなたも知っているでしょう。彼等は常に他人より物事がよくわかっていると思っているのです。彼等はいつでも、よく知りもしないことを大声で話します。一般に口数の少ない人は、物事をよく知っている人で、よくしゃべる人はあまり物事を知らない人だと言いますが、これは本当です！　あまり物事を知らない人は、人に聞いてもらいたいので、大きな声を出します。マスターや霊的な指導者を見ていると、彼等は話さなければならない時にしか話しません。彼等は大抵黙っています。

私が今朝説明したように、彼等はすべてを分析し、すべての解決法を知っていますが、静けさがなければ、解決法は見つかりません。解決法はあっても、知性はせわしいので、それ

が見えないのです。あなたに問題が起きると、あなたは解決法を探します。あなたは探し続け、探しに探して、闘い、気がおかしくなるほどです。そして最後にあなたが「ああ、疲れた！」と投げ出すように言うと、解決法はそこにあったのに、あなたには見えなかったことがわかります。何故見えなかったのでしょう？　あなたの知性が働いていたからです！　あなたの想念がせわしく動いていたからです。知性が　このように低い所で活動していると、大して何も知らないのに、他人よりもよく知っていると思うのです。

謙虚さの特質は何処にあるのでしょう？　従順の特質は何処にあるのでしょう？　献身の特質は何処にあるのでしょう？　愛の特質は何処へ行ったのでしょう？　そんなものはありません！　そのようなわけで時々生徒に対して大変良くないマスターがいることを耳にするのです。今朝も言ったように、あなたが神様を恋しがると、神様はあなたにマスターを送ってくれるでしょう。そしてあなたがまだ改めなければいけないことがたくさんあるのに、神様を求めると、あなたには自分に定められた場所へ連れて行ってくれる、矢のように鋭い教師が必要なのです。さもないとあなたは神様に達することができないでしょうから。

では従順という項目に戻りましょう。すでに説明したように、聖者達は、服従はプライドとエゴを打ち壊す役目をすると言っています。服従ということを知らないと、頭の中でいろいろと想像し、知性は実際にそうでなくても、自分を非常に高く見せるのを好みます。このような空想は、もっとずっと素晴らしい存在であるという外見を目覚めさせるのです。自分が他人よりもどんなに素晴らしいか、ということを考えれば考えるほど、あなたは現実から離れ、この道から逸れて、さらには真のアイデンティティから遠ざかってしまいます。何故かというに、あなたの真のアイデンティティは謙虚で控え目だからです！　神様が地上に現れるのは、人間に謙虚さを教えるためです。

イエス様を例に取ってみましょう。イエス様は自分自身を大変辱められました。彼がどんなに謙虚であったかは、あなたも知っているでしょう。彼はいつも人間と共にいました。彼はいつもそばにいる人々を助けていました。それだけではなく彼の言うことに耳を貸さない人達や、ただ彼の行う奇跡によって癒されたいために、また、その奇跡を見るためにやって来た人達も助けました。でもそれはもともと彼の定めではありませんでした。彼の定めは、人の心に愛を刻み込むことでした。そして彼は自分が持っている謙虚さを、自ら弟子達の足を洗うことによって、また、十字架に架けられた時に、神様のご意思に身を捧げることによって示しました。

マハバラータには、シュリ・クリシュナが戦車を走らせることを受け入れた時の、同じ謙虚さについて記されています。あなたが何故クリシュナがドゥリョーダナではなく、アルジュナの側についたのかわかるように、この物語のほんの一部分をお話ししましょう。

シュリ・クリシュナはカウラヴァスのドゥリョーダナの所へ行って「君達がアルジュンと彼

の兄弟を自分達の兄弟と認めず、王国の半分を譲らないと言うなら、きっと戦いが起こるだろう」と言います。

大変利己主義で、プライドの高いドゥリョーダナは、「いいとも、私達は譲らない。戦う方がいい！」

戦いの時が近づいて来て、クリシュナはどっちにつくか、カウラヴァスかパンダヴァスか、決めなければならなくなりました。パンダヴァスはアルジュナとその兄弟達です。カウラヴァスはドゥリョーダンとその家族、悪者達です。そこでパンダヴァスのアルジュンとカウラヴァスのドゥリョーダンはクリシュナの所へ行きます。クリシュナは彼等に言います。

「私には君達がどうしてやって来たかわかっている。君達に知っていて欲しいんだが、私はこの戦争では戦わない。私はどっちにもつかない。君達のどちらかに私の兵士を3万人譲ろう。そして君達のどちらかを応援に行こう。君達が来て欲しいと言ったら、私は行く。でも私は御者としてしか行かない。私は戦車を操縦するためにしか行かない」

ドゥリョーダンはクリシュナが戦うために来ないこと、ただ戦車の御者としてしか来ないことを聞くと「いいです、いいです！あなたはアルジュナと行って、私には3万人の男達を、あなたの兵士をください。私はその方がいいです！」

こうして彼は3万人の兵士を取ります。彼はクリシュナが神であることを忘れています。

これは私達が毎日していることです。私達はどちらかと言うと、私達の道にあるものとは反対のものを選びます。また、どちらかと言うと、自分達を幸せにするより、不幸せにするものの方を選びます。こうしてアルジュナはクリシュナを戦車の御者として受け入れ、もちろんクリシュナのいる側に勝利があります。私達は正しい道を行くと、いつも勝利があります。正しい動機で正しい道を行く人には、いつでも神様がそばについておられます。クリシュナは自分を小さくして、パンダヴァス側のアルジュナの御者になり、彼等は当然のように勝利を収めます。

戦争が終わると、カウラヴァス達の母親がやって来て、クリシュナを呪います。クリシュナは満足して受け入れます。彼は神の化身だったにもかかわらず、ドゥリョーダンの母親、ガンダリの呪いを受け入れます。

ドゥリョーダンの母親は「主よ、あなたは宇宙の主で、何でもご存知です。あなたはすべてを阻止することもできたのです。それでもこれはあなたの戦いなので、すべて起きるがままにさせておかれました！　私は母親として大変心が痛むので、あなたを呪います！」と言います。するとクリシュナはこれに答えて「よろしい！　認めよう！」と言います。

偉大なマスター、パラムグルやジャガトグルは、人々がマスター、霊的な指導者に、従順に身を捧げることによってのみ、苦しみから解放されることを教えています。私達が今、**「サト・キ・ナヴァ・ケヴァティヤ・サットグル・バヴァ・サガラ・タラ・アコ」**と歌ったように。これは「この妄想、このマーヤの世界、この妄想の大洋において、私達は皆ボートの乗客で、甲板長はサットグル」という意味です。甲板長は道を知っています。霊的な指導者だけがババァ・サガラ、この妄想の大洋から抜け出る道と、解放に至る道を知っています。あなたが霊的な指導者のもとで頑張り抜くと、またはあなたのサットグルのもとで我慢し抜くと、あなたは自己実現の道に連れて行かれるでしょう。私が今朝も言ったように、マスター、サットグルは誰からも何も必要としていません。彼等はすべてを持っています。彼等は神を実現したのですから。彼等が望むただ一つのことは、あなた達皆が神を実現することです。彼等はあなた達の従僕であるために、あなた達に仕え、あなた達を高め、あなた達が神の手を取り、神を実現するように、自分を小さく見せます。でも今日ではサットグルが何か言うと、皆は当然のようにそれに反論します！

ある所に一人の男がいました。彼がサットグルの所へ行くと、サットグルが言います。「愛する友よ、君もそろそろ世を捨てて、自分を実現し、神を実現することに身を捧げる時が来たようだ。君を助けてあげよう！」

男はサットグルを気でも違ったのかというように見て言います。

「でもグルジ！　あなたは、私には母もいるし素晴らしい妻と二人の素晴らしい子供がいるのを知っているではありませんか。もちろん彼等はもう子供ではありませんが、私には母もいるし、父もいます。そして友達もいます。私にはとてもできません。彼等はとても私を愛しているのですから。彼等は常にそれを私に示してくれます！」

するとサットグルは「しかし我が子よ、君が見ている物は皆妄想に過ぎない。それは現実ではない」と言います。

それに答えて弟子は「でもグルジ、彼等の愛は本物です。私にはそれが感じられます。彼等はとても私を愛しています！」と言います。

グルは彼を見て「おやおや、何という石頭なのだろう。この硬い胡桃を割るのは一仕事だ！」と言い、次に「よろしい、ここに私が作った薬が何錠かある。都合のよい日にこれを一錠飲みなさい。これは毒ではないから、飲んで死ぬということもない。あなたはすっかりリラックスした状態になるだろう。一種の睡眠状態になるのだが、意識は働いている。人の言うことはすべてわかり、周りの人がしていることも知覚できる。ところがそれに反応することはできない。あなたはすっかり麻痺して、まるで死人のように、私が家にいない間は、起き上がることもできないだろう」と言います。

弟子は「わかりました。試してみます。そしてあなたが帰るのを待ちます」と答えます。

その日になります。男は朝、薬を飲んで、ベッドに横になり、それからはもう動くこともできなくなります。彼は全く動けなくなり、呼吸の回数もずっと減ってしまいます。彼はベッドに横たわって、妻が呼んでも、反応を示しません。彼女はそばへ行って、彼を見、呼び掛けます。

「スワミ、起きてください！」（インドでは妻が夫にこう呼び掛けます）

それでも彼は目を覚まさず、彼女は彼が死んだと思って、叫び始めます。そして髪の毛を掻きむしり、泣いたり、喚いたり、訴えたりしながら、夫の体の上に身を投げます。すると子供達が走り寄って来ます。

「ママ、一体どうしたの？」

「お父さんが逝ってしまわれた！ 私は未亡人になり、おまえ達は孤児になってしまった！」

それは大騒ぎになります。男の母親がやって来て、隣人達が四方八方から集まって来ます。

最後に隣人の一人が言います。

「彼が生きているかどうか確かめさせてくれ」

彼は脈を取って言います。

「いや、この人は死んでいない！」

男の妻は「いいえ、彼は死にました！」と答えます。

同じ時にグルが来て言います。

「愛する子供達よ、あなた達は何故泣いているのだ？」

男の妻は「彼は私達を置き去りにしたのです。彼は死んでしまいました」と答えます。

するとサットグルが言います。「聞きなさい。私はここに薬を持っています。あなた達がこれを飲むと、彼はまた、生き返るでしょう！　でもその代わりにあなた達は死ぬでしょう」

それほど彼は愛されていました。皆は彼を思って泣きます。彼等はこの薬が彼を生き返らすことを聞くと、とても喜びます。また、それと同時に、この薬を飲んだ人は死ぬということを聞いて、泣くのをやめます。ずっと泣いていた妻もすぐに泣きやんで、静かになります。

するとグルはこの女の人に言います。

「あなたはたった今、ひどく泣いて、嘆き悲しんでいた！　それはあなたが愛している証拠だ。この薬を飲みなさい。あなたの夫は生き返るだろう！」

女の人は「いやよ、いやよ、グルジ！　彼は死んだのよ。死んだのだから、放っておいて！」

キリストは「真の愛のためなら、あなたは喜んで、その人のために命を捧げることができる」と言っています。それはマスターに関しても同じです。マスターは弟子に命を捧げることができます。

そこでグルジは母親に向かって言います。

「これはあなたの息子ではないかね？　ではあなたがこの薬を飲みなさい！」

母親は「私が？　私はこの通りもう年老いています！　何故私が薬を飲むのです？　どっちみちもうじき死ぬ身です。もう少しだけ人生を楽しませてください。彼は死んでしまいました。このままにしておいてください！」

父親も、また、子供達も、同じ返事しかしません。全員が拒否します。皆それぞれまだ楽しみたいことがあったのです。
そこでグルは弟子のそばへ行って、水壺を手に取り、彼に少しばかり水を振り掛けて言います。「起きなさい！」
すると彼は起き上がって、家族には一言も言わずに
「グルジ、私を連れて行ってください！　一緒に行きましょう！」

さて彼等の愛がどんなに大きなものであったかわかりますね？　キリストは「真の愛のためなら、あなたは喜んで命を捧げるだろう。誰かに対して真の愛を感じると、その人のために命を捧げることができる」と言っています。それはマスターに関しても同じです。マスターは弟子に命を捧げることができます。弟子を救うためなら、彼は何でもするでしょう。でも人間はやみくもに走り回るだけでしょう。人間は盲人と同じです。彼等は自分達の方がよく知っていると思って、大声で大きな、それは大きな物事について話し始めます。でも実際には、ただお願いし、マスターにすべてを委ねることによってのみ、本当に解放されるのです。

ある所に五人の盲人がいました。彼等は一日中1本の木の下に座って、話して、話して、話しまくっていました。ある大変暑い日のこと、1頭の巨大な象がやって来て、木の下に立ちます。彼等は目が見えなかったけれど、誰かがやって来たのがわかります。そこで皆は立

ち上がって、その辺りを歩き回り始めます。そして彼等の前に何かあるのを感じます。一番目の男が言います。

「これは何だろう？　粘土でできた高い壁のようだが、どうしてこんな物がここに来たのだろう？」

二番目の男は牙をつかんで、それを手で触りながら言います。

「おお、これは2本の象牙でできた槍のようだ！」

三番目の男は背中の終わりにある尻尾をつかんで言います。

「いやいや、そうじゃない。これは綱だ、大きな太い綱だ！」

四番目の男は象の鼻を手に取って言います。

「違う、違う、これは君達が言うようなものじゃない。これは木から垂れ下がっている蛇だ！」

すると五番目の男が言います。

「違うよ、君達は皆間違っている！　これは木の幹だ！」

それは大変な口論になり、皆お互いに言い争って、誰もが「私が正しい、私の言うことが当たっている！」と主張します。丁度その時、一人の小さな男の子が通りかかります。その子は皆を見て、論争をしているのを不思議がって言います。

「何を言い合っているの？　どうしてそんなにこの象にこだわるの？」

彼等は「象」と聞くと、ショックを受けて言います。

「象だって？」

そして男の子が行ってしまってしばらくすると、一番目の男が言います。

「私達は目が見えないだけではなくて、私が思うに、私達は馬鹿だ！」

二人目の男は「違う、違う、そうじゃない！　私が自分の思っていることを言った時は、少々取り乱していた！」と言います。

すると三人目の男は「私はそんなことも考えたが、口には出さなかった」と言います。

そして四番目の男は「つまり私達は思いついたことを口に出して言っただけのことだ」と言い、五番目の男は「わかるかな？　私は本当に馬鹿だったと思う！　誰かに訊けばよかったんだ。その方がずっとはやく解決したに違いない！」

これと全く同じで、人間は神を実現することに関して盲同然です。神を実現した人だけが、あなた達を真に導くことができます。そうでなければ、あなた達はこの盲の男達と同じことでしょう。すべての物に触れ、右へ行ったり、左へ行ったり、それでもあなた達は何処へも行き着くことがないでしょう。ですからとにかく求め、それに身を捧げてください。

すべての物の本質は**愛**である

用語解説

アヴァター 神の顕現体。（ナーラーヤナとカルキ・アヴァターの項を参照）

アーサナ ヨーガと呼ばれる霊的な実習の一部として取る体位、あるいはポーズのこと。

アスラ 悪魔（アスラとは光がないという意味）。

アートマ 最も高度な、超意識的意識である魂。個々の魂。生きた実体、ジフアートマとして知られている。

アートマ・クリヤ・ヨーガ （ヨーガの項を参照）

アートマン 個々の自己、あるいは永遠の魂、真なる自己。

アバヤハスタ アバヤは助けること、ハスタは手のこと。これは励ましのジェスチャーで、シュリ・スワミ・ヴィシュワナンダによれば「グルから受ける祝福のことです。あなたはグルの所へ行って、頭を下げ、サハスララ（頭頂のチャクラ）を差し出します。教師は頭に手を触れて祝福を与えます。これは神様が気遣ってくださるからあなたは何も心配することはない、と言っているのです」（シュリー・ピータ・ニラヤにおけるグル・プールニマ２０１０年7月25日）

アムリタ 古代の天海、ミルクオーシャンから泡立って吹き上がる不死のネクタール（神酒）のこと。また、これは深い霊的な修行によって脳線から分泌され、ケチャリ・ムードラによって口内で受け止めることができる。

アユルヴェーダ 大昔からインドにある治療法。

アルジュナ 『バガヴァッド・ギーター』に記されているマハバラータ戦争の英雄。謙虚さを象徴するクリシュナは、射手アルジュナの戦車の御者を引き受け、彼に戒律とバクティ・ヨーガを教える。

泡立つ古代の天海、ミルクオーシャン ヴェーダには半神と悪魔が天界にある古代の天海、ミルクオーシャンの河岸に集まったことが記されている。彼等は不死のネクタール（神酒）、アムリタを造るために、天海を泡立たせることを計画する。そしてネクタールができ上がった時は、お互いの間で平等に分けることを話し合う。天海を泡立たせる役目をする、マンダラの山がバターの泡立て器として使われ、蛇の王者ヴァスキは綱の役目を果たす。天海が波立つ初めに、マンダラの山は深く大洋に沈み始める。この時主ヴィシュヌが大きな亀（クルマ・アヴァター）となって現れ、山を背中で支える。半神はヴァスキの尻尾を、悪魔はヴァスキの頭を引っ張って山を回転させ、1千年の間天海を泡立たせ続ける。ついに主ヴィシュヌのアヴァターであり、神々の医師、アユルヴェーダの父であるダンヴァンタリが、不死のネクタールの入った壺を持って現れる。彼等は、半神も悪魔も、ダンヴァンタリがアムリットの入った器を持っているのを見て、落ち着きを失う。半神は、悪魔が不死のネクタールの分け前を飲むと何か起こると恐れていたので、その壺を力ずくでつかむ。そして半神がネクタールの壺を持って行く先では、常に激しい争いが起こる。ネクタールを悪魔の手に入れないように、半神はこれをプラヤーク（アラハバート）、ハルドワール、ウジャイン、ナーシクの4ヶ所に隠す。この四つの隠し場所で、それぞれ不死のネクタールの一滴が壺からこぼれて、地面に落ちる。その時以来、この四つの場所は神秘的な力を得たと信じられている。とうとう悪魔は半神を打ち負かして、不死のネクタールを手に入れる。半神を運命の手から救うため、マハ・ヴィシュヌが大変美しい女性、モヒニ・ムルティになって現れ、悪魔に近づく。そして悪魔が彼女の美しさに見惚れている間に、モヒニ・ムルティはネクタールをつかんで、半神に返す。彼等はその場でそれを飲んでしまう。

イエス　神の子、キリスト。世界を救うため、また、新しい物の見方を教えるために現れる。

イスラム教　アラーの神を敬う一神教。モハメッドがその主なる預言者、または聖者として祀られている。

インカネーション　体現、顕現。神、または魂が人間の姿を取ること。

ヴァイクンタ　主ヴィシュヌとその信者達の天界の滞在地。

ヴァイシュナヴァ　主ヴィシュヌの信者。

ヴァスキ　蛇の王。古代の天海、ミルクオーシャンを泡立てるのを助ける。文書の最も有名なエピソードの一つによると、半神と悪魔はその不死身な肉体を失う。主ヴィシュヌの忠告に従って、彼等は蛇のヴァスキを山に縛り付け、神々は一方の側に、悪魔はもう一方の側に集まって、蛇を前後に引っ張り、山を回転させる。このようにして彼等はアムリット、不死身のネクタールを手に入れるために、天海を泡立てたのである。インドではこの出来事を記念して12年に1回、この重要な意味を持つ、クンバ・メーラの祝祭が催される。

ヴァスデヴァ　ヤドゥのショールゼンとヴリシュニ王朝の息子。デヴァキの夫で主クリシュナとその姉スバドゥラの父親。ヴァスデヴァはリシ、カシュヤプの顕現体の一部。『ハリヴァンシャ文書』によれば、ヴァスデヴァと主クリシュナの養父ナンダは兄弟。

ヴァマナ　ヒンドゥー教の文書には主ヴィシュヌの五番目の顕現体として、また、三番目のユガ(時代)、トゥレタ・ユガの最初の顕現体として記されている。彼は完全に人間の姿で現れる主ヴィシュヌの最初の顕現体である。ウペンドラの名でも知られている、小人ブラミンの姿で現れる。

ヴァラハ　ヒンドゥー教では、雄の猪の姿で現れる、主ヴィシュヌの三番目の顕現体。ヴィシュヌは猪として、この世の保持者の名に相応しい活躍振りを示す。『ヴァラハ文書』によると、かつての地球は新しい時代の到来と共に、古代の海洋に沈んでしまう。子供が水に溺れた母親のように、ひるまずその後を追って水に飛び込んだ主ヴィシュヌの最初の考えは地球を維持することであった。彼は最も力強い沼地の猪の姿で古代の海へ潜る。そこで危険な悪魔のヒランヤクシャ（ヒランヤカシプの弟）を殺し、その巨大な牙で地球を持ち上げて、太古の混沌における沈没から救い出す。

ヴァルミキ　賢者で詩人。ナラドゥ・ムニに『ラーマヤナ』を書くように言われる。

ヴィジャヤ　勝利。

ヴィシュヌ　ヴィシュヌとはすべてを貫く者の意。維持する者としての神。ヒンドゥー教の三位一体の一部。

ヴィシュワミトゥラ　ガヤトリ・マントラを授かった最初の聖者。これを主ラーマに教える。ラーマはこれを用いて大悪魔のラヴァナを退治し、妻のスィタを救い出す。禁欲に徹し、数多くの試練を生き抜いたことで名高い。『リグヴェーダ』の著者。

ヴェーダ　古代インドのテキストで、最も古いサンスクリット語の文学。ヴェーダのサンスクリット語で書かれ、いくつかのヴァイシュナヴァの伝統で主ヴィシュヌのアヴァターと言われているクリシュナ・ドゥヴェパヤナ・ヴェーダ・ヴヤサが、これを四部作にまとめる。その後彼は賢人カピラとして再生し、ブラフマーの息子、リシのナラダの提案で、賢者ヴヤサが書いたシュリマート・バガヴァタムのバクティ・ヨーガを教える。

ウパニシャード　後期ヴェーダ文学に属する古代ヒンドゥー教の経典で、２００以上のテキストから成る。

ヴヤサ　ヴヤサはよく主ヴィシュヌのアヴァターと見られている。また、時にヴェーダを編成したヴェーダ・ヴヤサとして引き合いに出されている。聖なる文書プラナ、そして詩篇『マハバラータ』の著者。

ヴリンダ・デヴィ　（ヴリンダヴァナ）「サンスクリット語で「ヴァナ」は森の意味です。ヴリンダヴァナはシュリマティ・ヴリンダデヴィ（トゥルジデヴィ）が生い茂っている森に付けられた名前です」

ヴリンダヴァン　インドのマトゥラ、ウタール・プラデシュの地域にある、古い森に囲まれた土地。ここで主クリシュナは養母ヤショーダと養父ナンダに世話されて幼年時代を送る。ヴリンダヴァンは主クリシュナの生まれたマトゥラ（アグラからデルフィへ走る高速道路の近く）から約15キロメートル離れたブラジ地方にある。ヴリンダヴァンにはラダとクリシュナに捧げられた何千というお寺がある。

カウラヴァス　伝説の国王クルの子孫、マハバラータ戦争の一軍。

ガダ　棍棒のこと。マハ・ヴィシュヌ、ハヌマーンが手に持っている。

ガネーシャ　象の頭をしたパールヴァティー（シヴァの伴侶）の息子で、障害物を取り去る神。ガナス(シヴァに付き添う霊達）の主、知恵の神、霊的な、あるいは物質的な人生の成功を授ける神。プジャやヤグナの儀式では、まず最初に敬われるため、アディデヴァ、最初の神として知られている。

神の名　あらゆる宗教における神の名。

ガヤトリ・マントラ　オーム・ブール・ブヴァ・スワハ、タット・サヴィトゥール・ヴァレンヤム、バルゴ・デヴァシャ・ディーマヒ、ディヨ・ヨ・ナ・プラチョーダヤーテ。このマントラは「私達は三つの世界を創造した、最高の神の光を敬います。物体の世界(ブール)、アストラル界（ブヴァール)、そしてカウサル界、ないしは天界（スワハ)。私達はこの光り輝く存在について瞑想します。私達が真実に到達するように、私達の理解力を光で照らしてください」という意味である。ガヤトリは神の光、ブラフマーの伴侶であり、自らの光で三つの世界を創造したヴェーダの母である。彼女はサヴィトリ（最高の意識の太陽、サヴィトゥールの伴侶）としても知られている。ガヤトリ・マントラは人間の精神を解放し、古いカルマの拘束を解く響きをしている。このマントラは、夜を除いて、一日3回歌うとよい。

カラシュ・プジャ　カラシュは銅製の容器。プジャは神々に敬意を表する儀式。神々の心を象徴するココナッツの実がカラシュの上に置かれる。また、カラシュは信者の完璧な心をあらわす。

カーリー・マー　黒い母神、カーリーはその恐ろしい容貌にもかかわらず、信者との間に深い愛に満ちた、親密な関係を持つ神々の一人である。崇拝者は彼女の子供になり、カーリーは常に思いやりのある母親の姿で現れる。カーリーは恐れを抱かせる、野生の姿をした聖母神である。彼女は力強い女神の姿をして、紀元前500年～600年の歌詞から取った「デヴィ・マハトムヤ」の作品を通して有名になる。

カルキ・アヴァター　主ヴィシュヌの未来における、数えて十番目の顕現体。白い馬の騎手となって現れ、再び神の戒律をもたらすことになっている。彼は暗く、破壊的なカーリー・ユガ（時代）として知られている現世を終わらせるためにやって来るのである。カルキという名はよく隠喩として、永遠、または時間の意味に使用される。その他堕落、混乱、暗闇、あるいは無知の破壊者を意味する。

カルマ　サンスクリット語のｋｒｉは行為、今世、あるいは前世における行為がもたらす結果。ヒンドゥー教の文書によれば、カルマを調整する法則は、行為と反応の法則、原因と結果、種蒔きと収穫の法則である。公平なる自然は、人間は誰でもその想念と行為によって、自分の運命の創造主となるように配慮してくれている。

ガンガ・デヴィ　リグ・ヴェーダには、ガンガの名が2回しか現れないが、後に女神として、より重要な役割を果たす。「ヴィシュヌ・プラナ」によると、彼女は主ヴィシュヌの「蓮のおみ足」の汗から創られたと言われている。そのため彼女はヴィシュヌの足から流れ出る人、ヴィシュヌパディとも呼ばれている。「デヴィ・バガヴァタ・プラナ」によると、ヴィシュヌには三人の妻がいたが、その三人の間で喧嘩が絶えなかったため、彼はラクシュミーを残して、ガンガをシヴァに、サラスヴァティーをブラフマーにそれぞれ引き渡す。

カンサ　デヴァキの兄。カンサはデヴァキの八番目の子供に殺されるという天のお告げを受けて、デヴァキとその夫ヴァスデヴァを牢獄に閉じ込める。

キリスト教　その信者がイエスを神の子、キリストとして見なす宗教。

キルタン　讃美歌。神の名を歌い、神をほめたたえる。

クリシュナ　ナーラーヤナの八番目の顕現体として、ドゥワパラ・ユガ（時代）に生まれる。彼はすべての苦しみと罪を打ち壊す、神の愛と喜びの化身である。また、彼は聖なる発言と牛の守護神でもある。クリシュナはあらゆる種類の知識に刺激を与える人である。彼は愛の宗教を創り出すために生まれて来る。シュリ・スワミ・ヴィシュワナンダはクリシュナに関して次のように言っている。「神様の一番美しい顕現体はシュリ・クリシュナ自身です。クリシュナの素晴らしい名を唱えるだけで、平和と愛を呼び覚ますことができます。その名は『すべての人を惹きつける者』の意味です。クリシュナはすべての罪を打ち壊し、すべての人を磨き、成長させる人です。彼は言うなれば謎の人です。彼の人生の意味は、私達の霊的な人生が、彼に達することにある、大きな謎の人生です」（アメリカ合衆国カリフォルニア州、ロサンゼルスにおけるクリシュナ・リトリート２００７年12月）

グル　「グ」は暗闇、「ル」は取り除くこと。精神（エゴ、個性）の暗闇（無知）を取り除く教師、霊的な師匠。

クルマ　言葉通りに訳すと、亀のこと。ヒンドゥー教ではナーラーヤナの二番目の顕現体。神々に関する古い文書、様々なプラナスに、主ヴィシュヌが魚（マッヤ）の姿をとった後、亀の形で体現化したとある。クルマは、半神と悪魔がアムリタを求めて泡立てる、神秘な古代の大洋に沈む、マンダラ山を背中に背負う。

賢者　賢い者。その経験、判断力、知恵のために敬われる者。

ゴピス、ゴパス　クリシュナの幼年時代の遊び友達。彼等は森に囲まれたヴリンダヴァンで、村の牛の群の番をし、官能の表現や願望の欠陥のない、神の純なる愛と友情を分かち合う。ゴーピー達。

再生　魂が新しい肉体を得ること。生と死、そして再生が繰り返される。カルマが解消されると、もう再生は繰り返されない。

サットグル　サットは真実、グルは真の教師、最高の霊的な教師。一番大切な、主要な教師。

サナタン・ダルマ　言葉通りには「永遠の宗教」のこと。この名はヒンドゥー教と呼ばれた様々なヴェーダの法典を言う。その昔ギリシャ人は、インドの河岸に住む民族をインドゥス、あるいはヒンドゥスと呼んでいた。（ダルマの項を参照）

サマーディ　ヨーガを行う者のトランス状態のこと。精神が人間の限界ある行動の範囲から、より自由で、より高い神の状態へ戻ること。この状態では探し求める人と、探し求めている過程が一つに溶け合って、そこには何の分離、区別もなくなる（探し求める対象への崇拝に関しては、信者と神と崇拝の間に何の相違もなくなる状態である）。

ザムザムの泉　アブラハムの小さな息子、イシュマエルが水を欲しがって泣き、そこでじたんだを踏んだといわれるメッカの井戸。神様はこれに応えて水をくださる。

サラスヴァティー　知恵と意識の自由な流れを表現する、知識と芸術の女神。ヴェーダの母で、ヴェーダの授業では、その初めと終わりによく「サラスヴァティー・ヴァンダナ」という彼女のための歌が歌われる。女神サラスヴァティーは人々に言語、知恵、勉学の能力を与えると言われている。

サニヤシン　禁欲主義者、苦行者となるために、この世の普通の生活を捨てた人。

シヴァ　ヒンドゥー教、三位一体の一部。解消、解放をもたらす。

シヴァ・シャクティ　「……宇宙全体がこの男性と女性の二つの広大無辺なエネルギーに支配されています。それはすべての物に形を与えます。私達はそれをシヴァ・シャクティと名付けることができます……」（二つのヒランヤガルバ・リンガムに関するシュリ・スワミ・ヴィシュワナンダの言葉。２０１１年３月２日）

ジヴァン・ムクタ　ムクティは救済のこと。この世に住む、でもこの世の人ではない、既に救済された賢人。

ジェヤ　勝利、恩寵、挨拶。

自己　魂、人間の真の姿、神の愛。

自己実現　この世で体現化し、マーヤの手に落ちた魂が、知性と肉体による取り違えた自己の確認を超越する。真の自己を認識し、神と一体になる。

スィタ　主ラーマの伴侶。スィタ・デヴィはラクシュミーの別の姿。

ジャパマラ　神の名、あるいはマントラを歌うことをジャパと言う。マラは普通108粒の珠をつなげた数珠で、マントラなどを繰り返し唱える時、それを数えるために使う。マラは聖なるマントラや神の名を歌うことによって醸し出される振動を集めている。従ってマラは癒しの源となる。そのため、常にマラ用の袋に入れて大切に取り扱うべきである。

シャバリ　主ラーマの大なる信者。「彼女は一生涯ラーマのことを待ち続けていました。そして毎日休むことなくラーマの名を歌っていました。彼女は心の奥底では、いつかラーマに会う日が来るのを知っていました」（ダルシャンにおけるシュリ・スワミ・ヴィシュワナンダの言葉。ドイツ、シュテフェンスホーフ2007年5月2日）

シャンカ　巻貝、法螺貝。

シュリ・シルディ・サイババ　ヒンドゥー教とイスラム教の要素を統合して教えた、偉大なインドのマスター（1838～1918年）。彼は絶え間なく「アラー・アクバール」を歌い、数多くの奇跡を行ったことで有名である。シルディのサイババ。

シュリ・ユクテシュワ　ラヒリ・マハサヤの弟子で、パラマハンザ・ヨガナンダの師匠。

シュリ・ラヒリ・マハサヤ　庶民的な家庭の主人で、霊的なマスター。マハヴァター・クリヤ・ババジから授かったクリヤ・ヨーガを世に伝えた最初の人。

シュリマート・バガヴァタム（バガヴァタ・プラナ）このプラナは物語のついた、インドで一番重要な、聖なる文書である。12の歌曲と1万8000に及ぶ詩が335章にわたって配置されている。それはシュリマン・ナーラーヤナと主ヴィシュヌによって人体化された、人間を守る神の超越的な姿の根本的な重要さを強調している。

スバドラ　クリシュナの姉。

霊性　特に宗教的な意味での霊性（スピリチュアルティ）は、超越した者、永遠の者への精神的なつながりを言う。

スルダス　クリシュナに身を捧げた聖者。詩人。バクティを教えた聖人で音楽家。

聖者　神、または永遠なる人のために生きる者。最高なる神の知恵、霊的な能力、尽きることのない、霊的な富の守護者。利己主義、偏愛や反感、私欲、虚栄心、欲望、渇望や怒りから解放され、常に変わらぬ態度、均整のとれた精神、恩恵、寛大、誠実、果てしない愛、神に等しい知識の持ち主。

聖書　最も重要なキリストの教えを集録した書。

聖母、デヴィ　デヴィはヒンドゥー教の聖母で、その名は女神を意味している。ヒンドゥー教の女神達はすべて、デヴィの様々な顕現体ということができる。ある姿は善良で優しく、また、他の姿は活動的で、激しさをあらわしている。でもどの姿をしていても、信者を助けることに変わりはない。ヒンドゥー教徒から崇拝されている主な名は「デヴィ・マハトゥミャム」（「シャンディ・パート」あるいは「ドゥルガ・サプタシャティ」としても知られている）で、マーヤとエゴの権威ある力が敬虔な物語（その中で聖母はこの世を襲う悪魔を殺す）によって象徴的に表現されている。

聖霊降臨祭の日曜日　イエス・キリストが復活した後、聖霊が使徒達に降りて来た日。今日では復活祭日曜日の50日後に祝われる。

セント・パンテレイモン　ニコメディアの医師（284～305年）。産婆と医者の守護聖人、14人の聖なる助力者の一人。奇跡的な治療を行って有名になる。神々の医師にして、アユルヴェーダの父、ダンヴァンダリの化身（泡立つ古代の天海、ミルクオーシャンの項を参照）。シュリ・スワミ・ヴィシュワナンダのドイツ国際アシュラム、シュリー・ピータ・ニラヤの礼拝堂の守護聖人の一人。

洗礼　洗礼はすべてのキリスト教の伝統で、通常に行われている秘蹟の一つである。ナザレのイエスが「洗礼のヨハネ」から洗礼を受けたことは、前期キリスト教の動きに伴い、宗教的なしきたりとして世界中で実習されている。その後イエスは彼の教会に「行って福音書の教えを広め、父と息子と聖霊の名において彼等を洗礼せよ」という大きな任務を与える。

タパシャ　罪償い。罪償いの稽古。

ダルシャン　この言葉の意味は眼差し、あるいは見ること。ダルシャンとは聖なる人の眼差し、また、その眼差しから受ける祝福のこと。

ダルマ　宇宙全体を保つための、正義に関する永遠の法則。この法則と調和して生きることは、人間が持って生まれた義務である。

ダンヴァンタリ　ヒンドゥー教の伝統では、ナーラーヤナの顕現体として、ヴェーダとプラナでは、半神（デヴァス）の医師として、また、アユルヴェーダ医学の伝達者として知られている。

チャクラ　サンスクリット語で車輪、輪のこと。背柱及び脳髄にあって、人間の肉体とアストラル体を支えている、生命力と意識の七つのセンターのことを言う。この七つのセンターは神々の出入口であり、そこから身体に降りて来た人間の魂は、瞑想の助けによって、再び登って行かなければならない。この七つの、次々に重なり合って、登って行く段階を通して、魂は宇宙の意識を獲得するのである。魂が意識をもって七つの開いた、あるいは「目覚めた」大脳の背柱センターを登って行くと、そこで永遠の道へ入ることができる。これが最終的に神と再び一体になる、真実の道につながっているのである。

チャンテン　マントラや神の名を繰り返し唱えること。

ディヴォーティ　グル、あるいはマスターに熱狂的に身を捧げる人のこと。信者。

デヴァ、デヴィ　時として半神と呼ばれる。言葉通りには輝く人の意味。神に等しい天界の人の意。あるいは光る人、強い力を持った天界の人、それゆえ神に等しく、半神とも呼ばれる。

デヴァキ　クリシュナの母親でヴァスデヴァの妻。クリシュナの母親として祝福を得るために、たくさん罪償いをする。シュリ・スワミ・ヴィシュワナンダの言葉によると「ナーラーヤナは時を選んで、デヴァキのお腹に入ります。前世では、デヴァキとヴァスデヴァは王と王妃で、二人は神様を子供として持つことを望んでいました。彼等はそのために何千年もの間罪償いをしたのです。マハ・ヴィシュヌは大変満足して『私が今度この世に現れる時は、あなた達を通して来るだろう』と約束します」（シュリー・ピータ・ニラヤにおけるクリシュナ・ジャンマシュタミ、ドイツ、シュプリンゲン２００９年8月13日）

弟子　自分のグルにすっかり身を捧げた信者（ディヴォーティ）のこと。

ドゥラウパディ　五人のパンダヴァ兄弟の妻。（マハバラータの項を参照）

ドゥリョーダナ　カウラヴァ兄弟の総領。マハバラータ戦争ではパンダヴァ兄弟の敵。

ドゥルガ・デヴィ　ドゥルガはサンスクリット語で「底知れない、手の届かない存在」という意味である。女神ドゥルガはシャクティの姿を現して、その優しい面と恐ろしい面が敬われている。宇宙の母神としては、その果てしない力を表現し、女性の力を象徴している。女神ドゥルガの外形は、もともと形態のない本体から生まれているが、この両者はお互いに離れ離れになることがないと言われている。虎に跨った、この上もなく美しい女戦士のドゥルガは、最初に現れた大母神である。彼女の鮮やかな到来の原因は、信じられないほどの禁欲によって、決して負けることのない強さを獲得した悪魔のモンスター、マヒスハスールの専制にあった。神々はこの自在に姿を変える牡の水牛を恐れていた。ヴィシュヌ、シヴァさえ彼に打ち勝つことはできなかったのである。そしてシャクティの仕組まれた力だけがマヒスハスールを退治できるように思われて、18本の腕を持ったドゥルガが、戦いに出陣することになったのである。

トゥルジ・デヴィ（ヴリンダ・デヴィの項を参照）

トゥルジダス　16世紀の偉大な信者。主ラーマに捧げられた、叙事詩『ラームチャリトゥマナス』の著者。

ナーダ・クリヤ・ヨーガ　ナーダは響きの意味。響きに集中して行う瞑想で、アートマ・クリヤのテクニックの一部である。

ナラード・ムニ　霊的なマスター。主ブラフマーから直接伝授を受け、主ブラフマーの魂の息子にあたる。彼はシュリマン・ナーラーヤナのために、永遠に讃歌、祈祷、真言を歌い続け、常に三つの世界の間を行き来している。パンチャラトゥラとヴァイシュナヴァの著者。崇拝を意味する、サンスクリット語のテキストは、シュリマン・ナーラーヤナに捧げられている。

ナーラーヤナーヤ、シュリ　彼は様々なアヴァターとしての生涯で、悪を退治し、正義と信仰をこの世に呼び戻したと言われている。その顕現体は人間の姿、動物の姿、また、人間と動物を合わせた姿をしている。一般には10種類の顕現体が知られているが、「バガヴァト・プラナ」は、ナーラーヤナーヤには22種類の顕現体があり、さらには数知れぬ顕現体がそれに続くことを述べている。10種類の主な顕現体とは、①マツヤ、②クルマ、③ヴァラハ、④ナラシンガ、⑤ヴァマナ、⑥パラスラマ、⑦ラーマ、⑧バララマ、⑨クリシュナ、⑩カルキ（これは未来の顕現体）である。

ナラシンガ、ナラシマ　ナラは人間、シマは獅子を意味する。主ヴィシュヌの四番目の顕現体で、その姿は半分人間で、半分獅子である。プラナの文書には、ヒランヤカシプという名の魔王が、かつて宇宙全体を支配していたこと、でも最後にはナラシマ姿の主ヴィシュヌに殺されたことが記されている。ナラシマは主ヴィシュヌの一番恐ろしい顕現体である。彼は純潔な信者プララートを父親のヒランヤカシプの拷問から守るためにやって来る。彼は悪魔と信者ならざる者から恐れられている一方、信者からは愛と尊敬の念をもって崇拝されている。

ナンダ　シュリ・クリシュナの養父。

バガヴァッド・ギーター　『ギーター』は自らの言葉によると、ヨーガの聖典、神実現の学問として書かれている。「バガヴァッド・ギーター」は魂の歌の意味で、７００に及ぶ詩篇から成っている。バガヴァン・クリシュナとアルジュナの対話。肉体に結び付けられたエゴの強制的、かつ心理学的な力と物質的な無知に打ち勝って、永遠の霊的なアイデンティティを再び自分のものにし、魂と一つになることがその意図する所である。

バクティ　神への献身。（バクティ・ヨーガの項を参照）

パドゥマ　（蓮の花の項を参照）

ハヌマーン　シュリ・スワミ・ヴィシュワナンダの言葉によると「ハヌマーンはバクティ（献身）のお手本とされています。ハヌマーンはシヴァの顕現体です。ラーマが来られた時に、神々は猿の姿で現れました。これをヴァラナ・セーナと言います。そしてハヌマーンは実際にシヴァ自身であり、知恵の海と言われています」（シュリー・ピータ・ニラヤにおけるハヌマーン・ジャヤンティ、ドイツ、シュプリンゲン２０１０年）

パラシュラマ　斧を持つラーマ。人間の姿をした主ヴィシュヌ。ナーラーヤナの六番目の顕現体。

バラタ　ラーマ（ヴィシュヌ）の二番目の弟。バラタの母親は彼がラーマの代わりに政権を握ることを望む。彼の父親は妻に約束したため、それに従わざるを得ない。バラタはアヨージャへ戻って来て、これを聞くと恥じ、ダルマに身を捧げる兄を、森の中の亡命の地から正当なる君主政治の地、アヨージャへ戻るように説得しようと試みる。

パラマハンザ・ヨガナンダ　自己実現を遂げたインドのマスター。20世紀の初めにクリヤ・ヨーガを最初に西洋に、アメリカ合衆国に紹介する（邦訳『あるヨギの自叙伝』森北出版）。

パラムアートマン　最も高き存在、バラモン。

パラムグル　パラムは最も高い存在の意。グルは暗闇を取り除く者。最も高い位置に在るグル。グルの中のグル。

バラモン　ヴェーダンタ哲学によれば、バラモンは可視的宇宙の活動的かつ物質的な起因であり、すべてに滲み通っている宇宙の魂と精神であり、すべての創造物が形成され、また、その解消時に吸収される本体である。バラモンは一般に崇拝の対象ではなく、どちらかと言うと、瞑想の目的である。従ってこれを得ることは、知識の最終的な狙いとされている。

バララム　バララムはクリシュナの兄。ヴァスデヴァの最初の妻、ロヒニの息子。彼女は身ごもった時、既に子を産む年齢を超えていたので、大変驚く。彼は大変力強く、まだ子供の時に、自分の手で驢馬の姿をした悪魔のアスラデヌカを殺す。

ハリ、主　（オーム）・ヤム・ブラフマ・ヴェダンタ＝ヴィド・ヴァダンティ、パレ・プラダナム・プルシャム・タタニエ。ヴィシュヴォドゥガテ・カラナム・イシュヴァラム・ヴァ、タスメイ・ナモ・ヴィグナ＝ヴィナシャヤ。これはすべての障害を除く神への敬意の念をあらわし、ヴェダンタの精通者はこれを最高のバラモンとして、また、他者はプラダーナ（プラクリティ）、あるいは宇宙元素の総体として記述している。また、ある者は最高位に在る男性、あるいはプルシャ（神に等しき者）として、また、他者は最高の主、そして宇宙誕生の源として描写している。

パールヴァティー　主シヴァの伴侶。「パールヴァティーは宇宙の母であり、パラシャクティです」（カルティク・プールニマにおけるシュリ・スワミ・ヴィシュワナンダの言葉。ドイツ、シュプリンゲン２００９年11月２日）

蓮の花　主ヴィシュヌが右の下の手に持つパドゥマ。霊的な救済、神の完璧、純潔、個人の霊的な意識の発展を指す。

パンダヴァス　パンドゥの息子達。アルジュナと四人の兄弟。仲間と一緒にマハバラータ戦争の一軍を成す。

ヒランヤカシプ　ヒランヤは金、カシプは柔らかいベッドのこと。金と柔らかいベッドを愛する者の意。彼は悪魔のアスラで、ナーラーヤナの顕現体、ナラシンガ（半身人間、半身ライオン）に殺される。プララートの父親にあたる。

ヒンドゥー教　ヒンドゥー教には約９億人の信者（世界の総人口の約13パーセント）があり、これはキリスト教とイスラム教について、世界で三番目に信者の多い宗教で、その起源はインドにある。この宗教の信者はヒンドゥーと呼ばれている。ヒンドゥー教には様々な傾向があり、お互いに影響し合っているもの、部分的に混ざわり合っているもの、また、聖なる文書、宗教の教え、神々や儀式などにそれぞれの違いが示されている。

ヒンドゥー教の三位一体　創造主としてのブラフマー、維持者としてのヴィシュヌ、破壊者としてのシヴァ

プジャ　ヒンドゥー教の祈祷の儀式。マントラを唱えて神に奉仕する儀式。プジャを行う人はプジャリと呼ばれる。（カラシュ・プジャの項を参照）

仏教　インドの師匠、シッダルタ・ゴータマの教えに基ずく宗教、あるいは哲学。

仏教、禅　仏教の一形式、中国の道教を取り入れ、日本で多く実習されている。

仏教、チベッド　仏教の一形式、その主なる仏陀はパドゥマサムバヴァと言う。

プラーナ　身体に生命を与え、これを動かす生命力のこと。

プラナス　簡単なサンスクリット語で書かれた、聖書物語や伝説に関する一連の古典。過去の時代に属する古い歴史や伝説。

プラナヤマ　呼吸を訓練するヨーガの実習。

プララート　生まれた時から、クリシュナの大なる信者。母親の胎内にいた時すでに、聖者ナラダの教え

を受ける。５歳の時から、教師が教室から出て行くと、生徒仲間に主ヴィシュヌのことを話して聞かせる。この説教が、主ヴィシュヌの存在を否定する父親のヒランヤカシプを怒らせる。

フリダヤ・ムードラ　フリダヤは心臓、心（ハート）を開くためのムードラ。（ムードラの項を参照）

ホリカ　ヒランヤカシプの妹。「ホリカはプララートの父にあたる悪魔ヒランヤカシプの妹です。彼女は長年の罪償いが報われて、一枚のショールで祝福されます。このショールを身につけていると、火が燃え移るということがありません」彼女は兄のためにプララートを焼き殺そうとした時、自分の身を火から守るために、このショールを使おうとして失敗する。（シュリー・ピータ・ニラヤにおけるガウラ・プールニマ、ドイツ、シュプリンゲン２０１０年2月27日）

マスター　優れた、霊的な教師。

マツヤ　主ヴィシュヌの最初の顕現体は下半身が魚で、上半身が人間の姿をしている。彼は4本の腕を持ち、そのうちの2本で法螺貝と車輪（チャクラ）を支え、後の2本で蓮と棍棒（ガダ）を支えている。また、保護と祝福を与えるムードラを表示している。

マハヴァター・クリヤ・ババジ　マハは大なる、アヴァターは神の顕現体、ババジは父の意味である。約５０００年前からヒマラヤに生きるヨギ。また、パラムグルであるババジは、人間の世界にクリヤ・ヨーガをもたらす。マハ・アヴァター・ババジ。

マハバラータ　インドの18冊の書物からなる広大な叙事的詩篇。バラタス王の子孫、パンダヴァスとカウラヴァス兄弟の物語。王国を巡る争いが、クルクシェトラの凄まじい戦争の原因となる。

マーヤ　これは私達の真の自己実現を遮る妄想を言う。シュリ・スワミ・ヴィシュワナンダはマーヤについて次のように言っている。

「マーヤ・デヴィはとても力強く、全員に罠を仕掛けます。あなたはこの世に生まれて来ると、マーヤに捕まってしまいます。そして一旦捕まってしまうと、その手から逃れるのはかなり難しくなります。彼女のつかみ方は並大抵なものではなく、もし一度捕まったら、それから逃れられるのはただ一つ、神様の名を歌うことだけです。あなたが本当に心から『神様、私はあなたのものになりたいのです。ですからあなたにそっくり身を捧げます。あなたがなすべきことをしてください』と言うと、彼女はその時初めてあなたを放してくれるでしょう」（ドイツ、キールにおけるダルシャン２００６年12月）

また、パラマハンザ・ヨガナンダは次のように書いている。「サンスクリット語のマーヤは『測る者』の意味で、創造物の中に存在する神秘的な力である。マーヤは限界のない、また、分けることのできない物に、見せかけの限界と分離を引き起こす」

ムードラ　通常は手を使って行うポーズで、エネルギーを一点に集め、調節する。シュリ・スワミ・ヴィシュワナンダは生徒に30種類の古いムードラを伝える。これを学びたい人は、誰でも教えを受けることができる。

瞑想　精神をコントロールするのに役立つ修行。シュリ・スワミ・ヴィシュワナンダの言葉によると、「至福の状態に入るのに大変簡単なメトードで、瞑想によって、人は真に完全な夢の実現に達することができます。集中して、神様に一心を捧げ、深い瞑想に入ると、周囲の何物にも、いかなる騒音にも、またいかなる接触にも影響されることがなくなります」（インド、ボンベイにおけるダルシャン２００６年2月10日）

メッカ　サウジアラビアの聖都市。イスラム教徒にとって最も大切な巡礼の地。

目に見える宇宙、目に見えない宇宙　目に見える宇宙は絶対であり、これは目に見えない世界から生じたため、目に見えない宇宙と同じように完璧である。目に見えない世界から生じた目に見える世界は、目に見えない世界の全体性と完璧さに何の影響も与えない。

メルの山　神々の住む一番高い山。シヴァが座って瞑想している山。世界の中央にあり、天空を支えている。ヒンドゥー教の神々と女神達のオリンポス。メルの山、また、時々スメル、あるいはマンダラと呼ばれ、マハバラータによれば、深いエネルギーにあふれた、金の塊である。バラモンの金の都市はこの頂上に在る。これはヒンドゥー教徒、また、仏教徒にとって世界の軸をなしている。

モクシャ　生と死の繰り返し、輪廻の法則から解放されること。

モハメッド　イスラム教の主なる預言者。

モヒニ　ヒンドゥー教の神話では、この名が主ヴィシュヌの、女性としてただ一つの顕現体である。叙事詩的なマハバラータの物語はモヒニの名に触れている。ここでは主ヴィシュヌの顕現体の一つの姿として現れ、アムリットの入った器を、盗み出した悪魔から取り返す。そして不死身の体を保てるように、再び半神達の手に戻す。（泡立つ古代の天海、ミルクオーシャンの項を参照）

ヤグナ　プライドとエゴの奉献。自己を放棄する火の儀式。また、他人の幸せのために自分のプライドを捨て、マントラを唱えて心を開く。同時に神様から授かったものを再びお返しする。

ヤショーダ　主クリシュナの養母で、彼の養父であるナンダの妻。「ナーラーヤナがマーヤ・デヴィに『ヤショーダのお腹に入れ』と言うと、マーヤ・デヴィは言われた通りヤショーダの身体の中に入ります。その夜彼女は牢獄で生まれ、ナーラーヤナはクリシュナとしてマトゥラに生まれます。神への献身――ヤショーダとナンダデヴの姿で、彼等は神様がおいでになられたことを大変喜びます」（バラ・クリシュナ・リトリートにおけるシュリ・スワミ・ヴィシュワナンダの言葉。アメリカ合衆国カリフォルニア州、ロサンゼルス２００７年12月）

ヤムナ　ガンジス河と同様に、ヤムナ河もまた、ヒンドゥー教では女神ヤムナとして、最高に崇拝されている。ヒンドゥー教の神話では太陽の神スルヤの娘で、死者の国王ヤマの妹。「ヴァスデヴァは赤ん坊を手にしてヤムナ河の水に入ります。彼が深く入って行くと、ヤムナは主のおみ足に触れたくてたまらなくなります。そしてクリシュナの足がヤムナの水に触れた途端、彼女は落ち着きを取り戻します」（クリシュナのジャンマシュタミ〈生誕祭〉におけるシュリ・スワミ・ヴィシュワナンダの言葉。ドイツ、シュプリンゲン２００９年8月13日）

ユガ　時代。

ユダヤ教　この宗教の主な教えはトラにあり、その崇拝者であるユダヤ人はアブラハムの子孫である。

ユディシュティーラ　パンダヴァ兄弟の総領。ダルマラジャとしても知られている。誠実な国王。（マハバラータの項を参照）

ヨーガ　サンスクリット語のｙｏｇ、人間個人の意識が宇宙の意識と合併し、アートマンがパラムアートマンと溶け合うこと。ヨーガは肉体、知性、魂が一体となる科学的な過程。ヨーガによって内面を見つめることを学び、自らの運命を調節できるようになる。同時に神なる者を全人類の幸せのために我々の肉体的、精神的、霊的な存在まで引き降ろすための過程である。肉体的には健康及び能力の増進をもたらす。精神的には集中力、心のバランス、落ち着きをもたらす。霊的には輪廻転生の法則から解放し、永遠の至福、喜び、不死身、完璧、そして永久的な平和をもたらす。

●**アートマ・クリヤ・ヨーガ**　アートマ・クリヤではラジャ・ヨーガ、ハタ・ヨーガ、バクティ・ヨーガ、クンダリーニ・ヨーガ、タントラ・ヨーガ、クリヤ・ヨーガを含む、いくつもの異なった種類のヨーガが結び合わされている。霊的な道を歩む者はカルマ・ヨーガを行うように力づけられる。イナナ（知恵）はアートマ・クリヤを行うことによって、自然に育っていく。「アートマ」は自己、「クリ」は行為、「ヤ」は意識を意味する。従ってその目的は、すべての行為を神の存在を意識して為すことである。アートマ・クリヤはマハヴァアター・ババジが弟子のシュリ・スワミ・ヴィシュワナンダに、世界中に広めるために委ねた、一連のヨーガのテクニックである。これは真の自己――神の愛を実現する助けになる。このクリヤのテクニックの内容はオーム・ヒーリング、アーサナ、マントラ、瞑想、ムードラ、プラナヤマ、チャクラの瞑想などである。詳しくは www.atmakriya.org を参照。

●**イナナ・ヨーガ**　自己洞察、瞑想、自己体験、神実現による自己認識の道。知性を利用して、これを超越する。すべての情報、構想、教理（ドグマ）を排斥しなければならない。

●**カルマ・ヨーガ**　『ギーター』によると、行いの道。人類に対する仕事と奉仕は神への奉仕である。神との結合は私欲のない、報酬を期待しない行為によって成し遂げられる。これはエゴを減少し、期待を解き、自分の行為の結果に対して無関心になる。個人的な自己解放は可能である。

●**クリヤ・ヨーガ**　マハヴァアター・ババジはクリヤ・ヨーガが現代の霊的な進化への第一の補助手段であると宣言している。これはラヒリ・マハサヤやシュリ・ユクテシュワのように、一般の庶民が自己実現の可能性を果たすのに適している。クリヤ・ヨーガは行為に注意が向けられると同時に、精神的であり、ハタ・ヨーガとラジャ・ヨーガが結び合って発展した形と言える。

●**クンダリーニ・ヨーガ（またはラヤ・ヨーガ）**　このヨーガは呼び起こされるクンダリーニ・エネルギーとチャクラに集中する。最高の意識はエネルギーの障害を解消することによって、より高い意識に達することができる。クンダリーニは尾骨にある第一チャクラの根元に眠っていて、人間のより高い潜在能力を示している。

●**タントラ・ヨーガ**　タントラ・ヨーガはマントラ、ヤントラ（形）、プラナヤマ、儀式、ムードラ、セックスなどの手段をすべて含んでいる。アイデアとしてはこの手段を利用して、最終的にはこれを超越することにある。

●**バクティ・ヨーガ**　世界中の宗教に見出される献身の道。感情的な性格の持ち主に相応しい。バクタ（神に身を捧げた者）は自ら選んだ神の姿に愛と献身を捧げ、エゴを放棄し、自分の意志を神のご意思に委ねるよう努力する。

●**ハタ・ヨーガ**　ラジャ・ヨーガの先駆者で、プラナヤマ、アーサナ、バンダ、ムードラによって身体の調節をはかる。知性と肉体の調和を通して、完全な緊張緩和とストレス解消の結果を生み出す。プラーナの吸収力が増すことによって、身体は瞑想のために準備される。

●**ラジャ・ヨーガ**　「王の道」と言われるこのヨーガ

は知性の調節と浄化に専念し、また、想念を落着かせ、精神面の修正に勤しむ。それによって知性は精神の集中と瞑想のために鍛えられる。アシュタンガ・ヨーガとしても知られている。

ラーマクリシュナ　カルカッタの近くで生まれ、宗教の一般的な効力を教えたインドの偉大な聖者（１８３６～１８８６年）。偉大なバクタで、マハ・カーリーの姿をした聖母神を崇拝していた。

ラヴァナ　主ラーマの妻を誘拐し、ランカへ連れて行った悪者の魔王。

ラクシュマナ　シャトゥルグナの双子の兄弟で、主ラーマの三人目の弟。ラクシュマナはプラナの書簡によると、アナンタ・シェッシャの顕現体、千個の頭があるナガ（蛇）として記されている。主ナーラーヤナは泡立つ古代の天海、ミルクオーシャンで、その上に休んでいたと言われている（クシラサガラ）。また、彼は主ヴィシュヌの顕現体すべての永遠なる伴侶と言われている。

ラクシュミー、ナーラーヤナ　シャクティ、シヴァのように、女性、男性を合わせた神の原理を表現している。ラクシュミーは霊的な、また、物質的な富の女神。ナーラーヤナはすべてを貫く。言葉通りに言うと「人類の神」。

ラクシュミー　ナーラーヤナの伴侶。裕福、富、幸福、霊的な富の女神。

ラダ　「ラダはラダラーニの姿で現れるクリシュナ自身です。私達がラダのことを話す時は、まず最初に彼女の名を呼び、それからクリシュナの名を呼びます。彼女はクリシュナのシャクティなので、私達はラデ・クリシュナ、ラデ・シャームと言います」（ラダシュタミにおけるシュリ・スワミ・ヴィシュワナンダの言葉。ドイツ、シュプリンゲン、２００９年8月27日）

ラーム、ラーマ　ラーマはヒンドゥー教の教えによると、主ヴィシュヌの七番目の顕現体である。彼は教養があり、美しく、王家の特質を持ち備えていた。彼の物語はインドの英雄叙事詩「ラーマヤナ」に語られている。これはラーマが一人で森へ追放され、妻のスィタがラヴァナによってランカへ誘拐された後の勝利を語っている。この戦いの重要な協力者は、ラーマの最も偉大な信者、猿の姿をした神ハヌマーンである。

『ラームチャリトゥマナス』　主ラーマに捧げられた叙事的詩篇。

ランカ　スリランカ、昔のセイロン。悪魔のラヴァナが、主ラーマからスィタを誘拐した時、ここへ連れて行く。

リシ　ヴェーダが示す、大なる預言者のこと。リシは真実しか語らず、人々に多くの知識をもたらす。

リラ　神々の遊戯、宇宙の遊戯。天地創造は神々の遊戯であり、純な喜び以外の何物でもないという考え方。

著者について

シュリ・スワミ・ヴィシュワナンダはモーリシャス島出身の霊的なマスターです。

２００５年から、その普遍的な愛のメッセージを伝えるために、ヨーロッパをはじめ、南北アメリカ、アフリカ、アジアの数多くの国々を訪れています。

スワミ・ヴィシュワナンダは人々に神の愛に心を開くよう誘い掛けています。彼は宗教の限界を超え、概念的な相違の背後にあって、すべてを一つに結んでいる一体性を体験するように説いています。そして神への個人的な道を深めるように励まし、各々の信仰と宗教の起源を支持しています。

翻訳者あとがき

私がシュリ・スワミ・ヴィシュワナンダに初めて出会ったのは、2008年5月のことです。今回神様が私にくださった人生は、決して簡単なものではありませんでした。やっと最近になって、それが神様を探し求めるためであったことがわかるようになりました。1996年、私はそれまでの人生にピリオドを打って、帰国しました。でも本格的な探求が始まったのは、それから4年も経った2000年の冬のことです。

再びドイツへ戻って2年が過ぎ、私はカルマ清算の決心をします。『あるヨギの自叙伝』で有名なパラマハンザ・ヨガナンダをマスターとして選び、クリヤ・ヨーガの道に入ります。そしてその時から——自分ではあまり意識していなかったのですが——この世の何処かにいて、私のことを待っていてくれるマスターを探し続けて来ました。ところが私がハッとした思いでフランクフルト近くのアシュラムにいるというマスター、シュリ・スワミ・ヴィシュワナンダのことを聞いても、実際に動き出すまで、さらに1年の月日が流れて行きます。最終的にはマスターの方が痺れをきらして、私がフランクフルトから1時間ちょっと離れたフルダという町で、ヒーリングの講座を聴講している時に、お弟子さん二人を送って来ます。今度ばかりは、さすがの私も知らん顔をしているわけに行かなくなりました。

あることを経験して人生がすっかり変わってしまうとは、こういうことを言うのだと、その時初めて感じました。私にはわからなかったけれど、マスターは私の顔を見て「やっと来たね」と言ったのだそうです。その日はマスター、シュリ・スワミ・ヴィシュワナンダのダルシャン（祝福）があって、アシュラムのホールは人で一杯でした。ダルシャンは皆が一人ずつ順番にマスターの前へ出て、その眼差しを通して神様に出会い、祝福を受けます。私がマスターの目を見た瞬間に感じたことは「あゝ、私はとうとう家に帰って来た」ということと「この人の中には宇宙全体が存在している」ということです。その時受けた印象はもう決して忘れることがなく、永遠に私の心に残るものです。人は恋をしている状態に似ていると言いますが、神様に対する愛の違う所は、決して冷めることがなく、永久に新鮮で、永久に至福をもたらし、決して終わることのないものです。

２０１１年の末、マスターとグループでインドを旅していた時のこと、長いバス旅行の途中、私は暇潰しにアートマ・クリヤ・ヨーガの教則本を訳していました。すると先生が揺れるバスの中を後席まで見に来られ、突然でしたが、自分の本を訳してみる気はないかと問われて、選んだのがこの『ただ愛のみ』です。この本は２０１１年にドイツのアシュラムで発行され、それ以来いろいろな国の言葉に訳されています。私は大変感謝してこの仕事を引き受けました。そして時が経つにつれて、マスターが何故この仕事を私に与えてくださったかよくわかるようになりました。訳すということは、ただ読むだけでなく、文章の隅々まで知り尽くし、理解しなければできないことです。そしてまた、その仕事をしている間中、神様と深く結び付いているマスターの言葉、また、そのエネルギーに浸っているということです。私はマスターを知れば知るほど、自分の務めは、その教えを他の人達にも伝えて行くことだと思うようになりました。

私がマスターに巡り会ってからは、私が知覚できる範囲で、マハヴァター・ババジ、クリシュナ、仏陀、カーリー・マー等の姿を示されました。これは皆、様々な形で現れる神様のお姿です。私達はこの外部にある神を体験することによって、私達の内部に潜む神を認識し、また、感じることができるのです。この素晴らしい冒険はまだ始まったばかりです。私は一人でも多くの方がこの『ただ愛のみ』を通して自己の神への道を発見されることを願って止みません。

この度、ナチュラルスピリットの今井博央希様の熱意とご好意により、世界各国で翻訳されている『ＪＵＳＴ ＬＯＶＥ』を、私の母国である日本で『ただ愛のみ――万物の本質』として出版できますことを深く感謝しております。編集の長船様にも大変お世話になりました。

最後に、この本を訳すにあたってお世話になった皆様に心からお礼申し上げます。

２０１５年11月、ベルリン　　山下豊子

◆著　者……………………………………………………………………

シュリ・スワミ・ヴィシュワナンダ　Sri Swami Vishwananda

モーリシャス島出身の霊的なマスター。2005年ドイツにバクティ・マルガ(献身の道)の運動を創立、指導する。人々が宗教の限界を超えて神の愛に心を開き、神との個人的な繋がりを深めるように力づけている。そのインスピレーションに富んだ教えは、私達に神の喜びと神の存在を見出させてくれる。またこの神の愛を伝えるためヨーロッパをはじめ、南北アメリカ、アフリカ、アジアの諸国を訪れ、多くの人々の心を動かしている。主なる住居である、フランクフルト近くのシュリー・ピータ・ニラヤは、その活動の軸となり、数多くの講演会やワークショップ、盛大な祝祭やイベントを開催している。

ホームページ　www.bhaktimarga.org
www.bhaktimarga.jp

◆訳　者……………………………………………………………………

山下 豊子（スワミニ・ダヤマティ）

Toyoko Yamashita Swamini Dayamati

幼い頃からピアノを学ぶ。子供の時から文章や絵画、造形の創作に興味を抱く。東京芸術大学音楽学部作曲科中退、ドイツに留学。ベルリン国立音楽大学卒業後、ピアニスト、室内楽奏者として活躍。音楽に関しては Breitkopf & Hartel 社出版の「6ヶ国語音楽辞典」の共訳がある。60歳にして本格的なヨーガの道に入り、現在のマスター、シュリ・スワミ・ヴィシュワナンダに巡り会う。2013年にスワミニとしての任命式を受け、以後ドイツと日本で瞑想のヨーガのテクニック、アートマ・クリヤ・ヨーガを教えている。

ただ愛のみ

万物の本質

●

2015年12月25日　初版発行
2024年4月4日　第2刷発行

著／シュリ・スワミ・ヴィシュワナンダ
訳／山下豊子（スワミニ・ダヤマティ）

編集・DTP／長船里美

発行者／今井博揮
発行所／株式会社 ナチュラルスピリット
〒101-0051 東京都千代田区神田神保町3-2 高橋ビル2階
TEL 03-6450-5938　FAX 03-6450-5978
info@naturalspirit.co.jp
https://www.naturalspirit.co.jp/

印刷所／創栄図書印刷株式会社

ISBN978-4-86451-188-9 C0010